历史文献翻译的原则性追求

蔡新乐 著

孙中山著《伦敦绑架案》的翻译
With Sun Yat-sen's *Kidnapped in London* as a Case Study

**On the Translation of Historical Document**

南京大学出版社

# 目录

# 1. 译事缘起

孙中山先生（1866—1925 年）所著 *Kidnapped in London：Being the Story of My Capture by，Detention at，and Release from the Chinese Legation，London*（1897 年出版）① 据称是其最早的一部英文著作，也是他唯一的一部长篇叙事作品。正是由于他在伦敦遭遇中国公使馆绑架、拘留，然后经由英国政府干预获释，这一异乎寻常的政治事件引起了整个世界的关注，他才由一个默默无闻的革命者一跃成为举世闻名的政治家。而这部著作就是对这一事件的详细叙述。因此，此著不仅对深入探讨中山先生的思想的由来及其形象的发展有很大的作用，而且也对当日的革命形势乃至中国整个近代历史的演进的研究具有一定意义。

《伦敦绑架案》主要写的是，中山先生在"乙未（1895 年）广州起义"失败后，逃亡海外，游历英伦时遭到清廷公使馆绑架及其最终获得释放的经过。1981 年中华书局出版的《孙中山全集》第一卷收有甘作霖的文言文汉译本《伦敦被难记》（此书原于 1912 年由上海商务印书馆出版）②，但删节过多，且时有误译③。据黄宇和（J. Y. Wong）先生的研究，中山先生伦敦蒙难之后，英国各大报纸连篇累牍加以报道④，指斥清廷的不法之举，对中山先生加以声援。同时，世界诸多报纸也加以报道。中山先生成为世界知名人物，这次事件所造成的反作用应是一个

① *Kidnapped in London：Being the Story of My Capture by，Detention at，and Release from the Chinese Legation，London*，收入孙中山著，《国父全集》第五册，台北：中国国民党中央委员会党史委员会，1973 年版。后文提及此书时，简称为 Sun，并直接添加出处页码，不详注。

② 甘作霖译，《伦敦被难记》，见孙中山著，《孙中山全集》第一卷，第 49—86 页，北京：中华书局，1981 年版。后文提及此译时，简称为"甘译"，并添加出处页码，不详注。

③ 黄彦主编《孙文选集》中册重新收录了这一译本，详见该书第 27—71 页，广州：广东人民出版社，2008 年版。

④ 详见黄宇和著，《孙逸仙伦敦蒙难真相》，第 159—167 页，上海：上海书店出版社，2004 年版。

发端。此书的英文原著出版之后，先是由宫崎寅藏（1871—1922 年）译为日语，再由章士钊（1881—1973 年）（以"黄中黄"的笔名）节译为汉语①，在亚洲也造成了广泛而深远的影响②。也可认为，中山先生革命者的形象因此而得以确定。显而易见，就孙中山研究来看，此书具有十分重大的历史意义。由于甘译采用文言文，又有不少删节和概述原意的成分，且并未表征出原著幽默风趣的风格，因而重新翻译在今天也就有了必要。

庾燕卿、戴桢的新译本《伦敦蒙难记》③ 尽管改用白话文翻译，但惜乎此一译本译者理解力极差，汉语表达力极弱，因而满篇都是翻译错误，严重违背历史事实，而且此书的"附录"也未译出。

这样，也就有了再一次翻译的必要。本书所做的就是给出两个译文：一为文言，二是白话。这样做是为了：第一，使文风趋近中山先生那个年代的书写；第二，便于读者阅读和进一步研讨。

这里，先要讨论的是上述两个译本，然后才会触及译者本人的相关想法以及对有关问题的处理。

---

① 章士钊（黄中黄）此著为《孙逸仙》，收入柴德赓等编，《中国近代史资料丛刊　辛亥革命（一）》，第 90—132 页，上海：上海人民出版社，1981 年版。

② 参见黄宇和著，《孙逸仙伦敦蒙难真相》，第 105 页。

③ 庾燕卿、戴桢译，《伦敦蒙难记》，北京：中国社会科学出版社，2011 年版。后文在提及此译时，简称为"庾译"，并直接添加出处页码，不详注。

## 2. 孙中山如何被删除和偏离？——甘译《伦敦被难记》

由于中山先生在中国近代史上的地位及其巨大的政治影响，《伦敦绑架案》无疑已经成为一部具有重大历史意义的文献。对于这样的著作的翻译，首先要求的应是"忠实"。也只有这样，才能说翻译起到了基本作用。

但是，正如上文所指出的，甘译《伦敦被难记》对原文很多句子不加翻译，时而随意改变原文的意思，而且对于原著风趣幽默的风格也并不注意如何表征，因而可以说，这一译本并没有满足"忠实"的基本要求。

## 2.1　甘译《伦敦被难记》删除了什么？

首先，历史文献的翻译是不能随意地、没有缘由地删改原著的，否则就会使原著的意义无法完整地得到表征，其整体性意义也自然会随之丧失。但是，如果与中山先生的原著加以对比，我们便很容易发现，甘译在很多地方的确对原文意思略而不译，而且这样做也并不是不小心导致的忽略，而是有意的作为，因为被略而不译的并不是简单的或微不足道的一两个词，而是常常还包括一句话甚至是一段话。不过，令人奇怪的是，这样的删节也并没有表现出什么具体的规律来。只是在对"附录"的大段删节当中，可以注意到，所删节的有关文字含有明显的丑化华人的成分。而在其他删节的地方，甘译则显现不出一贯的规律或统一性。

1) The foot passengers are, of course, many, but they are not in such crowds as we find in Chinese streets. For one thing, our streets are much narrower, being, in fact, mere alleys; and, in the second place, all our goods are conveyed by human carriage, everything being slung from a bamboo pole carried across the shoulders. Yet even in the wide

streets of Hong Kong our foot passenger traffic is in swarms. （第二章，Sun，第 12 页①）

徒步之行人当然亦熙熙攘攘，但与中国街道惯常所见之拥挤，自不可相提并论。首先，吾华之街道逼窄已甚，实为小巷；其次，货物运输皆由人力：竹竿一支，横于两肩，百物尽可抛掷其上。即以香港街道之宽敞，往来步行之人，成群结队，亦如蜂窝矣。②（第 55 页③）

这里是在描写由伦敦街道上的所见所闻而引发的强烈的反差：伦敦街道宽敞，方便行人；而中国的街道则类如"巷子"，即使在香港人流也一样拥挤不堪。而且，与上文所写的各种车辆川流不息的情形相反，中国的货物是要靠肩扛担挑的。很明显，中山先生通过这样的描写和对比是要点明：中国需要"现代化"，这样才能跻身"文明国"的行列。而其旅行之所见既然写出，正是对有关"启蒙"的诉求的一种回应或反应。删除这一段文字，势必影响这样的思想的传达或表征。

2）I was just beginning to know Holborn from the Strand, and Oxford Circus from Piccadilly Circus, when I was deprived of my liberty in the fashion so fully described by the public press of the country. （第二章，Sun，第 12—13 页）

余正欲以斯特朗为中心逐渐熟悉霍尔伯恩，或以皮卡德利广场（Piccadilly Circus）为据点进至牛津广场（Oxford Circus），实不想骤然之间被夺去自由。此事之经过，其枝枝节节尽数已载于是国报端矣。（第 55 页）

---

① 这里的页码依据的是 Sun Yat-Sen 著，*Kidnapped in London*：*Being the Story of My Capture by*，*Detention at*，*and Release from the Chinese Legation*，London（《国父全集》第五册英文原著，台北：中国国民党中央委员会党史委员会，1973 年版）。下同，不详注。

② 没有注明出处的汉语译文均为笔者所作。下同，不详注。

③ 此处的页码是甘氏所译的《伦敦被难记》（《孙中山全集》第一卷）的页码。也就是，本应在这里出现相应的汉语，甘却没有译出。下同，不详注。

　　这里写的是，尽管有康德黎先生及其夫人以及孟森医生的忠告，要他不要靠近中国公使馆，但是中山先生并不了解使馆具体是在哪里，因此忠告流于无用。最后的结果是，他被中国公使馆诱捕。接着，他就被非法囚禁起来，直到英国政府干预，才得释放。这样一段话，承上启下，对于整个作品的叙事自然有其作用。甘氏尽数删除，也就减弱了译文的连贯性。

　　3）I knew that to get to Devonshire Street I had to get off the omnibus at Oxford Circus，and from thence go straight north up a wide street till I found the name Devonshire on the corner house. That was the extent of my knowledge of the locality at this time. （第二章，Sun，第 13 页）

　　余所知者，欲抵德文谢尔大街，需乘公共汽车行至牛津广场下车，由此北行至一宽阔大街，可在街角屋舍之上得见德文谢尔大街一名标示。余对彼处之了解，已穷尽于此矣。（第 55 页）

　　这里中山先生仍是在强调，他对中国公使馆所在的具体地点不甚清楚，而且他所知道的地方，实只限于"德文谢尔大街"这一名称。甘氏译文没有保留这一具体细节。

　　4）... a Chinaman and a Japanese ... frequently make imaginary figures on one hand with the forefinger of the other to their mutual understanding. （第二章，Sun，第 14 页）

　　故而华人与日人……且亦可以一手之手指假想象性图画于另一手之上，以资彼此理解。此亦屡见不鲜矣。（第 56 页）

　　这里表达的是当时"中日两国同文同种"的观念。甘氏译本遗漏了一个生动的细节。

　　5）I handed him the letter to Dr. Manson，which he read and returned，saying，"That is all right. " I put it in an envelope and gave it to Sir Halliday Macartney in all good faith that it would be delivered. (第二章，Sun，第 17 页)

余将致孟森医生之书递交与渠。渠浏览一过，随手递回，口中说道："如此可也。"余将之置入信封，交与哈立德·马格尼爵士，满心希望，此书定可发出矣。（第 57 页）

此为第二章最后一句话，讲的是，中山先生在马格尼爵士的迫使下只好写信给孟森医生请他通知康德黎先生将行李拿到中国公使馆。中山先生此时还心怀侥幸，以为信能送到。这也反过来说明，中国公使馆中人物手段毒辣，必将其置之死地而后快。如此丧失人性的清廷，自然是不能获得读者的同情的。甘氏没有理会这里暗含的意味，所以略而不译。

6) ... if he does, it is a disparagement and slight that is meant. (第三章，Sun，第 18 页)

设若以此行事，即应为心怀不良肆意损辱他人。（第 58 页）

这句话说的是，清廷驻英公使龚照瑗（1835—1897 年）以"龚大人"自名。因此，外国人与之交接，必以此呼之；如果情况真是这样，的确是有意贬损他人的。这是自我卑视心态的一种表现：根本不愿与人为善，反倒处处算计，尽管实际上并没有多大用处。因为，那毕竟只是一个称呼，而且不懂汉语的外国人也不会明白它的含义。甘氏没有译出此句，会影响作者意向的表达。

7) To the people around him he thereby shows his own preeminence ... (第三章，Sun，第 19 页)

且成就此事者因此可向四周人炫耀，彼如何高人一等……（第 58 页）

这是在继续描写靠用汉语的变相表达试图侮辱外国人的清廷官员的做派：本来无用的称呼，让不知就里的外国人用之，就以为是将身在高位的洋人"击败"了。由此而来的"胜利"，甚至可以成为向周围的人"炫耀"的资本。中山先生这里揭露的清廷官员的"贪图小便宜"之类的丑陋心态，因为甘氏没有译出而难以表征。

8）This is a species of Oriental flattery scarcely perhaps to be appreciated by Western minds；but it is considered everything in China，how and under what name and reputation you *die.*（第三章，Sun，第 20 页）

此类恭维之词为东方之特有之物，西方人或鲜有欣赏者也。然则，如何死去，以何等名目、何种名誉死去，在中国被视为头等大事。（第 59 页）

这是中山先生对清廷官员的另一种丑陋心态的揭露：只要获得了某种名声，即使死去，也是"物有所值"。这种"惜死不惜生"的观念，反衬出清廷官场的残酷。而中山先生更进一步指出，这原是"东方人"的一种传统思想，也就是说，属于"东方人"的民族"劣根性"的表现。甘氏没有译出，在一定程度上使东西文化的反差无法得到表征。至少，中山先生思路中的那种强烈对比——东西方生死观念的反差——没有表征出来。

9）... so that there will be no disturbance；...（第三章，Sun，第 21 页）

如此，便不致有任何扰乱。（第 59 页）

这是将中山先生诱捕进中国公使馆的邓廷铿在向其说明，将会在晚间将其押到专门雇好的船上，然后把他递解回中国。这样做不会引起任何麻烦。甘氏没有译出。

10）... re-opened the subject ...（第四章，Sun，第 24 页）

旧话重提（第 60 页）

这是第四章第一句中的一个词组，意思是，邓氏再来中山先生被禁闭其中的房间，同他谈起同样的话题，要他"合作"；只有如此，他身为"朋友"，才帮得上"忙"。这里暗含的讽刺意味，因甘氏的漏译而不能表征。

11）If some of my friends in various parts of the world have had no reply to their letters, they must blame this considerate lady for her wise and prompt action①, and forgive my not having answered them, as I am minus their addresses, and in many cases do not even know their names. Should the Chinese authorities again entrap me, they will find no papers whereby my associates can be made known to them.（第四章，Sun，第30页）

若余世界各地之友人中有未能收得回函者，请其切莫抱怨此一思虑周到之女士之智慧而又果决之举，并望其宽免余之未能回复之过。因余已失其联络地址，且其中有众多来函尚且不知作书者尊姓大名。假定中国当道之人仍有意为余设下圈套，则渠等已无法寻得任何文件，与余往还者亦无由暴露矣。（第64页）

这是在说，康德黎夫人赶到中山先生下榻的寓所，将他的一些文件及其来往信函当场焚毁，以免清廷再以阴谋害人，进而危及他人。这里，中山先生特地提请所有未得他回复的友人谅解，同时，这也是在继续赞颂康德黎夫人的果决。甘译将整句话删去未译，无由显现中山先生对康德黎夫人的果敢行为的肯定和称赞。

12）Outside the Legation, I of course knew nothing of what was going on. All my appeals, all my winged scraps I had thrown out at the window, all my letters I handed officially to Sir Halliday Macartney and

①　此句这一部分"must"一词之后，应有一"not"，句子表达的意思似才是合理的。译文依此出之。

Tang, I knew were useless, and worse than useless, for they but increased the closeness of my guard and rendered communication with my friends more and more an impossibility. （第五章, Sun, 第32页）

公使馆之外此时发生之事，余当然无以知之。余之所知者，无论如何恳求，无论抛掷窗外之短笺如何尽数滋长翅膀，亦无论余向哈立德·马格尼爵士及邓氏呈递何等信函，一切努力最终尽数流于无用。且不仅无用，复更有甚者，则为：如此行动徒劳无功之余，反而造成对余之监守更为严密，而余与友人之联络则愈来愈见不可能。（第64页）

这是第五章的第一段。这两句话，甘氏译本没有译出，会影响叙述本身的起承转合，当然也会难以表征中山先生此时坐卧不宁的心情。

13）... Cole ... in fear and trembling sought out Mr. Cantlie at his house. （第五章, Sun, 第34页）

因不无恐惧之感，渠来见康德黎先生时，赶至其居所门口，早已瑟瑟发抖。（第66页）

这里描写的是，尽管科尔已经决意为中山先生奔走，但是情况紧急，且通风报信会导致性命之忧，所以他心怀恐惧，不免"瑟瑟发抖"。既是叙事作品，人物形象塑造相当重要。而历史，鲜活的历史事件，则是由一个个鲜活的人物表现的。这里，甘氏再一次略去不译，不能不让人觉得，这位译者并没有尽到译者的职责。

14）... proceeded to interrogate Cole. （第五章, Sun, 第34页）

询问科尔详情（第66页）

科尔见到康德黎先生和孟森医生，转交中山先生的信件。孟森医生进而"询问科尔详情"。好友帮助，必然要了解真正的情况，这本是人之常事。甘氏不译此句，不知是何原因。

15）The paramount difficulty was to know where to go to represent the fact that a man's life was in danger; that the laws of the country were being outraged; that a man was to be practically given over, in the Metropolis of the British Empire, to be murdered. （第五章，Sun，第 36 页）

其时最难之事当为，不知应向何处呈报此一事实：有人有性命之忧，本国法律正遭践踏，且有人实即在不列颠帝国大都市被弃而不顾，并行将丧命矣。（第66页）

这句话写的是，康德黎先生为营救中山先生不断奔走但并无效果之后，心中所产生的感叹或抱怨。正如上文所指出的，历史叙事最终是描绘人及其形象的。因此，甘氏译文对这句话的删除，势必影响叙事在这方面本应有的作用。

16）... the doctor's soberness and sanity ... （第六章，Sun，第 39 页）

此一医师是否饮酒致醉，又是否脑筋清晰（第68页）

这个词组要表达的是，康德黎先生去警察局报案，但听者非但不相信他说的话，反倒认为他有可能是喝醉了酒或者是头脑发昏，是在讲胡话昏话。中山先生在这里再一次强调，中国公使馆采取极端的手段，致使正常的人不敢相信这种事情会发生在堂堂的英帝国首都。在英帝国的首都，竟然有一个国家的公使馆采取绑架的恶劣手段，诱捕自己国家的臣民，的确是不可思议的丑事。所以，起初很少会有人相信。实际上，直到英政府侦查清楚，发现中国公使馆已经雇好了轮船，要将中山先生偷渡回国，并有了确切的证据，他们才开始真正采取措施营救。到了那个时候，康德黎先生的私人营救才宣告结束。① 甘氏不译，会减弱反衬的力度，也使其中含有的幽默风趣意味丧失殆尽。

---

① 详见 Sun Yat-Sen 著，*Kidnapped in London：Being the Story of My Capture by，Detention at，and Release from the Chinese Legation*，London，第 44 页。

17) Sunday I should think it was, and my head in the balance. (第六章，Sun，第 40 页)

余自应心知，此日为星期日；而亦难忘，余之颈上人头已虚悬半空。(第 69 页)

康德黎先生是在星期天报的案，而星期天历来是休息的时间，所以公家办公的地方没有人值班，私家侦探也不来侦探社报到，当然也不会有人想法破案或者采取什么行动。因此中山先生发出这样的"牢骚"。值得注意的是，因为是康德黎先生而不是中山先生在场，而此处的第一人称代词无疑又是指中山先生，因此叙事上可能出现了不连贯。也会让人联想到，此书的写作有可能是师徒二人的"合作"而不是出自中山先生一人的手笔，所以才会产生这样的前后不一致。甘氏略而不译，会使读者对此无从做出判断。尽管译者可以为自己的删节辩护说，这有助于强化译文的叙事的连贯性，但是如果从"历史求真"的角度来看，这样对原著进行删节是会对其造成不应有的扭曲的。

18) ... their evil ways were no longer unknown. (第六章，Sun，第 42 页)

渠等恶行已不再为秘闻 (第 70 页)

因为康德黎与之奔走无效，孟森医生白天曾直接闯进中国公使馆，要求见一见中山先生，故而中山先生被囚的秘密也已不复存在。孟森医生的举动实际上是在向使馆中人宣告，再隐瞒世人称使馆之中并无中山先生此人，并且试图将之递解回国，已经是不可能的事情了。所以，直到深夜，那里仍然是灯火通明。这说明，使馆中人惶惶不可终日。这句话意味着一个重要的转折，实在没有理由略而不译。

19) ... although I did not know it. (第六章，Sun，第 43 页)

然则，余依旧无所知之焉。(第 70 页)

这是第六章最后半句话。说的是，康德黎先生奔走一天，实际上已经挽救了中山先生的性命，但是，中山先生这时仍身陷囹圄，所以当然什么也不知道了。这是一种插叙。甘氏并没有翻译。

20）By the prisoner's friends it is declared that Long, the interpreter at the Legation, was one of the Chinamen who actually decoyed Sun into the Legation, though he was invariably the most positive subsequently in denying that such a man had ever been inside the Legation walls. His friends declare that Sun was dressed in English clothes, and so far from his being a typical Oriental, when dressed according to Western fashion was invariably taken for an Englishman. He is declared to be a man of unbounded good nature and of the gentlest disposition in Hongkong, and the various places where he practiced medicine he obtained a reputation for skill and benevolence towards the poor. He is believed to have been in a great extent the tool of the Canton conspirators, though he never hesitated to condemn the cruel and oppressive Government of the Viceroy of Canton. He is said to have journeyed throughout Canton in the interests of his society, and the plot itself is declared to be the most widespread and formidable since the present Emperor commenced to reign. （第七章，Sun，第49—50页）

据被囚者友人称，公使馆译员龙氏（Long），乃为诱捕孙入使馆中之一人也。然则，渠事后信誓旦旦，屡次三番否认此人曾进入公使馆，且最为固执。孙之友人称，孙氏曾身着英国服装。因而，虽渠乃典型之东方人，但既以西方人方式穿衣，世人向以英人待之。以诸人声言［可知］，渠为人善良，性情温和。在香港时，其善恂极。而在行医之时，其医术之精湛闻名遐迩，待穷人之仁慈远近皆知。据称，渠很大程度上为广州谋反者所利用。然则，至于广州总督之惨无人道及其压榨，则渠痛恨有加，时时指斥。另有报道称，渠为谋所处社会之福利遍游广东。

而此次谋反其本身则被视为自现今皇帝就位以来影响最广亦复最为可怖者也。（第 74 页）

这是此书引录报上刊载的一篇《营救方案》当中的一段话。其中包含了好几层意思。首先，是所谓"龙氏"将中山先生诱捕入中国公使馆之中的，但他事后一再矢口否认。其次，中山先生身着西装，有一定的西方人或英国人的派头。复次，中山先生为人善良，乐善好施，医术高明。最后，他与之有关的那次谋反是最近一个时期此类事件之中最为"可怖"的。此文可以说反映了当时的人对中山先生为人及其所从事的革命事业的评论，所以才会被收入正文之中。此文之中包含这样重要的信息，甘氏不予译出是没有道理的。

21) This was home and safety, indeed; for it was evident my youthful friends were prepared to shed the last drop of their blood on my behalf. （第八章，Sun，第 55 页）

身在家中，乃得安全，此之谓也。而余之诸位少年友人显而易见时刻准备为余洒尽最后一滴血焉。（第 76 页）

原著当中的这句话写的是，中山先生获释之后的第一个晚上一觉睡了九个小时，之所以醒来是因为康德黎家的小孩子们已经开始在楼上拿他的故事做游戏了。所以，他感叹，在"家中"才有"安全"。同时，连少年郎们也知道世间之事孰善孰恶，这便进一步反衬出中国公使馆的所作所为不仅与文明社会背道而驰，而且也同人心之向善倾向相左。据此可以认为，中山先生是在继续强调，清廷的残暴和丑恶是人世间所难以容忍的，因此必须加以颠覆，才能让国人过上好的、正常的日子。这样重要的感情"宣泄"，也反映了这位政治家的伟大抱负。不予译出，是有损原文整体意向的。

以上是正文的删节，至于"附录"则更是严重。

22) Before the war there had been insurrectionary conspiracies—in

fact, such things are chronic in China. ［《德臣西报》（*China Mail*）刊发的文章，Sun，第 66 页］

［中日］交战之前，暴动起义即时有发生——事实上，此类事在中国屡见不鲜。① （第 82 页）

原文是说，对清廷的反抗时有发生，而中山先生所发动的起义属于广大民众的"惯常"作为，当然也就反映了民意，表达了百姓的心声。由此可见，清朝的统治的确久已不得人心，因而摇摇欲坠。"附录"本是正文某种意义上的延续，随意删节会影响作者的这种安排。作者毕竟是以"附录"的形式来印证他的观点是顺应时代潮流的。

23）It would have been better perhaps if wiser counsels had prevailed in October, but wisdom cannot come without experience, and for the sake of the experience the leaders of the abortive revolution do not greatly regret their action. Some indeed drew out as soon as it became certain that violent measures were to be adopted; but the penalty of death would not be obviated by that, and it was at imminent risk of his life that Dr. Sun had been travelling throughout the length and breadth of China, preaching the gospel of good government and gathering recruits for constitutional reform. His allies, never very confident in pacific methods, planned a bold *coup d'état*, which might have gained a momentary success, but made no provision for what would happen in the next few moments. Men were drafted in Hong Kong to be prepared for an attack on Canton; arms and ammunition were smuggled in cement-casks; money was subscribed lavishly, foreign advisers and commanders were obtained, and attempts were made, without tangible

---

① 这里没有说明译者的译文，为笔者所译。下同，不详注。

result，to secure the co-operation of the Japanese Government.（《德臣西报》刊发的文章，Sun，第 66—67 页）

　　若十月时智慧之谋士大行其是，则更可见其作为，亦未可知。因智慧需辅以经验，方可行事。而以经验计，革命领袖虽未举而败，但并未痛悔有关行动。其中有人一旦确定须采取暴力手段，实即抽身离去，但极刑之惩罚并未因此而得免。虽有死亡之威胁迫于目前，但孙医生仍毅然决然行遍中国大地，传良政益民之教义，征宪政革新之兵卒。其同道对和平手段向无信心，遂大胆谋划政变之策。虽此计或可赢得一时之成功，但惜并无策略应对事变之后接踵而至之事端。兵勇招募至香港，拟对广州发起攻击；武器弹药以士敏士木桶偷渡入港，钱款已筹集甚是富足，而外国谋士与军事指挥官亦已求得。且曾屡次努力，以求征得日本政府合作，惜并无明显结果。（第 82 页）

　　这段话说的是，起事之中的"谋士"并无"经验"，只能通过"起事"本身才可获得这样的"经验"，但此次"起事"却最终未举而先败。因而，这篇文章是以幽默的手法在评述这一事件。此处甘译仅仅提及："于时军械弹药陆续购买备矣，香港之党人赴粤以攻广州矣，饷项亦甚形富足矣，外国之参谋官及军事家已延聘矣。日本政府虽无明白之答复，而党人则已请其援应矣"（甘译，第 82 页）。这样的编译只是"概述"原文大意，既没有依照原文译出，也不关注其中风趣的表达手法，因而已经不再是真正的翻译了。

　　24）Dr. Sun happened to be in Canton at the time, and was accused of active participation in the violent section of the reform movement. In China, to be innocent is not to be safe; an accusation is none the less dangerous for being utterly unfounded. Sun had to fly for his life, without a moment's deliberation as to friends or property or anything else; and for two or three weeks he was a fugitive hiding in the labyrinthine canals and impenetrable pirate-haunts of the great Kwang-tung Delta. (《德臣西报》刊发的文章，Sun，第 67 页)

孙医生彼时恰在广东，因而被控积极参与革新运动之暴力活动。在中国，清白无辜，非即安全；而指斥即起，即令无根无据，亦不能不遭遇危险。孙君无奈唯有出奔，不及顾及友人、财产或他物。二三周时光，亡命者匿藏于大珠江口三角洲（the great Kwang-tung Della）迷宫般运河之上，栖身之海盗出没之所，常人无由得入也。(第 83 页)

这段话写的是中山先生在"起事"失败之后出逃的情形。很明显，这是在为他声辩：在未有确证的情况下，就指责、指控或怀疑他与之有关，那当然是没有道理的。但是，即便如此，中山先生也不得不加以逃避，以免遭到迫害。因为，即使并没有犯罪，即使还没有被定罪，若政府有意迫害，也一样有性命之忧。由此当然可见清政府无能而又残酷的本性。甘氏未译出这一段话。

25）… and it is due to Dr. Cantlie, Sun's friend and teacher in Hong Kong, that one of the best men China has ever produced was rescued by British justice from the toils of treacherous mandarindom. All who know Dr. Cantlie—and he is well known in many parts of the world—agree that a more upright, honourable and devoted benefactor of humanity has never breathed. Dr. Sun is in good hands, and under the protection of such a man as Dr. Cantlie there can be little doubt that he will pursue his chosen career with single-hearted enthusiasm and most scrupulous straight-forwardness of methods, until at last the good work of humanising the miserable condition of the Chinese Empire is brought to a satisfactory state of perfection. (《德臣西报》刊发的文章，Sun，第 68 页)

方因孙君在香港结识之良师益友康德黎先生之努力，中国有史以来最为优秀人物中之一位终得为不列颠司法当局所营救，出离背信弃义之清廷官吏之魔掌。凡知康德黎先生之为人者——而此君闻名于世界诸多地方——尽皆认可，渠之正直、诚实及奋不顾身之善行，人世间无出其右者。孙医生既得安全，复有康德黎先生加以保护，则必一力振作，谨慎行事，继续追求既定之事业，而指向更为明确，措施更加得当。最终，少可怀疑，置身悲惨境地之中华帝国得以人性化，而有益于民众之大任臻于圆满合意之境界也。（第83页）

　　这段话是《德臣西报》上刊载的文章的结束语。在这段话里，作者既表达了对中山先生的良师益友康德黎先生的称赞——由于他的不懈努力，营救终得成功，中山先生重获自由；同时，也写下了对中山先生本人的期许：既然已经置身于安全境地，接下去要做的依然是继续努力，直到目标实现。而且，应该指出的是，在很少有人了解中山先生及其所从事的革命事业的情况下，此文作者竟然对他有那么高的评价，实在是难能可贵。甘氏这里仅仅以"至孙氏之得脱于祸，实赖友人康德黎博士之力云"简单作结，删除了这两个方面的文字。

　　26)《泰晤士报》1896年10月24日的社论。这大概是删节最为严重的一篇文章了。因为，原文有5页（Sun，第68—73页）之多，而译文却不足1页（甘译，第83—84页）。

　　因为大段的删除，这里已不能加以抄录。但应说明的是，这篇文章嘲弄或贬低中国人的倾向性十分明显，中间甚至有"中国使臣或其代表，竟然授意采取此一恰恰一无成功希望之手段，吾等自当不至大为惊诧"之类的词句。此文复述了中山先生与康德黎先生的友谊，他被绑架并最终获释的经过等，甘译统统予以删除。这样，译文的重点也就集中在对马格尼爵士的讽刺挖苦上了："夫马凯尼①，英人也，乃亦躬与于此

――――――――――

　　①　马格尼的另一译名。

案。此案之失败固可预料，即幸而获免，然他日与于此案者亦必同受巨创，马凯尼此举不亦可异乎？"（甘译，第 83 页）

27）《演说者》（The Speaker）1896 年 10 月 31 日所刊文章《博德兰地之牢狱》的删节。

马格尼爵士在看过上引文章之后，致函《泰晤士报》抗辩，声称中国公使馆既没有绑架中山先生，也没有强迫或诱捕他，他是自愿进入使馆的，而且先后来了两次。他第二次进入使馆时，因为已经弄清楚了他的身份，才将他监禁起来。因此，马格尼认为，《泰晤士报》的社论有失公正。（Sun，第 73—74 页；甘译，第 84 页）

于是，《演说者》发文（Sun，第 76—79 页）挖苦讽刺，称马格尼爵士本应像中国人一样保持沉默，他反倒喋喋不休，把自己变成了话柄。他身为英国人，却因为身为中国政府官员的缘故而不得不尽一己职责，所以处境很是尴尬。他在报纸上振振有词，实则只能说明，他属于无能之辈（Sun，第 76 页）。接下来，此文将讽刺对象转向一般的中国人（"阿欣"），称其原本就是一个"笑料"："而阿欣，既孩童之气未脱，进而面无表情，乃为习见之笑料也。即令其耍弄手段，一如高高立于壁炉之上清廷官吏玩偶点头哈腰，所激起者，当不至为愤懑不平之气"（Sun，第 77 页）。而甘译仅提及"然而自今以往，凡过波德兰区①之牢狱者，不得不悚然以惧、哑然以笑也"（甘译，第 85 页），然后再以括号加上"下略"便结束了这篇文章。此文近四页，而甘氏的译文仅有一页，可见删节严重到什么程度。

甘氏这里的处理，很明显是因为原文作者在此文中对中国人刻意讽刺挖苦，甚至可以说是根本没有把中国人放在眼里："若德国人或法国人于同样情况下遭遇绑架，则有关局面即刻便被视为极为严峻。而博德兰地拘

---

① 本书译为"博德兰地"。

人囚人，仅能博人一乐"（Sun，第77页）。尽管最后也谈及"东西方鸿沟深深，双方之骄傲不允其相互学习，故而亦自对先知之警告漠然视之：一方称，白种人必将在华土大获全胜；而另一方面则云，欧洲定将被黄种人移民之潮吞没"（Sun，第79页），但是，鄙薄中国公使馆进而鄙视中国人的腔调始终没有变化。所以，文章最后写道："所有西方观念，在中国一概被蔑视待之。如此态度，即令李〔鸿章〕走遍西方亦并不能消除。而博德兰地49号旧日虽无所谓存在，但毕竟无害于人，经此闹剧，彼处业已成为荒谬可笑一中心，其旧时之辉煌断难恢复矣。"（Sun，第79页）。

不过，即使是这样，也只能说明：那时西方对中国的偏见的确非常严重，或许真的同国人对西人的看法恰相伯仲，也未可知。也正因为这个原因，若出于"存真"的考虑，这样的文字是不能不译的。但是，甘氏并没有这样做。

按照台北出版的原著，此书共有80页（段与段之间有空行），而《孙中山全集》当中收入的甘氏的译文一共有38页（第49—86页），《孙文选集》（中册）收录的甘氏译文其篇幅则有45页（第27—71页）。由此也可看出，删节是相当严重的，保守地说，至少有十分之一的内容没有译出。

## 2.2 《伦敦被难记》改写到什么程度？

甘氏不仅对原文进行大段删节，而且也在不少地方改写原文的意义。以下是一些比较重要的例子。

### （1）政治问题

A. "Young China" party（Sun，第3页）

少年中国党（按即兴中会）（甘译，第50页）

中山先生在行文当中并没有用过"兴中会"的字样。他用的是

"'Young China' party"，甘氏如实译为"少年中国党"，但又特地加上括号注明指的就是"兴中会"。这样言之凿凿，实际上是违背原作意向的。因为，中山先生既然是有意避开"兴中会"这个名字，自然有他的用意。当时的情况下，是不能不考虑为被清廷视为"仇寇"的这个"地下组织"保密的。与此相反，甘氏不但在此名第一次出现时，即加括号点出"兴中会"一名，而且在后文当中，也直接把"Young China"或"'Young China' party"译为"兴中会"（甘译，第 53 页出现多次）。

B1. reformer（Sun，第 6、12 页）

新党（甘译，第 52、55 页）

B2. reform（Sun，第 6、11 页）

维新（甘译，第 52、54 页）

将"reformer"译为"新党"，只能说明那是一种"新的党派"，属于对"兴中会"的一种替代？而把"reform"译为"维新"则容易让人将之与"百日维新"混淆起来。中山先生的政治主张显而易见与康有为（1858—1927 年）的是极为不同的。甘氏这里的处理，有失历史的真实性。实际上，"reform"完全可以翻译为"革新"，而"reformer"因此也就可以译为"革新党"。这样，既能保留原作的意义，又不至于同当时或后世的其他政治运动或主张混为一谈了。

C. 会党（甘译，第 75 页）

这一名称原著并没有直接点出，是译者添加的。

原文：On the way thither Inspector Jarvis ... advised me to have nothing to do any more with revolutions.（Sun，第 54 页）

甘译：……谓此后务宜循规蹈矩，不可复入会党，从事革命。（甘译，第 75 页）

这句话可以直接译为："良言相劝称，日后断不可再与革命发生关系也。""会党"指的是"清末以反清复明为宗旨的一些原始形式的民间秘密团体的总称，如哥老会，三合会等"①。当时的形势的确需要联合所有能够联合起来的力量，才能达到颠覆清廷的目的。但是，中山先生后来对"会党"是有深刻认识的。在 1922 年写下的《建国方略》之"有志竟成"之中，他这样写道："内地之人，其闻革命排满之言而不以怪者，只有会党中人耳。然彼众皆知识薄弱，团体散漫，凭借全无，只能望之为响应，而不能用为原动力也。"② 侦探贾维斯当时在车上对中山先生"训话"，未必了解中国的"会党"是什么组织，而且，中山先生也未必需要先行加入其中才能再"起事"。更何况，原著当中也并没有这样的字眼，因此这里的改写是完全没有必要的。

**（2）对女性的态度**

在《伦敦绑架案》中，笔墨触及最多的女性当然是康德黎夫人了。而甘氏的译文与原文的描写，因为"改写"而表现出极大的不同。

A. Mr. and Mrs. Cantlie and family（Sun，第 11 页）

康德黎君及其家属（甘译，第 54 页）

这里是在叙述，中山先生在火奴鲁鲁与康德黎先生一家不期而遇，因而彼此告知行止，日后他在伦敦遭遇绑架，才能得到康德黎先生的大力营救。很明显，原文特地点出了"康德黎夫人"，而译文却省去不译。

B. ... how true the womanly instinct was ...（Sun，第 13 页）

初不料夫人谈言微中（甘译，第 55 页）

"谈言微中"的意思是："说话委婉而中肯。"③ 而这里写的则是，康

---

① 引自中国社会科学院语言研究所词典编辑室编，《汉英双语现代汉语词典》（2002 年增补本），第 866 页，北京：外语教学与研究出版社，2002 年版。

② 引自孙中山著，《孙中山全集》第六卷，第 233 页，北京：中华书局，1985 年版。

③ 引自中国社会科学院语言研究所词典编辑室编，《汉英双语现代汉语词典》（2002 年增补本），第 1859 页。

德黎先生在一次午饭时开玩笑说，中国公使馆距离他家很近，中山先生不妨去"拜访"一下。康德黎夫人听到这样的话，马上正言说道：不能那样，否则那里的人就会把中山先生抓走。她并没有"说话委婉"，而是直抒其意。而且这里还牵涉，中山先生实际上是在称颂康德黎夫人身为"女性"所具有的那种"直觉"：因为不熟悉周围环境，他本来是要赶到康德黎先生家，不想在半途被公使馆中人诱捕，直到被挟持进公使馆中之后，才意识到那可能是公使馆。① 因此，他在这里感叹：女性的直觉甚是了得！这也是中山先生对这位女性乃至普天下所有妇女的人性或人格力量的一种赞扬。在后文中，中山先生还叙述道，康德黎夫人出于自身的"责任心"，在他被囚之后，特地赶到他下榻的寓所，将有关文件和来往信件当场焚毁，避免了清廷的进一步搜查，当然也显现出这位女性的果敢与干练。② 因此，作为对女性的特别的称颂，是不能按照一般的表述来翻译的。"谈言微中"颇有漫不经心但又能说到点子上的意思，但在午饭时康德黎夫人显然是直人快语，直接点出了事件的严重性。所以，甘氏的译文也与实际情况不相符合。

### （3）历史事件

The members of "the Party" will remember the part played by England in the Taiping rebellion, and how by English interference that great national and Christian revolution was put down. (Sun，第 30 页)

吾党一闻此言，必且回忆金田军起义之后，政府实赖英人扶助之力，始得奏凯。（甘译，第 64 页）

---

① 详见 Sun Yat-Sen 著，*Kidnapped in London：Being the Story of My Capture by，Detention at，and Release from the Chinese Legation*，London，第 15 页。

② 详见 Sun Yat-Sen 著，*Kidnapped in London：Being the Story of My Capture by，Detention at，and Release from the Chinese Legation*，London，第 30 页。

　　这里描写，因不能将被囚的消息传递到外面，中山先生心急如焚，担心自己一旦遇害，同党中人就会认为，英国政府再次"扶助"清政府，致使革命成功无望。从原文很明显可以看出，中山先生对太平天国起义满是赞颂。所以，他用了"great national and Christian"这样的词。甘氏略去不译，就不能让读者了解原作的意向："吾'党'成员自当忆起，英国昔年在太平天国起义之时所扮演角色；亦自不至忘记，英国干预之下，彼民族与基督教革命虽光大一时，终归遭遇灭杀。"

### （4）法律术语

　　中山先生被中国公使馆中人绑架，完全是违法的事件，也是对人身自由的悍然侵犯。因而，如他本人所说，其中牵涉不少法律问题。[1]

His reply was the question："What are you?"

"A political refugee from China," I told him.（Sun，第 28 页）

柯尔反诘予曰："君何人也？"

予曰："中国之国事犯而出逃于外者。"（甘译，第 62 页）

　　甘氏将"A political refugee"译为"国事犯而出逃于外者"似乎是一种解释，而不是翻译。因为，"refugee"是一个词，且这种人不一定会"逃于外"。这可能是因为在甘氏所处的时代（据《孙中山全集》在这篇译文最后所加的小字说明，此一译本是在 1912 年由上海商务印书馆出版的[2]），还没有确定的术语来表达这个词的意思。尽管如此，我们还是会认为，这样的解释性翻译是有违原意的。因为，很明显，在还没有任何确证的情况下，是不可能断定中山先生就是"罪犯"的。这既是

---

　　① 　详见中山先生在此书"序言"之中的说明，Sun Yat-Sen 著，*Kidnapped in London：Being the Story of My Capture by，Detention at，and Release from the Chinese Legation*，*London*，"序言"第 1 页。

　　② 　详见孙中山著，《孙中山全集》第一卷，第 86 页。

2. 孙中山如何被删除和偏离？——甘译《伦敦被难记》　027

《泰晤士报》1896 年 10 月 24 日所载的社论的主要意思[1]，怕也是任何一个现代人的基本人权意识。因而，假若已经成了"国事犯"，既然是"犯人"，如何又能求得公使馆之中的英籍庶务为其通风报信，又能以何种理由请求友人援助、营救？而且，设若中山先生已经预先承认自己是"犯了罪"，他日后还会一如既往地从事革命事业吗？此外，如果真的是这样，后文之中所提及的侦探在车上正颜厉色对他的"训诫"，不是很正确的吗？[2] 因此，我们现在所有的"政治避难者"术语，倒可以恰到好处地用来表达中山先生当时对自己"身份"的描述。

这方面的另一个例子是"extradition"（Sun，第 21 页），甘氏将之译为"国际交犯之例"（甘译，第 59 页）。很明显，译者也是将此一法律行为所涉及的人视为"犯人"了。而我们现在用的词"引渡"则可避免这样的负面意义。

同样的可能还没有对应的表达方式的还有一个例子："free will"。

He came of his own free will to the Legation ...（Sun，第 47 页）

彼之赴使馆系出自己意（甘译，第 72 页）

将"free will"译为"己意"，一样是未能将它视为一个专有名词。因此，自然是有问题的。这是报界所刊载的马格尼爵士的声明之中的一个用词。他声称，中山先生是"出于一己之自由意志"到使馆来的，也就是说，中国公使馆中人并没有采取诱捕之类的恶劣手段将之捕获，反倒是他本人自动"送上门来"的。作为一个声明，既然涉及法律问题，马格尼爵士自然要用"个人的自由意志"这样的大词了。而甘氏所用的"己意"只是一种日常的说法，与原文的语域（register）需要是不相

---

① 详见 Sun Yat-Sen 著，*Kidnapped in London：Being the Story of My Capture by, Detention at, and Release from the Chinese Legation*，London，第 70 页。

② 详见 Sun Yat-Sen 著，*Kidnapped in London：Being the Story of My Capture by, Detention at, and Release from the Chinese Legation*，London，第 54 页。

符的。

收入"附录"的第一篇文章讨论的就是这一绑架案所涉及的法律问题。甘氏的译文也有改写：

I can recall but one instance of an attempt on the part of a Minister to exercise constraint against a person unconnected with his mission. (Sun，第 58 页)

然自是厥后，凡为公使者罕或行使其国内裁判权，即对于使馆中人亦久不行用此权。（甘译，第 78 页）

这句话本来讲的是，大使对与其使命或出使他国的责任无关的人员本无权处置，因为并没有那样的"审判权"。但是，作为法律界人士的此文作者，还是可以想到一个例子，说明有一位大使突破了界限，也就是违背了法律原则。所以，可以将它译为："据笔者回忆，身为使臣而欲对与其出使使命无关人员施以限制者，唯有一例。"而甘氏的处理，完全是另写一句话来取代原文。就翻译本身来讲，这是不应该的。

### （5）引文处理

甘氏在触及引文时，多有改动。结果是，读者有时不容易弄清楚引文的题目到底是什么；在有些情况下，看译文也很难判断到底哪是引文，哪是中山先生本人的叙述。

A.《环球报》引文标题（第八章）。

There I read the account of my detention, under the heading: *"Startling Story! Conspirator Kidnapped in London! Imprisonment at the Chinese Embassy!"* And then followed a long and detailed account of my position. (Sun，第 51 页)

其载予被逮情形，颇称详尽，即观其题目已足骇人心目，如曰《可惊

可愕之新闻》，曰《革命家之被诱于伦敦》，曰《公使馆之拘囚》。（甘译，第 74 页）

本来只是一篇报道的标题，译者加上"如曰"，然后再分成三部分译出，很容易让读者觉得那是三篇文章。实际上，原文说的仅仅是："上载余之被拘押报道，大字标题为：'惊人消息！谋反者伦敦遭绑架！被囚中国公使馆！'题下则为事件长而详细之叙述。"

B."附录"之中收录的报道或报纸上刊发的文章的标题被略去或未译出全部。

B1.《泰晤士报》所刊载的专家讨论法律问题的文章的题目。中山先生在"附录"的第一段，也就是引文之前特地说明：

I append a few of the numerous articles called forth by my arrest. The first is a letter from Professor Holland to **The Times**, and is headed：

THE CASE OF SUN YAT SEN.

To the Editor of THE TIMES. （Sun，第 58 页）

当时英国报纸关于此案之记载评论，谨择要附录于下。

其最先投函于伦敦《太晤士报》者，为荷兰学士 Professor Holland，文曰《孙逸仙案》。（甘译，第 77 页）

原文本为一段，而译者将之拆分为两段。而且，中山先生点明，收入"附录"之中的"第一篇"（The first）是投寄给《泰晤士报》讨论此案所涉及的法律问题的文章。译者却将之错误地理解为"最先投函"。此外，"致《泰晤士报》编辑"这一副标题也没有译出。最后，大概是怕读者误会，所谓"荷兰学士"是"荷兰"的学者，所以译者特地添加了英文原名？

B2. Legal Opinion （Sun，第 60 页）

甘译：未译（甘译，第 79 页）

这是报纸刊登的一篇内容为"最为优秀的引渡法权威之一卡文迪什

的法律意见”的文章。

B3. To the Editor of THE TIMES（Sun，第 61 页）

甘译：未译（甘译，第 79 页）

这是法律界人士写给《泰晤士报》的信，该信对霍兰德教授文章当中所提出的第二个法律问题的处理方法提出批评。

B4. THE SUPPOSED CHINESE REVOLUTIONIST（Sun，第 63 页）

甘译：未译（甘译，第 80 页）

这是刊登在香港英文报纸 China Mail 上的文章。甘氏大概是不知道它的汉语名字《德臣西报》，所以译成了“支那邮报”（甘译，第 80 页），但这一题目则是省去未译。

B5. 原文：To the Editor of The Times（Sun，第 73 页）

甘译：未译（甘译，第 84 页）

马格尼爵士写信，反驳报界对他的攻击。这大概是编辑加的标题。

这样，在“附录”收录的 8 篇文章（其中包括中山先生本人给报界写的感谢信）中，甘译只译出了“波德兰区之牢狱”这一个标题（甘译，第 84 页）。而且，凡是信件，译者或把结尾译为“某月某日某某发”（详见 Sun，第 60、62 页；甘译，第 79、80 页），或是干脆删除（Sun，第 74、75 页；甘译，第 84 页）。实际上，这样的处理是与他的改写密不可分的，因此这里放在一起讨论。

C.“附录”之中收录的报道与中山先生引用时的说明混杂在一起。

C1. Mr. Cavendish, one of the best authorities on the law of extradition, informed an interviewer at Bow Street yesterday . . .（Sun，第 60 页）

楷文狄虚（Mr. Cavendish）者，生平于国际交犯之法律最极研究有素者也，其语某君之语曰……（甘译，第 79 页）

从原文来看，这本是记者采访之后刊登在报上的文字。但是，甘氏这样处理，等于是把记者所写的话变成了中山先生的插入语了。而且，"其语某君曰"大有"传言"的意味，而报纸上刊载的权威法律专家的话是极为客观的。因为写的是法律问题，记者本人不是专家，当然也只能这样"转述"，才有"权威"可言。而反观甘氏的处理，这样的客观性和权威性在汉语译文当中是找不到的。

C2. The next is a letter from Mr. James G. Wood to the same paper discussing some of the points of law raised in Professor Holland's letter (Sun，第 61 页)

胡德氏（Mr. James G. Wood）为荷兰氏所建之议，亦投函《太晤士报》，为法律问题之讨论曰（甘译，第 79 页）

甘氏这里的译文已经不再是严格按照原文的意思来翻译，而是概述其意了。因为，原文的意思是："下文为詹姆斯·G. 伍德先生（Mr. James G. Wood）致同一家报纸信函。文中对霍兰德教授信中所述之有关法律问题多有讨论。"也就是说，伍德所写的文章实际上是对霍兰德教授的观点的反驳，而后者也算不上是在提"建议"（如甘氏译文之中所示），而是表达个人的"见解"。而伍德的反驳，是针对霍兰德教授所提出的"法律问题"。这两点，在甘氏的译文当中，都没有对应地表征出来。

C3. A leading article in *The Times* of Saturday，October 24th，1896，discusses the question very fully (Sun，第 68 页)

当时英人士讨论此案，多集矢于马凯尼，《太晤士报》最先著论抨击之，文曰（甘译，第 83 页）

这也不是在翻译原文，而是译者自行安排叙事，以便引出马格尼爵士的回应信函。因为，原文的意思实际上是："一千八百九十六年十月二十四日《泰晤士报》刊发社论，讨论此一问题甚为周详。"

### （6）细节改动

细节上的改动，在甘氏译文当中，例子很多，可以说是俯拾皆是。这里仅举三例，以概其余。

1）At noon Cole came in again，and I pointed to where my note was．He went and picked it up，and I gave him all the money I had about me—£20．（第四章，Sun，第 29 页）

亭午，柯尔复来，取予书去。予媵以二十磅为酬劳之费，顾自是而予囊亦告罄矣。（甘译，第 63 页）

这句话或可译为："午时科尔再至，余即示意短笺何在。渠趋而拾之。余倾囊授予报酬——搜遍全身，仅得 20 英镑。"这是在描写，中山先生最终说服了科尔帮助他送信给康德黎先生，将他被囚的情况透露给外界。因而，他特地拿出身上仅有的 20 英镑作为报酬。在后文中，中山先生又特地提及，科尔要把钱还他。而实际上，从当时留下的资料来看，他当时答应给科尔的是一千英镑的报酬。① 因而，这是一个比较重要的细节。甘译没有顾及科尔的"示意"，而此时中山先生是在禁闭之中，自不能对其明言信藏在哪里；此外，"顾自是而予囊亦告罄矣"也与原文的焦点相偏离了。因为，原文是在强调，中山先生此时身上只有区区 20 英镑，所以他才会给科尔那么少的报酬。

2）. . . and I never saw the intriguer again．（第四章，Sun，第 26 页）

自是不复睹斯人之面矣。（甘译，第 62 页）

按照原文，这句话应该译为："自此之后，余不复睹此阴谋家之面矣。"原著叙述，邓廷铿先是在大街上与中山先生攀谈进而与人一起将中山先生诱捕进中国公使馆，然后在使馆之中又与其交谈，威逼利诱，迫使中山先生写信给马格尼爵士，以说明自己是"自愿"来的。因此，

---

① 黄宇和著，《孙逸仙伦敦蒙难真相》，第 140 页。

此人在此书之中是一个令人鄙视的角色。在这里，中山先生特地用了"阴谋家"这样的字眼来形容。这本是译文所不能省略的。而甘译在触及这样重要的表达方式时，偏偏以简单明白的日常用语"斯人"来替代，显而易见是大大偏离了原著的意向。

3）... two or three men dressed as Chinese sailors ...（第五章，Sun，第 35 页）

中国兵三四名（甘译，第 66 页）

这是在写，科尔向康德黎先生及孟森医生禀报，近日有几位身着中国水手服装的人不断出入中国公使馆，可能与公使馆意欲将中山先生偷渡出境的计划传闻有关，可见事情紧急，需要马上采取行动，不然中山先生就会有性命之忧。甘氏不仅把"二三位"改为"三四名"，而且还将本来有些模糊的"身着水手服装的人"改为身份确定无疑的"兵"。这就破坏了原文的意蕴。将隐含的、模糊的，变为直接的、确定的，这是一般的翻译所不能允许的。历史文献的翻译更需要关注这样的隐含意义的表征。

这三个例子或足以说明，这方面的改动无疑会使原著意蕴的表征产生很大的偏离。也就是说，细节上的偏差，往往会使译文无法信实，因而也就使译文无从显现原作的基本思想甚或一般思想倾向。

## （7）译误与矛盾

甘氏的译文多是意译，或者说，某种程度上的"概括"或"大意综述"较多，所以若是依照忠实的标准来判断，可以说译误的地方是不少的，甚至可以认为，这是一个很普遍的现象。

1）My recent detention in the Chinese Legation，49 Portland Place，London，has excited so much interest，has brought me so many friends and has raised so many legal，technical and international points of law， that I feel I should be failing in my duty did I not place on public record, all the circumstances connected with the historical event.

I must beg the indulgence of all readers for my shortcomings in English composition, and confess that had it not been for the help rendered by a good friend, who transcribed my thoughts, I could never have ventured to appear as the Author of an English book. （Sun, Preface 第 1 页）

近者，予被逮于伦敦中国公使馆，颇为当世所注意。予且因是结纳多数良友，泰西学子借为法律问题之讨论者尤众。予若不以案中实情布告当世，则予之职为未尽。顾予于英文著述非所长，惟冀读者恕其谫陋，勿加督责。而遣词达意尤得吾友匡助之力为多，使非然者，予万不敢贸然以著作自鸣也。（甘译，第 49 页）

这是中山先生此书的“序”。透过这两段话的译文，可以明显看到甘译对原文意义的改动达到了什么程度。第一，原文有两段，而译文合为一段。第二，中国驻伦敦公使馆所在地 49 Portland Place 这一地名没有译出。第三，“has excited so much interest, has brought me so many friends and has raised so many legal, technical and international points of law”本应用并列的表达形式翻译，译者没有尝试，且将“legal, technical and international points of law”简化为“法律问题”。第四，中山先生用“shortcomings in English composition”表示自己的英语作文之中缺陷多多，而不是说“英文著述非所长”，至少二者意思稍有出入。第五，“transcribe”的意思是转录、转抄或抄录，反映出在写作过程当中，中山先生实际上与康德黎先生是合作关系，仅仅言在“遣词达意”方面得人帮助是不足以表达此意的。第六，“吾友”一词的使用很是含混，有可能是“多”，而不是“一”。如要将上述意蕴补足，则这一“序言”有必要重新翻译：

余近日被拘于中国公使馆（the Chinese Legation）所在之伦敦博德兰地（Portland Place）49 号，引起如此热情关注，引来如此众多友朋，亦且引发如此之多法律上之审判、技术乃至国际关系等问题，故而如不能将与此一历史事件有关之种种情形记录在案、公布于众，实则未尽一己之责。

至于余之英文撰述，缺陷实多，但望耽读之士谅之；且亦需坦承，若非某好友援手，誊正余之所思所想，则断不敢以英文著述面世也。

2) "No. It was① out of the power of the City police to interfere in the West End work." （Sun，第 40 页）

警员曰："是不能，伦敦本区之警察实不能与闻西境之事。"（甘译，第 69 页）

这是第六章康德黎先生到伦敦一家警局报警，得到值班警员的回答。警员的意思很明白：城区警局（the City police）无权干预西区警局的工作（the West End work）。而甘译用了两次"不能"，但并没有点出此一警局的"权限"。此外，"西境"一词若改为"西警"才比较合适。从这一个例子可以看出，译文若是仅仅译出原文大意，就很容易跟原义产生出入。

3) the granite buildings （Sun，第 39 页）

花刚（岗）石所建华屋（甘译，第 68 页）

这是第六章的一处描写：康德黎先生为营救中山先生赶到一家侦探社，但因是星期天无人值班，所以那里大门关闭。按照原文，granite 应理解为"花岗岩一般的"，意思是坚硬之极或"顽冥不化"，所以打不

---

① 此处如果改为 is 似乎更合乎语法要求。中山先生此书，有些地方是没有太在意语法的。黄宇和先生指出，"从孙逸仙写于 1908 年至 1910 年的一些英文信件中，不难发现其中的文法充满错误。因为他 1896 年之后一直在国外居住，可以推断他的英语不会退步，我认为那时他不会说'非常漂亮的英语'"（引自氏著，《孙逸仙伦敦蒙难记真相》，第 160—161 页）。暂记于此，聊备一说。

开，也叫不应。侦探社若是"花刚（岗）石所建华屋"，代价就未免太大了，也是不可能的。

4）On the afternoon of the same day a special correspondent of the Globe called at Mr. Cantlie's house and asked him if he knew anything about a Chinaman that had been kidnapped by the Chinese Legation. Well，he thought he did；what did the *Globe* knew about it？（Sun，第45页）

是日（十月二十二号）下午，有《地球报》（*Globe*）特派访员造见康德黎君，询以中国公使馆诱捕之某华人，其生平行事及本案情节。康君尽以所知相告……（甘译，第71页）

这里的改写就远离实情了。因为，接下来的文字直接点出，康德黎已经将有关消息透露给了《泰晤士报》并且仍旧希望该刊先行刊登。而且，这一句话也已说明，康德黎先生不知道 *Globe* 是怎么了解到信息的。这不是在说，他是心怀疑虑或有所怀疑吗？因此，他不可能"尽以所知相告"。更何况，在中山先生获释之后，他们仍然担心，若是将通风报信的科尔透露给世人，势必影响到使馆中人的工作。实际上，直到科尔决定辞去公使馆职务之后，中山先生等人才敢将有关情况讲出。（详见Sun，第56页）

5）The real facts are these.（Sun，第50页）

报纸所载，虽不尽无因，然与事实略有异同。（甘译，第74页）

这是第七章在引用报纸所载的消息之后出现的一句话，意思是"事实真相已如上述"。甘氏的理解正好与此相反。这样，译文表达的负面的意思会影响英国报纸的公正性。报纸所作的报道，如果真如译文之中所说的那样，还会有真正的"事实"和"公正性"吗？而日后中山先生曾写信给报界专门表示谢意，并且将此信收入"附录"，正好说明英国报纸给予了同情和及时的帮助（详见Sun，第79页），也可说明报界的公正性是存在的。这种只是试图解释意思或对大意进行综述的译文，或许正是由于并不愿想法确保对原文的忠实而导致呈现完全相反的意蕴。

6）The meeting related above took place in a passage in the basement of the house, and I was told I was a free man. Sir Halliday then shook hands with us all, a post-Judas salutation ...（Sun，第 52 页）

既而马凯尼告予，谓予已恢复自由，遂与予侪一一握手……（甘译，第 75 页）

这句话完整译出的话，应该是："上述仪式在使馆底层走廊之中举行，最终获告余复自由之身。哈立德爵士与吾等一一握手，假仁假义有如犹大之吻。"中山先生特地点出，这一"仪式"是极其不正规的，因而只是在"一走廊"里举行，而马格尼爵士的"握手"如同"犹大之吻"，虚伪而又矫揉造作。在甘氏的译文里，这两层意思荡然无存。

7）But this system of fattening on the public vitals—the selling of power—is the chief means by which the Manchu dynasty continues to exist. With this legalized corruption stamped as the highest ideal of government，who can wonder at the existence of a strong undercurrent of dissatisfaction among the people?（Sun，第 4 页）

夫"满政府"既借苞苴科敛、卖官鬻爵以自存，则正如粪土之壤，其存愈久而其秽愈甚；彼人民怨望之潮，又何怪其潜滋而暗长乎！（甘译，第 51 页）

这句话如果直接翻译，则应为："唯此一制度以民脂民膏而自肥——出卖官位——清皇朝之所以继续存在，是为其主要手段也。朝廷既将合法腐败标示为政府之最高理想，又何怪乎，民众心中怨怼之暗流汹涌澎湃？"甘氏加以改写，试图使之形象化，可以突出叙述本身的生动。这也说明，原文是对清廷加以抨击的。这既是此书的一个主要基调，也是中山先生基本思想的表达。这里，甘氏用"粪土之壤"之类原著之中并没有的表达方式来作为比喻，未免有行之过远之嫌。不过，基本的意思，译文的确是传达出来了。但是，下一个例子却打破了这个基调。

8) With this incubus hanging over her, China has no chance of reform except it come from the Throne; and it was to induce the Throne to modify this pernicious state of things that the "Young China" party was formed. (Sun，第 6 页)

中国睡梦之深，至于此极，以维新之机苟非发之自上，殆无可望。此兴中会之所由设也。此兴中会之所以偏重于请愿上书等方法，冀九重之或一垂听，政府之或一奋起也。（甘译，第 52 页）

这句话如果直接翻译出来的话，意思应该是："中国梦魇如此沉重，若非自朝廷而起，革新绝无机会。而'少年中国'党之所设，即为进谏朝廷，以期对邪恶现状有所改进焉。"因甘氏译文在这里并没有表现出反讽或讽刺的意味，因而诸如"九重"、"垂听"乃至"奋起"之类的用词，势必让人觉得，那是对清廷的赞美。这样，也就与中山先生的行文所要达到的意向背道而驰了。而且，有关"少年中国"党的活动，原文之中所叙述的也只是中山先生的一种虚构。实际上，他除了写过一篇《上李傅相书》给李鸿章之外，并没有组织"兴中会"人员上书，而"兴中会"的成立也与"维新"的诉求毫无关系。而甘氏的译文直接使用"兴中会"，不可避免地将中山先生"颠覆'满清'"的政治主张与康有为的"维新"混为一谈，而且也远离了原文当中对清朝统治者的批判。甘译这种改动出现了两种截然相反的因素：一方面是批判和抨击，而另一方面则是赞颂，这就不可能不使上下文意相互矛盾。

9) Sitting down, he proceeded to interrogate me.

Asked what my name was, I replied "Sun." (Sun，第 15 页)

言已就座，叩予之姓，予答曰："孙。"（甘译，第 57 页）

这一例子同上引的例子一样，也造成了上下文的不连贯。在原著中，马格尼爵士问中山先生的应是他的"姓名"，而不会因为初次见面只问"姓"。后者是一种礼节，而此时中山先生已经成为中国公使馆阶下囚了，马格尼爵士会那么讲礼貌，问他"贵姓"吗？而且，应该指出的是，跟在不少地方一样，甘氏并没有依照原文的段落安排，这里又一次将两句话合并成了一句。

10）Only when my friend's note reached me could I either eat or sleep.（Sun，第 31 页）

厥后接康德黎君来简，而食量之增与睡境并进矣。（甘译，第 64 页）

这是第四章最后一句话，意思是："至友人之笺送至，余方得进食睡眠。"原著中写道，中山先生在被捕之后，忧心忡忡，几乎不思饮食睡眠，只能进流质食物，偶尔可食一枚鸡蛋，等到看到康德黎先生的短简，才算是能入睡、吃东西。不过，既然仍未得释放，他不可能出现"食量之增"，也不会有"睡境"与之"并进"。

## 2.3　幽默风趣的叙事可有再现？

尽管甘译存在上述两个方面的大问题，但是应该承认，其表现力最强时，还是能够再现出原文的意蕴的。

1）When in 1892，I settled in Macao，a small island near the mouth of the Canton river，to practice medicine，I little dreamt that in four years time I should find myself a prisoner in the Chinese Legation in London，and the unwitting cause of a political sensation which culminated in the active interference of the British Government to procure my release. It was in that year however；and at Macao，that my first acquaintance was made with political life; and there began the part of my career which has been the means of bringing my name so prominently before the British people. （Sun，第 1 页）

时在西历一千八百九十二年，予卜居于珠江江口之澳门，以医为业，茕茕一身。初不料四年后竟被幽于伦敦中国使馆，更不料以是轰动政界，甚且由英政府出而为实地之干涉，以要求彼使馆之见释也。虽然，予之知有政治生涯，实始于是年；予之以奔走国事，而使姓名喧腾于英人之口，实始于是地。（甘译，第 49—50 页）

这是此书的第一段话。这里，除了"实地之干涉"以及"轰动政界"这样的表达不正确之外，语句本身的确是很顺畅的，也可以反映出译者的语言表达力。

此书本来就是一部叙事作品。叙事者中山先生通过对亲身经历的绑架案的讲述，试图唤起英文读者对中国的事情的关注，以期英人能了解中国革命的发展进而加以支持。因此，力图使读者有身临现场的感受，可能也是追求上乘译品的一个倾向。实际上，译者也注意到了，应使译文尽可能生动一些。比如，他采用了这样的手法：

第一，添加表达情感诉求的词汇，以求直接面对读者。

2) Finding the door closed to mild means，we grew more concrete in our notions and demands，and gradually came to see that some degree of coercion would be necessary. （Sun，第 6 页）

吾党于是怃然长叹，知和平之法无可复施。然望治之心愈坚，要求之念愈切，积渐而知和平之手段不得不稍易以强迫。（甘译，第 52 页）

这是第一章在谈及"请愿"失败，遭到皇帝的贬斥之后所叙述的情况。原文本来只是一个讲述实际情况的句子，译者添加了"吾党于是怃然长叹"，大有直接向读者呼吁的意味。

第二，将间接引语变为直接引语。

3）... the other, Cole, said he could not get out to do so. （Sun, 第 19 页）

其一人名柯尔（Cole）者则曰："予不能出公使馆，故尚未能为君寄书也。"（甘译，第 58—59 页）

中山先生最终说服科尔（即甘译之中的"柯尔"）与外界报信，使其朋友知道他被因的情况。所以，他在描述一开始请其送信时，叙述留下了余地。这可以让读者体会到，科尔的确是善良的人，说不定他能够帮助中山先生。译者将间接引语变为直接引语，叙事之中的回顾也就成了真正的对话，读者或能体会到现场的情景。因此，可以说，这样的手法尽管不无偏离（原文毕竟没有用直接引语），但还是能从中感受到译者的良苦用心。

尽管如此，我们还是认为，译者在最重要的问题上是有违原文意向的，至少也是没有关注到该如何处理才能表征原作意蕴。这就是原文的风趣幽默的叙事风格。如果说，对话之中的间接引语与直接引语之间的转换，本是译文形式化的一种表现或变化，那么，风趣幽默的叙事风格则属于内含于文本之中的东西，因而亦需在形式化方面加以表征。而且，应该指出的是，添加带有感情色彩的词汇以及将间接引语变为直接引语都不是甘氏的一贯作为，而是偶尔为之。风趣幽默的格调则是贯穿于中山先生的原著之始终的，也是这一部著作的风格的表现。而甘氏却未能在这方面做出努力，或可认为，这是此一译本最大的缺憾之一。

4）However, as he strode forth with valiant intent, the Doctor encountered his expected "man" in the street ... （Sun, 第 42 页）

康德黎君甫出门，即与一人相值，审知为奉命而至之侦探……（甘译，第 70 页）

这里是描写康德黎先生等不来他所雇的侦探，所以决定自己亲赴中国公使馆门口守候，以防中山先生被劫走。原文是以非常风趣的手法写出的，所以用了"strode forth"（大踏步走向前去）和"valiant intent"（雄赳赳、气昂昂）。如果译为"幸而康德黎先生壮志满怀昂首阔步迈出家门，竟然在大街之上与渠所预约之'雇工'不期而遇"，则可差强人意。

5）No Chinaman wears a moustache until he has attained the "rank" of grandfather; but even in the country of early marriages, I, who have not yet attained the age of thirty, can scarcely aspire to the "distinction." （Sun，第45页）

吾华虽为早婚之国，而留须极迟，其有此资格者大抵已身为人父或为人祖父，若予当时则行年犹未三十也。（甘译，第71页）

这是中山先生在提及伦敦警察局拿到了他的照片时所做的议论。甘氏的译文添加了"为人父"，但诸如原文之中加引号以为强调的"rank"和"distinction"都没有着意翻译，而这两个词都是极有意味或趣味的。因此，如果译为"若非跻身祖父之列，华人鲜有留须者。即令在此一早婚国度，余未及而立，自不敢怀抱奢望获此'殊荣'"，或能捕捉到原作的意趣。但在甘氏的译文之中，这样的幽默意味是找不到的。

6）At the Yard I was evidently regarded as a child of their own delivery, and Jarvis' honest face was a picture to behold. However, the difficult labour was over... （Sun，第54—55页）

警署之视予，直同一无知少年，即观于侦探长乔佛斯可见。盖乔佛斯诚挚之容色，坦率之言辞，长者之对于卑幼则然也。（甘译，第76页）

这是在描写中山先生获释之后伦敦警察局对他的态度。原著以幽默的笔法写道："显而易见，余被视若孩童，为众警官出而生之。贾维斯之表情，一视即知此意。虽然，如是之艰苦劳役已告结束，余得以自由自在倾吐告白。"意思是说，救援的过程犹如接生或生孩子，特别艰难；

而警察局中人就这样成了使人重得生命的"恩主"。不过，此时这一艰难的过程已告结束，所以可以松一口气了。"delivery"一词既有"释放、解救"的意思，也有"接生、分娩"的意味①；而"labour"既可以指"艰苦的劳动"，同时又能表示"生孩子"②。因此，两个词都是一语双关。甘氏没有努力将原著当中这样的意味表征出来，其中所含的幽默也就很难在译文之中见到了。

从上引三个例子明显可以看出，甘氏的译文一直关注的是故事的叙述，即故事本身的情节的延续以及相应的语言铺排，而不及或未及深层次的问题，尤其是原著的风格的表征。这样，即使叙事所含有的意思被译出，语言也还是非常平淡。也就是说，译者由于没有关注如何在整体上呈现原文最为突出的语言表达力，因此在最重要的一个方面也就不能使原文的意涵显现或突出出来。这样，译文与原文在风格上出现重大的偏离，译文也就最终不能达到再现原文意蕴的目的了。

尽管是一部叙事著作，但身怀大志、决意救中国于水火的中山先生在行文当中自然会有激情流露，也当然会融进英语叙事所特有的幽默。因此，如果译文四平八稳，就可能起不到应有的作用。

还应指出，甘氏的译文是 1912 年出版的，屈指算来距今已有百年的历史。这也就意味着，这一译本已是沾染了太多往日情调的译品了。因而，中山先生的这部著作有必要重新译出，才能迎合新世纪的需要。但是，在这百年当中，竟然没有人再做尝试，将这部著作重译为汉语。到了2011 年的时候，另一部新的白话译本终得问世。但是，这部译本错误百出，可说是译犹未译。

---

① 详见《新英汉词典》（第 4 版），第 380 页，词条"delivery"，上海：上海译文出版社，2009 年版。

② 详见《新英汉词典》（第 4 版），第 838 页，对"labour"的解释。

# 3. 孙中山汉语"蒙难"——《伦敦蒙难记》批判

1896 年，孙中山先生被清廷驻伦敦公使馆绑架，轰动一时。2011年，他所著的《伦敦蒙难记》的新译本出版，他又一次在汉语当中"蒙难"。谓予不信，请看下文。

之所以说中山先生在汉语之中"蒙难"，是因为庾译在原文理解、意义表征以及语言表达等各个方面都存在无可救药的硬伤，有时甚至在常识上也造成了对史实的偏离，因而不仅最终严重歪曲了中山先生的形象，违背了历史事实，而且译本的语言几乎是处处不通。本章试图从忠实的角度，主要针对译者前言的有关论述、目录以及第一章的翻译当中存在的问题做一扫描，以期说明中山先生何以因"新译"而"蒙难"于汉语。

## 3.1　是翻译，还是在摆迷魂阵?

庾译除了译文的正文之外，前有"译者前言"，后有"附录"，其中收录了《孙中山与邓廷铿的谈话》[①]、《孙中山复瞿理斯函》[②]、《孙中山致区凤墀函》[③]、冯自由（1882—1958 年）所撰三篇相关文章[④]以及周楠本所撰的《其书、其人、其事——〈伦敦蒙难记〉探析》等诸多资料。乍看上去，译者是非常认真的，译文也应该是高质量的。但是，读完译者前言就会发现，这完全是错觉。

翻译无疑要求"信"，也就是忠实于原文的意义指向，尤其是像《伦敦蒙难记》这样的历史文献。可是，译者前言一开始提出的问题就

---

　　①　此文原载孙中山著，《孙中山全集》第一卷，第 26—29 页。
　　②　此文收入孙中山著，《孙中山全集》第一卷，第 46—48 页。
　　③　此文收入孙中山著，《孙中山全集》第一卷，第 45—46 页。
　　④　冯自由撰，《孙总理修正〈伦敦被难记〉第一章恭注》，收入氏著，《革命逸史》第三集，第 121—127 页，北京：中华书局，1981 年版；冯自由撰，《孙总理被囚伦敦使馆之清吏笔记》，收入氏著，《革命逸史》第二集，第 18—22 页；冯自由撰，《兴中会始创于檀香山之铁证》，收入氏著，《革命逸史》第三集，第 24—30 页。

与这一基本要求背道而驰。

第一，一人所著，还是二人合作？"译者前言"首先对原作"序言"当中的一句话进行了分析，认为甘译将"... I could never have ventured to appear as the Author of an English book"（Sun，Preface 第1页）译为"使非然者，予万不敢贸然以著作自鸣也"（甘译，第49页），有违原意。但是，庚译也没有译出原文的意思。

正如论者所指出的，"从康德黎夫人日记里也反映出康德黎对于孙中山的这本书确实倾注了心力"，"可以说这本英文著作是他们师生两人合著的"（庚译，第141页[①]）。这里征引的庚译之中收录的周楠木先生所撰的文章[②]，清楚而细致地介绍了此书的写作情况。但庚译却是："在表达意思上，如无一位好友给予的帮助，我决不敢作为英文著述者出版此书。"（庚译，第3页）此书后文附录中有中山先生的原著（庚译，第175—261页）。这句话的原文是："... had it not been for the help rendered by a good friend，who transcribed my thoughts，I could never have ventured to appear as the Author of an English Book."（Sun，Preface 第1页）很明显，译者是误解了"who transcribed my thoughts"的意思。丢掉了"转述"或"抄录"（transcribe），"二人合作"的意味荡然无存。此外，孙中山在这里用的是"the Author of a English Book"。这句话的意思是：他谦虚地表示，假若不是好友帮助，"誊正"了他的思想，他断不敢去撰写英文著作。这既是在强调自己作文谨慎，同时也是在向其恩师康德黎（James Cantlie，1851—1926年）先生表达感激之意。如果真像庚译中所说的那样，"在表达意思上"就已经需要他人的帮助，那是不是说，学习了多年英文的中山先生，连英语也不会

---

[①]  关于庚译，凡标注"庚译，第×页"者，均指正文而言，下同，不详注。

[②]  周楠本撰，《其书、其人、其事——〈伦敦蒙难记〉探析》，收入庚译，第138—175页。

讲了？

实际上，孙中山研究界在这一问题上早就达成了共识。黄宇和 1986
年出版 The Origins of a Heroic Image：Sun Yat-sen in London，1896—
1897（Hong Kong：Oxford University Press），此书汉语版《有志竟
成：孙中山伦敦蒙难记及其影响》1989 年由区鉷、麦志强翻译，国际展
望出版社出版；后由作者在这一译本基础上增加两章内容，1998 年由台
湾联经出版社出了繁体字新版，最后又在 2004 年由上海书店出了简体
字版，题名为"孙逸仙伦敦蒙难真相"。黄氏找到了有关此书写作的证
据——康德黎夫人的日记。康德黎夫人在 1896 年 11 月 19 日记载："汉
密什（康德黎医生的别名）正在帮助孙中山写的传记。"而在同年 12 月
21 日的日记中写道："汉密什干脆自己写好了孙逸仙的经历，并且准备
送到印刷厂去。""汉密什所写有关孙逸仙的书，明天发行。"1897 年 1
月 21 日，她又写道："关于孙逸仙的书，今天发行，佳评如潮。"① 黄氏
因此强调，"事实上，中山先生在该书的序言中，已明确地表示他不是
该书的执笔人"。② 对此，"英语原文是很清楚的"，只是甘译"变得含糊
不清了"。③ 此书所收录的书评中，萧致治认为，《伦敦蒙难记》的作者
"不是孙中山，而是康德黎"，"这样说，尽管未免言过其实，因为至少
孙中山提供了素材，也可能写了部分初稿，康德黎看了不行，才干脆自
己动手。如果是这样，说是两人合写是较为恰当的。但由此可以肯定，
康德黎在《伦敦蒙难记》成书和出版过程中，确是出了大力的"。④

　　**第二，甘译之"地"是指澳门，还是伦敦？**译者前言讨论的第二个
问题，只有引过译者的论述之后，才能加以分析。

---

① 黄宇和著，《孙逸仙伦敦蒙难真相》，第 203 页。
② 黄宇和著，《孙逸仙伦敦蒙难真相》，第 202 页。
③ 上揭书，第 210 页，注释 63。
④ 引自"附录二·书评选辑（评联经汉语版）"，上揭书，第 257 页。

　　甘译第一章："初不料四年后竟被幽于伦敦中国使馆……虽然，予之知有政治生涯，实始于是年；予之以奔走国事，而使姓名喧腾于英人之口，实始于是地。"此一段话很有些歧义。据前文，所谓四年之后是指 1896 年，这一年孙中山自伦敦绑架事件披露后即享誉英伦，这是不错的；但是说"予之知有政治生涯，实始于是年"就不对了，即使是理解为四年之前的 1892 年，前后的话仍不能照应。查对原文就清楚了，原来英文原著在"知有政治生涯"、"奔走国事"这样意思的话之前，明确地交代了"at Macao"，即在澳门，并非说是在伦敦，这样开始政治生涯的时间和地点就说得很清楚了，没有任何歧义。（译者前言，第 2—3 页）

如果对照一下甘译，就能明白，译者并没有理解译文的意思：

　　时在西历一千八百九十二年，予卜居于珠江江口之澳门，以医为业，藐兹一身。初不料四年后竟被幽于伦敦中国使馆，更不料以是轰动政界，甚且由英政府出而为实地之干涉，以要求彼使馆之见释也。虽然，予之知有政治生涯，实始于是年；予之以奔走国事，而使姓名喧腾于英人之口，实始于是地。（甘译，第 49—50 页）

很明显，译者并没有注意到，甘译最后一句前有"虽然"，那应该是表示转折。意思是，尽管怎么也不会想到四年后在英伦发生的事情，但是不论是政治生涯，还是"国事"的"奔走"，都是从"卜居澳门"的那一年开始的，当然也就是从澳门开始的。相比之下，庚译的译者，不仅连这么清楚的译文都不能明白，而且把甘译已经表达得很准确的地方反倒是译错了；而其中已经错了的，自然也就更不能纠正了。比如，原文中第一句的"settled in"（Sun，第 1 页）其意只是"迁居"，而庚译偏偏译为"定居"（庚译，第 6 页）。甘译用"卜居"（甘译，第 49 页），意思当然是准确的。"卜居"原为《楚辞》中的一篇。相传为屈原所作，实际上是楚国人在屈原死后为了悼念他而记载下来的有关传说。"卜居"原指占卜自己该怎么处世，引申为择地居住，因而与"settle in"的意思相符。而甘译之中的"轰动政界"（甘译，第 49 页），庚译仍作"政界的轰动"（庚译，第 6 页），明显是沿袭错误。原文是"political sensation"（Sun，第 1 页），意思是"轰动一时的政治事件"。

明显可以看出，庚译的分析逻辑不通之处极多。不仅如此，有关译文也一样很难说得通。比如，这里牵涉的一个问题就是：在起步时已经认识自己的政治生活，何以可能？原文"my first acquaintance was made with political life"（Sun，第 1 页）并不是说"我开始认识了自己的政治人生"（庚译，第 6 页），而是讲"我对政治生活最早的认识"。更何况，庚译此语也不通：试想，刚刚"开始"，如何"认识了"？起步之时，又怎么能"认识了自己的政治人生"？甘译相应的句子是"予之知有政治生涯"（甘译，第 49 页），倒是非常准确。

第三，一张"文凭"，还是两份"证书"？译者所提出的第三个问题，关乎中山先生的"文凭"。庚译是："学习五年后（1887—1892）我取得了大学文凭，获得了'香港内外科行医执照'。"（庚译，第 7 页）且不说，这里的行内注应置于"后"字前，"后"后应加一逗号。单只说，"大学文凭"和"行医执照"二者是什么关系？中山先生是获得了一个"文凭"，外加一个"执照"？还是仅仅是一个"文凭"？只读译文，给人的印象是，中山先生二者兼得："文凭"和"执照"。而译者前言中的讨论给人带来的也有这种印象："原著在写到自己的学历时是这样说的：'After five years' study（1887—1892）I obtained the diploma entitling me to style myself "Licentiate in Medicine and Surgery，Hong Kong."旧译则为：'阅五年而毕业，得医学博士文凭'。这句翻译得很不准确，原文并没有说自己获得医学博士文凭，只是说取得了大学文凭；这还关系不大，关键是译文漏译了一个比学位重要得多的证书：'Licentiate in Medicine and Surgery，Hong Kong'，即'香港内外科行医执照'。这个证书，当时不仅关系孙中山的生计，而且还是掩护孙中山从事革命工作的一个重要身份证，实际上它比博士学位重要得多，在孙中山的生平大事记里或年谱中，这一学历资格是必定要记载的。如果需要强调学位，'Licentiate'相当于硕士，是一个具有开业资格的医学硕士。"（译者前言，第 3 页）"漏译了一个比学位重要得多的证书"，似乎是说"文凭"和"证书"，而"学历资格"则讲的是"学历"。到了译文当中（庚译，第 7 页），我们看到的却是二者兼而有之！

　　查看有关资料会发现，庚译在此处似乎根本没有顾及该如何避免歧义。黄宇和所著《三十岁前的孙中山：翠亨、檀岛、香港 1866—1895》这样记载："1892 年 7 月 23 日，孙中山在香港医学书院毕业了，干什么好呢？他不能在香港挂牌行医，因为他所获得的学位不是内外科全科学士（M. B. B. S.）学位，而是'考准权宜行医'（licentiate）。"① 张磊、张苹在其所著《孙中山传》中也指出："1892 年，孙中山以优异成绩毕业，康德黎教务长向他颁发的医学士证书执照……"② 这样看来，第一，中山先生的"文凭"只有一个；第二，那是一张"学士文凭"，因是"医学学士"，所以"兼"有"开业资格"，因而他才会说"有权自称"（entitling me to style myself）"香港内外科医师"。

---

① 黄宇和著，《三十岁前的孙中山：翠亨、檀岛、香港 1866—1895》，第 426 页，北京：生活·读书·新知三联书店，2012 年版。

② 张磊、张苹著，《孙中山传》，第 43 页，北京：人民出版社，2011 年版。

《新英汉词典》（第 4 版）①"licentiate"词条给出的解释和例子是：

> （1）（从大学或学会等）领有开业证书的人：a licentiate in medicine；（2）（欧洲某些大学中的）硕士；（3）［宗教］（长老会的）无牧师资格而准许传道者

这句话若是译为"经过五年（1887—1892 年）的学习，我获得毕业文凭，从此可自称为'香港内外科执照医士'"，可能就没有"两个"还是"一个"的疑问了。而且，原文不就是这样讲的吗？

**第四，"'Young China'party"就是"教友少年会"？** 庾译译者前言接着批评甘译将"'Young China'Party"译为"兴中会""不符史实"（译者前言，第 3 页），并在后文强调指出："我们认为这个组织指的就是'教友少年会'，孙中山是该组织的发起人之一……"（译者前言，第 10 页）但是，这样讲就"符合事实"了吗？实际上，"'Young China'party"（Sun，第 7 页）究竟是指哪个组织仍是一个有争议的问题，当不至于像庾译译者前言所说，追溯到了"教友少年会"就能解决了。首先，既然译者也承认"当然这个问题还可以讨论"（译者前言，第 10 页），可"讨论"的"问题"又如何能像译者所说的，把"问题"本身"或许可以说已推进了一步"（译者前言，第 10 页）？其次，目前为止，也只是发现中山先生以"孙日新"的名字在 1891 年 6 月上海广学会办的《中西教会报》上发表的报道性文章《教友少年会纪事》。② 如果没有进一步的证据，怕也很难说 1891 年 3 月 27 日成立的这个组织就是后来发动了"广州起义"的那个组织。最后，倒是成立于 1892 年 3 月 13 日、

---

① 《新英汉词典》（第 4 版），第 732 页。
② 详见陈建明撰，《孙中山早年的一篇佚文——"教友少年会记事"》，载《近代史研究》1987 年第 3 期。

后来同兴中会合二为一的"辅文社"，有一定的可能是《伦敦蒙难记》当中所说的"'Young China' party"。因为，"广州起义"的骨干力量就是这一会党中的成员。①

　　冯自由写过两篇文章辨析，中山先生此书当中所叙述的"革命缘起"与事实不符。他在《孙总理修正〈伦敦被难记〉第一章恭注》中强调："考其第一章全文所述，曾投身主张君主立宪之少年中国党及纠合全体党员向清廷联名上书请愿立宪，并在澳门入党，上海设总部等事。皆与总理生平言行完全不符。此种政治运动，亦向为总理所深恶痛绝，决无冒昧参加之理。"②　"请愿上书"有 1894 年冬《上李傅相书》一文。③　在另一篇文章《兴中会创始于檀香山之铁证》中，冯氏强调："……少年中国党与兴中会，有同风马牛"，并且指出，"主张'兴中会于民国二十年创于澳门'之说者，如不能证明兴中会附有英语'少年中国党'之名称，及提出少年中国党即是兴中会之相当考证，则其说可谓根本不能成立，应自宣布取消其说可也"。④　不过，冯氏可能并没有看到，中山先生另有《我的回忆》（"My Reminiscences"，作于 1911 年）一文，其中也用了"少年中国党"：　"那一晚我加入了少年中国党（Young China Party）。"⑤　文中还写道，他当时写好请愿书，并且征集到"数以百计的签名"。⑥　不知是否也如冯氏所说，那是对英国读者的"总理当日对外措辞"？⑦　如果不全是这样，那是不是还有另外一个可能："'Young China' Party"有可能就是兴中会的英语名称？

---

①　参见黄宇和著，《三十岁前的孙中山：翠亨、檀岛、香港 1866—1895》，第 518 页。
②　冯自由著，《革命逸史》第三集，第 121—122 页。
③　参见罗刚著，《中华民国国父实录》第一册，第 261 页，台北：罗刚先生三民主义奖学金基金会，1988 年版。
④　冯自由著，《革命逸史》第三集，第 25 页。
⑤　孙中山著，《我的回忆》，见氏著，《孙中山全集》第一卷，第 548 页。
⑥　同⑤。
⑦　冯自由著，《革命逸史》第三集，第 122 页。

无怪乎黄宇和指出："其实，兴中会这名字，目前西方史学界普遍把它翻译成为 Revive China Society。若当时孙中山对恩师①说是 Young China Party，也差不离儿。笔者甚至认为，兴中会成立之初，虽然所取中文名叫兴中会，但英文名字很可能就叫做 Young China Party。因为当时兴中会的会员，绝大部分是受过西方教育的年轻人，血气方刚，充满理想。若取名 Young China Party，正符合他们的思想感情。若取名 Revive China Society，反而给人一种老气横秋的感觉，不符合他们的年纪和脾气。"②

**第五，为何"正在麻烦中"？**庾译的译文有时是没有经过认真思考的。比如，庾译的译者前言当中所论及的第一章的最后一句："Having informed him that I was in trouble through having offended the Cantonese authorities, and fearing that l should be arrested and sent to Canton for execution."（译者前言，第 5 页）英文句号照录译者前言。但实际上，这里最后只是逗号（Sun，第 10 页），接下来，作者还写道："he advised me to consult a lawyer, which I immediately proceeded to do"（Sun，第 10 页），这才构成一个完整的句子。庾译指出，这句话的"意思是"："告诉他我正在麻烦中，因为获罪于广东当局，恐怕我会被逮捕并押回广州施行处决。"（译者前言，第 5 页）但是，原文是有语误的：只有把"having informed him"改为"having been informed"，才能为其确定逻辑主语。庾译在正文中（庾译，第 20 页），对如此笨拙的表达方式"正在麻烦中"照抄不误，"（大致的）意思"也就变成了正式的翻译！用"在麻烦中"这样的直译，实在看不出译者有能力处理汉语和英语的一个基本区别：前者以"动词"占优势，后者则以"名词"为主导。实际上，稍稍改变一下视角，译文似

---

① 即康德黎。
② 黄宇和著，《三十岁前的孙中山：翠亨、檀岛、香港 1866—1895》，第 442 页。

乎就能变得流畅一些："他得知我因冒犯广州当局，遇到了危险，生怕我会被捕并且递解到广州问斩，所以就良言相劝，要我去咨询律师。我言听计从，马上照办了。"

**第六，"'人身保护法'令状"，还是"人身保护令"？** 同样的语法问题在庚译的译者前言当中还能找到一个例子："a writ of *Habeas Corpus* was made out against either the Legation or Sir Halliday Macartney, I know not which, but the Judge at the Old Bailey would not agree to the action, and it fell through"（译者前言，第8页引文；语见Sun，第45页）。庚译"订正"后的译文是："一份申请针对公使馆或哈里代·马卡尼先生的'人身保护法'令状已经提交，我不知道这件事，但伦敦中央刑事法院的法官没有同意这一行动，因此此事未能实现"（译者前言，第9页）。

首先，*Habeas Corpus*，《新英汉词典》给出的解释是：

> ［拉］［法］（1）人身保护令（被军警机关拘捕的人须即送法院处理的命令）（＝a writ of habeas corpus）：*the Habeas Corpus Act* 人身保护法（一六七九年英王查理二世同意实施）；（2）人身保护权①

显而易见，"法"和"令状"是两种文件，二者并不等同，也就不能并置。

其次，原文用的是"either … or"句型，相照应的"I know not which"是说"究竟是向谁提交了'人身保护令'"，作者不知就里，而不是"我不知道这件事"，不然的话，他又如何可能提及？译者并未注意到这个句型的存在，也自然没有办法处理后面的定语从句了。

复次，原文中的 Sir Halliday Macartney 应作"马格尼爵士"，而不

---

① 见《新英汉词典》（第4版），第561页。

是"马卡尼先生"。中山先生所作的《向英国律师卡夫所作的陈述词》的汉语译文（陈斯骏译、黄彦校）就将其译为"马格里爵士"。[①]

最后，假若按照译文来理解，这份文件"已经提交"，说明此事已经办理，又何以同时会"此事未能实现"？实在是不通。

**第七，中山先生如何写"感谢信"？** 庚译的译者前言当中所讨论的甘译的最后一个例子是中山先生向伦敦报界发出的一封感谢信（Sun，第 79—80 页）：

The following is a copy of the letter I sent to the newspapers thanking the Government and the Press for what they had done for me：

To the Editor of the—

Sir，—Will you kindly express through your columns my keen appreciation of the action of the British Government in effecting my release from the Chinese Legation? I have also to thank the Press generally for their timely help and sympathy. If anything were needed to convince me of the generous public spirit which pervades Great Britain，and the love of justice which distinguishes its people，the recent acts of the last few days have conclusively done so.

Knowing and feeling more keenly than ever what a constitutional Government and an enlightened people mean，I am prompted still more actively to pursue the cause of

---

① 此文收入孙中山著，《孙中山全集》第一卷，第 37—45 页，详见该书第 39 页。

advancement，education，and civilisation in my own well-
beloved but oppressed country.

Yours faithfully，

Sun Yat Sen

## 庾译（译者前言，第11—12页）是：

以下是这封信的副本，我寄给各报纸以感谢政府和新闻界
为我所做的一切。

**致各报编辑**

先生：

我不知道能否通过你们的专栏，对于英国政府的援救促使
我从中国公使馆获得释放，深切地表达我的诚挚的感激之情？
我也很感激新闻界普遍地给予我的及时声援和同情。如果有什
么事能让我信服遍布英国的宽厚的公德精神以及热爱正义的人
民，那么最近几天的行动已使我深信不疑。

我比过去更加深切地体会到立宪政体以及国人开明的意
义，这将促使我更积极地追求进步事业，为我深爱而又受压迫
的国家继续努力促进教育和文明事业的发展。

你的忠实的，

孙逸仙

10 月 24 日

于波特兰区德文榭街 46 号

和原文相比，可以明显看出，中山先生溢于言表的感激之情并没有在译文当中体现出来多少。相反，我们读到的是累赘、粗糙的语句，还有毫无原由的"无礼"。第一，译文一开始就用"这封信"，其中的"这"字没有前文，如何指代？第二，用"副本"直译"copy"，会让人觉得，中山先生是不是留下或抄录了很多"副本"？因为他是向各家报纸发出了感谢信（原文用的是"the newspapers"）。假若真是这样，这些"副本"有无不一致的地方？它们之间的关系如何，孰先孰后？如此直译，肯定会引出很多疑问。第三，称呼既是"先生"，信中却用的是"你们"。第四，前文用的是"你们"，信的结尾却是"你"。专门写感谢信感谢他人帮助的中山先生，会这样没有礼貌吗？第五，"你的忠实的"中的第一个"的"字完全可以省去。第六，就正式的感谢信来说，"英国"不如"大不列颠"或"不列颠"更合乎语意的要求。最后，"信服遍布英国的宽厚的公德精神以及热爱正义的人民"，不仅与原意不符，也丢掉了焦点。因为，原文说的是对英国崇尚公德、人民热爱正义的信服。

再对比一下甘译，就会发现，庚译译者前言之所以要讲"旧译文与原文出入较大"（译者前言，第10页），可能是因为译者已经对那种典雅的语言丧失了理解力，因而也就无法欣赏比较忠实地传达出原文意思的译品了：

> 予得释后，即投函各报馆，以谢英政府及英报纸相援之情，文曰：
> "予此次被幽于中国公使馆，赖英政府之力，得蒙省释。并承报界共表同情，及时援助。予于英人之尚公德、好正义，素所钦仰，身受其惠，益堪微信。且予从此益知立宪政体及文明国人之真价值，敢不益竭其愚，以谋吾祖国之进步，并谋所以开通吾横被压抑之亲爱同胞乎？爰驰寸简，敬鸣谢忱。孙文

缄于波德兰区覃文省街之四十六号"（甘译，第 85—86 页）

**第八，副标题为何省略？** 庚译译者前言提出的最后一个问题，是甘译没有译出原著的副标题："Being the Story of My Capture by，Detention at，and Release from the Chinese Legation，London"。庚译为："我被伦敦中国公使馆拘押和释放的经历"（译者前言，第 14 页）。但是，这里的译文同样没有完整译出副标题的意义。如要依照"忠实"原则的话，理应译出"Being"和"Capture"这两个词。"Being"或与"or"作用相当，似可译为"或"；而"被捕"是题中应有之意，也是省略不得的。

读过庚译译者前言，已经觉得这一译本是没有办法令人"信服"的。再看一下目录当中各章标题的翻译，这种感受就更强烈了。

**第九，各章标题不需要连贯？** 第一章原著标题是："The Imbroglio"（Sun，第 1 页）；甘译为"原因"（甘译，第 49 页）；庚译是"革命事由"（庚译，第 3 页）。再看《新英汉词典》对"imbroglio"的解释：

　　［意］（1）一团糟；（2）（政治或戏剧中）错综复杂的局面（或情节）；（3）纠缠不清的误解，纠葛①

如果译文追求"忠实"原则，那么，译为"乱局"可能比较好一些。因为此书虽说是中山先生有意向英国读者宣传自己的革命追求，但那是"附带"性质的，至少也是隐含性的，所以他还不至于一开篇就这样"直白"。而且，这部著作如其书名所示，写的是"绑架"，主要讲的是无端"被捕"、经过友人和英国政府的营救最后"获释"的经历，译

---

① 《新英汉词典》（第 4 版），第 625 页，词条 imbroglio。

为"革命事由"与此书主旨不符。另外，这样翻译也与后文各章标题的意义指向不一致。

应该指出的是，中山先生后来也用了"故多有本于予之《伦敦被难记》第一章之革命事由"（《建国方略》第八章"有志竟成"第二段）。[①] 但是，正如罗刚先生在《罗编国父年谱纠谬》一书中所指出的，"为国父作年谱，并非国父所言，全不可变更，反非国父亲历事，为事后追述者，或因记忆有误，或因未及考证，间或有错，自应更正"[②]。对待文本的逻辑线索，我们怕也要保持这样的态度。

实际上，从整个叙事来看，如果将此章标题翻译为"原因"，应该是指被绑架的因由，而不是"革命"本身的原因。这意味着，甘译的处理是正确的，至少比庚译所用的"革命事由"要更切合原意，而且也更能表现出此书的连贯性和整体性。毕竟，此章的标题是要与后文诸章保持一致的。偏离了这一要求，译文就不能达到目的。

第三章："My Imprisonment"（Sun，第 18 页）。甘译："被禁时之情形"（甘译，第 58 页）。庚译："监禁"（庚译，第 35 页）。原著是以中山先生本人的口气，用第一人称写的，因此，第二章"My Capture"（Sun，第 11 页），甘译作"被诱"（甘译，第 54 页），庚译是"被捕"（庚译，第 23 页），都关注到了叙事者这一视角。而第三章的庚译转换了视角，也就丢开了这个焦点。同样的问题还出现在第八章标题的翻译上。原著："Released"（Sun，第 51 页）。甘译："省释"（甘译，第 74 页）；庚译："释放"（庚译，第 75 页）。很明显，"获释"才是合适的选择。

第四章："Pleading with My Gaolers for Life"（Sun，第 24 页）。甘译："幽禁"（甘译，第 60 页）。庚译："为生存恳求看守"（庚译，第 41

① 孙中山著，《孙中山全集》第六卷，第 228 页。
② 罗刚著，《罗编国父年谱纠谬》，第 4 页，台北：国民图书出版社，1962 年版。

页）。甘译大概是担心影响中山先生的形象，因而另用了一个标题。而庾译的理解则出现了问题。"为生存恳求看守"可理解为"为了活下去恳求看守给予帮助"。不过，假若这样的帮助只是一般性的，比如吃喝之类的呢？原文的意思很明显是"为寻生计求看守"。

第五章："The Parts My Friends Played"（Sun，第 32 页）。甘译："良友营救"（甘译，第 64 页）。庾译："朋友们的营救"（庾译，第 48 页）。此处的庾译明显不合汉语习惯：复数和单数，这里没有必要点出。不然的话，第四章的标题就应该译为"为寻生路求看守们"；而第六章的标题"The Search for a Detective"（Sun，第 39 页）也应译为"寻求一个侦探"才对。但第六章的标题庾译却是"寻求侦探"（庾译，第 59 页），而甘译则为"访求侦探"（甘译，第 68 页）。前引"咨询一位律师"（译者前言，第 5 页；庾译，第 20 页），也属于这方面的译误。

《伦敦蒙难记》只有八章。上文的简短分析可以告诉我们，其中五章的标题的翻译，无疑都有问题。

## 3.2　中山先生形象的丑化

叙事作品，无疑是要透过事件的叙述以及相关场景的描绘来塑造人物形象，《伦敦蒙难记》作为中山先生的叙事作品，自然也具备这样的功能和力量。汉语翻译势必要关注应该如何再现叙事者的形象。毕竟，历史文献是历史人物言语行为的展现之所。

但是，如上所述，由于庾译的译者在很多地方不能理解原文意蕴，逻辑混乱，思路不清，其译文当中的中山先生的形象自然遭到扭曲甚至丑化。

**第一，中山先生不会讲英语？**如上文所述，如果说中山先生真的"在表达意思上"需要得到他人的"帮助"（庾译，第 3 页），那么，他早年在夏威夷所获得的"文法奖"①，以及后来在香港医学书院求学时所获得的优异成绩②，有可能是造假的结果，而且是其师长处心积虑的造假？更甚者，这里的译文的语义暗示，他甚至无法用英语来表达自己。如此一来，中山先生不仅是白上了那么多年学，而且他的良师益友如康德黎先生，也便不可避免对他失望？那么，后者还会那么热心帮他著书立说吗？

　　第二，中山先生不懂汉语？无所不在的理解错误、语言能力的严重不足，造成了累赘而又复沓的表达以及满篇译误。读者不禁要问，这样的文本还算得上中山先生的自述吗？假若中山先生本人用汉语著述，他会写出那样奇奇怪怪的句子、七拐八抹的表达方式吗？如在"关于中国现行的是什么政治制度这里不必详述。不过，它可以用几句话来概括说明"（庾译，第 10 页）这句话中，"关于"可以省去，不至于影响意义传达；"它"字删除，也一样可以表征原文意义。不妨再看第二章中的一句。原文："I went next day to Mr. Cantlie's, at 46 Devonshire Street, Portland Place, W., where I received a hearty welcome from my old friend and his wife"（Sun，第 12 页）。庾译："第二天我去了康德黎先生家，他家在波特兰区德文榭街 46 号，在他家我受到了老朋友和他的妻子极为热情的接待"（庾译，第 26 页）。一句话当中，"我"出现了两次，"家"用了三次，而"他"也用了三次。这一个简单到不能再简单的句子，表达尚且如此笨拙，读者又如何不怀疑中山先生的汉语水平？在提及"中国少年党"时，中山先生有这么一句话："Its objects

---

　　① 详见陈锡祺主编，《孙中山年谱长编》上册，第 31 页，北京：中华书局，1991 年版；及罗刚著，《中华民国国父实录》第一册，第 143 页。

　　② 见陈锡祺主编，《孙中山年谱长编》上册，第 58 页；罗刚著，《中华民国国父实录》第一册，第 246 页；及罗香林著，《国父之大学时代》，第 6 页，重庆：独立出版社［发行］，重庆：中正书局［经销］，1945 年版。

were so wise, so modest and so hopeful, that my sympathies were at once enlisted in its behalf..." (Sun，第 3 页)。庚译："它的宗旨是如此贤明，如此温良，如此充满希望，因此我赞同他们的宗旨……"（庚译，第 9 页）。"它"指的自然是上文所说的"党"，但是，"他们"指的又是什么？中山先生有可能这样语无伦次吗？

第三，中山先生不讲时代差异？庚译将"official post"（Sun，第 4 页）译为"公职"（庚译，第 11 页），不顾及时代区别，也就无视中山先生追求的"建立共和"所志在必得的一个目的：扫清"家天下"的余孽，废除"一姓统治"。这样，中山先生的事业在其开端处便失去了意义？而庚译当中出现的"现代时势"（庚译，第 9 页）这个用词则进一步把这种混淆推向极端：如果按照这里的翻译，中山先生只是为了"时势"才去考虑"新政体"的"制定"（本应为"建立"或"缔造"）（见庚译，第 9 页；原文为"the establishment of a form of constitutional government"，见 Sun，第 3 页），那么，显而易见，他也就不可能顾及"现代"本身的"要求"是什么了（原文这里的用词偏偏就是"modern requirements"，见 Sun，第 3 页）。这也就意味着，在译者笔下，中山先生并不明白，只有顺应"现代的需要"，国家独立、社会进步、人民安居乐业，才可能找到其保障的时代条件。很明显，译者不认真对待原文意蕴，一个重要的术语的译误就会造成与原文意义完全相反的语句，进而将中山先生的形象完全扭曲。

第四，中山先生不通逻辑？庚译将"the latent ability of the Chinese is considerable"（Sun，第 5 页）译为"中国人潜在的才能是非常巨大的"（庚译，第 12 页），过分拔高国人的"才能"，也就减弱了清政府的愚民政策可能造成的结果。这样一来，中山先生所批评的对象就有可能不复存在：试想，假若国人的"潜在的才能""非常巨大"，那么，这不就是在说，这样的"才能"完全可能由隐入显、由不为世人所

知一变而为举世皆知，甚至是举世瞩目？那么，又何待庚译当中所说的
"欧洲当局"的认可［原文是"All European authorities"（Sun，第5
页），意思是了解中国人的那些权威人士］？既然如此，外界的一切也都
应该为国人所知，中山先生又何苦费尽心力对之进行"现代启蒙"？清
朝统治者并没有"愚民"，所以"民智"才会那么显而易见？进一步追
问，我们是不是因此可以说，中山先生是在胡搅蛮缠，甚或胡作非为？
也就是说，这样的翻译是不是已经把自述中的中山先生本人描述成了清
廷置之死地而后快因而不断加以抹黑的"孙逆"？这方面的另一个例子
与中山先生的行医行为相关："They placed a ward at my disposal"
（Sun，第2页）。庚译："他们安排一间病房给我任意使用"（庚译，第8
页）。不仅是"使用"，而且是"任意使用"，讲的是中山先生可以随时
来这个"病房"就医、疗养、休息或者体检？而原文不过是说，"他们
（当地医院的权威人士）分我一间病房，由我管理"。意思是，他们让中
山先生主管一间病房的医疗事务。如果将医与患混同，那岂不是说，中
山先生本人糊糊涂涂，连这样的区别也不清楚？这不是在厚侮医术高明
的中山先生吗？他的朋友陈少白（1869—1934年）在其《兴中会革命史
要》中回忆说："……很奇怪，不满三个月，［中山先生在澳门就］声名
鹊起，几乎没有一个人不闻其名，极端佩服的，就诊者户限为穿。他这
一年的医金收入计算一下，竟有一万元之多。"[1] 如果看后文，便会注意
到，甚至在触及人的思想时，中山先生似乎也"被"写成了不通逻辑的
人物。比如，在抨击马格尼爵士的时候，有这么一句："In his own
mind，I have no doubt，he has reasons for his action . . ."（Sun，第48
页）。庚译："在他自己脑子里，我毫不怀疑，他认为他的行为有理"
（庚译，第73页）。译者可能没有反问，如果想法是"在他自己脑子

---

① 　见柴德赓等编，《中国近代史资料丛刊　辛亥革命（一）》，第27页。

里"，中山先生又何以得知？而且，即使猜得出来，又能否断定那是"有理"还是无理？进一步追问，我们是不是可以说，中山先生就是这样上不着天下不及地？

第五，中山先生认可澳门已经归为葡萄牙？中山先生在《伦敦蒙难记》中提及澳门时，有这样一句话："Macao has belonged to Portugal for 360 years；but although the Government is Europeanised，the inhabitants are mostly Chinese，and the section of the population which styles itself Portuguese，consists really of Eurasians of several in-bred generations"（Sun，第 1—2 页）。甘译："澳门一埠，其隶属于葡萄牙者盖三百六十年矣。顾政柄虽属欧人，而居民多称华籍，即其自称为葡人者亦大半为本地之欧亚杂种也"（甘译，第 50 页）。庾译："澳门属葡萄牙已 360 年；尽管其政权已由欧洲人掌握，而居民大多为华人，人口中有一部分自称是葡萄牙人，其实他们已是经历几代人繁衍的欧亚混血人了"（庾译，第 7 页）。这里的两个译文可能都有问题：中山先生或许只是说，尽管澳门的"政府"已经"欧化"（Europeanised），但生活在这里的居民依旧是"中国人"。其含义是，澳门作为帝国主义的殖民地，统治者既然已经不是中国人，那么，总有一天，被侵夺去了 360 年的中国领土是要收回的。如果把"欧化"理解为"由欧洲人掌握"，那岂不是说生活在澳门的国人本身早已尽在"欧洲人掌握"或"手心"之中？他们又何以找到回归之路呢？

第六，中山先生没有文化？这里要再一次论及行医。因为，中山先生是第一个以西医身份在澳门行医的中国人。他在文中写道："This event deserves special notice as marking a new and significant departure in China；for never before had the Board of Directors of any Chinese hospital throughout the length and breadth of the great empire given any direct official encouragement to Western medicine"（Sun，第 2 页）。甘

译："此事有大可注意者一端，则自中国有医局以来，其主事之官绅对于西医从未尝为正式之提倡，有之，自澳门始"（甘译，第 50 页）。庚译："这件事在中国作为一个新的和重大的尝试值得特别注意。遍及整个清帝国从来没有任何一个中国医院的董事会给予西医任何直接的正式的支持鼓励"（庚译，第 8 页）。这句话中的关键词应是"departure"，意思是"开始"、"开端"、"始发"或"出发［点］"等。或许，庚译当中所用的"尝试"是其引申义？但是，应该指出的是，"尝试"毕竟是有出处的。宋朝诗人陆游（1125—1210 年）在其诗歌《能仁院》中写道："江阁欲开千尺像，云龛先定此规模。斜阳徙倚空三叹，尝试成功自古无。"如果真的是"尝试成功自古无"，中山先生还要行医、开设药房？至于胡适（1891—1962 年）的"尝试"，那是民国以后的事了，容不得混入中山先生的思路中去。1917 年 2 月，胡适率先在《新青年》上发表《白话诗八首》。1920 年 3 月，胡适在上海亚东图书馆出版了他自己第一部也是唯一的一部新诗集《尝试集》。集名则取陆游"尝试成功自古无"反面的意义而题。胡适还在诗中写道："尝试成功自古无，放翁这话未必是。我今为下一转语，自古成功在尝试。"①如果将胡适的思想强加给中山先生，不仅弄错了时代，而且也因与原文意义不符而把中山先生描绘成了一个没有传统文化观念的人！

**第七，中山先生不知"西服"为何物？** 这一问题已经超出了本文所应讨论的范围，不过，因为译文十分独特，不妨顺便提及。第二章："……换了一身日本式的欧洲服装"（庚译，第 24 页）；第七章："我在美国拍摄的一张穿欧洲礼服的照片"（庚译，第 66、67 页）；第七章："他的朋友说孙是穿过英国服装的，当他穿上西装时，总被误认是英国

---

① 胡适撰，《尝试篇（代序二）》，见氏著，《尝试集》，第 2 页，北京：人民文学出版社，2000 年版。

人，但实际上他的本质仍是典型的东方人"（庚译，第 73 页）。"欧洲服装"（西服）竟然还有"日本式"的，那还是"欧洲服装"吗？而单纯的"European dress"（Sun，第 44 页）怎么可能摇身一变，成了"礼服"？更有甚者，牵涉穿衣，又如何能使"本质"与"人"等同起来？让人惊叹不可思议之余，不免要问，中山先生这样的政治家竟然会"无知"到这种程度？他不仅不明白，"西服"不可能别有样式，一般也不至于变为"礼服"，而且亦不明白，"本质"完全不可能幻化成"人"，不管是因为穿衣还是别的什么原因。

**第八，中山先生及其同道贪生怕死？**庚译在描述"广州起义"事泄，领导人的反应时，如此行文："广州的领导纷纷各自逃跑"（庚译，第 20 页）。相应的原文是："The leaders in Canton fled, some one way, some another ..."（Sun，第 10 页）。意思仅仅是："广州的领导人各自寻机逃避。"甘译为："至广州诸党魁，亦纷纷四散"（甘译，第 54 页）。也就是说，因为武装人员不能如期到达指定地点，举事难成，怕已事泄，这种情况下，领导者们不得不各寻生路。这些人已经投身革命，那是要有牺牲的，设若贪生怕死，又何必当初？事实上，这次"起义"自不乏舍生取义的理想人物。比如，被中山先生称为"中国有史以来为共和革命而牺牲者之第一人"[1] 的陆皓东（1868—1895 年）烈士，就是其中一位；而被俘后病逝狱中的程耀晨（？—1895 年）也是一位。这些烈士，英名必将与世长存。他们至于那样慌不择路，"各自纷纷逃跑"吗？假若他们身为"领导人"本不情愿舍生取义，又何必投身其中，参与谋划并且不顾生命危险？庚译译者不仅是不懂"纷纷"已经蕴含着"各自"的意思，而且，更重要的是，其译文将义勇之士彻底抹黑，或许可以说，已经达到了当年清政府所要达到但又从未达到的那种效果。这还

---

① 见孙中山著，《孙中山全集》第六卷，第 230 页。

是在翻译吗？假若中山先生的诸多同道（那些"广州的领导"）如此"各自"，又如此"纷纷"，他们不仅成了乌合之众，而且还可能是亡命之徒，中山先生所纠集的就是这样一群人物，他作为同道又能比别人高明到什么地方？那么，按照译者这里的描述，中山先生不也是一样的人物？据"广州起义"的领导人之一、事件的亲历者陈少白的回忆，在接到身在香港组织"三点会"来广州的杨衢云（1861—1901年）发来的"货不能来"的电报之后，中山先生与其他领导人商量处理办法，然后发回电给杨"货不要来，以待后命"，接着给参与起事的"绿林中人"发钱，"诸事办妥以后，孙先生就同我想办法，觉得现在处境很危险，不走开，恐怕过了期，不能动身，还是离开广州。孙先生说自己有事要办，叫我先走……"。① 从这里的描述来看，我们的确看不到庚译当中所突出的那种丑化场面。实际上，中山先生本人也是在两日之后才离开广州的。他甚至在离开前一日的晚上还参加了一次宴会，并在席间奚落保勇不敢动手抓他。② 历史事实俱在，且有诸多史料可以参见，因而，不管庚译如何抹黑，都不能动摇早已在人们心中生根结果的那些革命者的英勇不屈的形象，其中包括中山先生。这样看来，庚译所谓的"广州领导人""逃跑"云云，实属不实之词，或不值一驳。

　　"岂有此理"的翻译，就是这样将中山先生的形象丑化到了让人无法容忍的地步。奇怪的是，庚译的译者在译者前言的末尾引用鲁迅（1881—1936年）的杂文《战士和苍蝇》，批评甚至是咒骂那些肆意污蔑"战士"的人是"苍蝇"："在海峡两岸都……仍然存在着这种传播流言的苍蝇和奴才。"（译者前言，第15页）如果译文根本不能传达出原著的意思，甚至极度扭曲叙事者本人的形象，那会不会也将翻译本身变成

① 见柴德庚等编，《中国近代史资料丛刊　辛亥革命（一）》，第31页。
② 详见黄宇和著，《三十岁前的孙中山：翠亨、檀岛、香港1866—1895》，第569页。

"传播流言"的一种渠道或媒介？不过，既然是"言而无信"，自然只能"行将不远"。

## 3.3　术语与细节的混乱

庾译译者的英语理解力和汉语表达力都有大的问题或不足，因此，出现这样那样的译误是自然的事情。翻译对准的毕竟是一个个的字，一个个的词，因此，细节极为关键。而所有的细节又都是独特的，如此其历史意义才能突出出来。另一方面，还应该注意到，这些细节若是指向历史事件之中"共通"或"共同"的东西，则就需要使其规范化，也就是需要对有关"术语"认真推敲和审定。这方面，庾译的译者也并没有给予应有的思考。因此，我们从译文之中看到的，都是不知所云的东西。

1) Li Han Chang [...] put a fixed tariff on all official posts throughout his two provinces ...（Sun，第 8 页）

甘译：时为两广总督者曰李瀚章……在粤桂两省之内创行一种新例：凡官场之在任或新补缺者，均须纳定费若干于督署。（甘译，第 53 页）

庾译：总督李瀚章［……］制定了一个按照官员职位纳税的价目表，这项措施贯彻于他管治的两省［……］（庾译，第 14—15 页）

查《新英汉词典》，"tariff"既有"关税"的意思，也有"收费表"、"价目表"的意思。[①] 李直接向官员索贿，别出心裁，当不是正当的行为，即使在贿赂之风盛行的清代，也应该属于"暗箱操作"，而不至于作为"措施"大张旗鼓宣扬吧？而且，一个词也没有必要译出两种意思。此外，"官员职位"应改为"官位"，"fixed"也理应译出。

①　见《新英汉词典》（第 4 版），第 124 页，词条"tariff"。

2) A follower of Li Han Chang, Che Fa Nung by name, further angered all the "Literati" by selling, to all who could afford to pay, diplomas of graduation for 3,000 taels (about £500) each. (Sun，第 8 页)

庾译：李瀚章的属下一个名叫陈发农的，由于出售科名，进一步激怒了所有的"文人学士"，因只要能支付 3 000 两白银（约合 500 英镑）的人就可买到一张毕业文凭。（庾译，第 15 页）

这里，庾译把"文凭"（diplomas of graduation）变成了"科名"。但是，"科名"既然是"名"，就有可能不是"实"甚或不属"实"，又如何能够"出售"？实在是匪夷所思。

3) In this way the reform movement acquired great strength and coherence and wide-spread influence, and brought matters all too soon to a climax. The plan was to capture the city of Canton and depose the authorities, taking them by surprise and securing them in as quiet a way as possible, or, at any rate, without bloodshed. (Sun，第 8 页)

甘译：于是而兴中会起事之计划定矣。定计于广州突举义旗，据省城而有之，尽逐诸官吏；举事之际，不特须极秘密，使仓卒不及备，且须力主沉静，不以杀戮为能。（甘译，第 53 页）

庾译：由于改革派的力量进一步加强和统一，影响更广，事变很快进入高潮，于是策划夺取广州，废除当局，使其猝不及防；但要保证安全，一切尽可能在平静中进行，无论如何要避免流血屠杀。（庾译，第 16 页）

文中的"surprise"本应译为"突然袭击"或"突袭"，讲的是中山先生等"起事"时要采取的策略，与此相应的是"平静举事"，"至少"是争取"不流血"。庾译将"流血"与"屠杀"并置，是说不通的。"securing them"译为"保证安全"也一样不妥，因为原文的意思应该是"确保有关活动尽可能平静进行"。

4) It was deemed wise to bring strangers in, as they were more likely to be staunch to the cause, since they could not communicate with, and therefore could not be tampered with by, Cantonese men. Nor would it be safe for them to disband or desert, as they would be known as strangers, and suspicion would at once fall on them were they found in Canton after the disturbance. (Sun，第 9 页)

庾译：用一支陌生队伍进攻广州是明智的，他们对于事业可能更忠诚，因为他们无法与外面沟通，因此也就不可能受到广州人的干扰。但这也不会保证安然无事，因为他们可能解散或逃跑，会被看出是外来生人。这次动乱之后，如果他们在广州被发现，嫌疑将会立刻集中到他们身上。（庾译，第 16 页）

这里不仅逻辑不通，让人不知所云，而且，更严重的是，"动乱"指的是"起事"也就是"广州起义"吗？如果答案是肯定的，那么，中山先生是不是在进行自我谴责？他为什么还要发动起义？招募"陌生人"进入队伍，是因为发动起义的领导者根本就不相信这些人？因而，这些领导者狡诈而又阴狠？中山先生会这样丑化自己吗？拟或是，如"这也不会保证安然无事"所要意指的，这些人随时都会叛逃，因而这些人根本就不值得相信？本来可能热心参与"起义"的人，竟然是这样的乌合之众？"嫌疑将会立刻集中到他们身上"说的是，有"嫌疑"的那些人把注意力"集中到"这些"外来生人"身上？还是说，这些"外来生人"才是"嫌疑"？是不是还有第三个可能："嫌疑"一定会对准"外来生人"，因而于之不利？相反的（第四个）可能是，因为"动乱"，"嫌疑"们就会找茬子来整治"外来生人"？所以他们不敢乱说乱动？生硬甚至僵硬的表达，可以引出种种疑问，让人无所适从。

应该指出的是，中山先生一直没有掌握军队，所以不得不利用旧军队甚至是军阀的力量。但是，这也是一种策略。正如论者所指出的，

"为了爱国，他又保持着策略的灵活性，无论哪国，无论何人，只要对'统一中国'有利，他都作为可资利用的工具。他的与众不同之处正在这里"①。既然《伦敦蒙难记》是中山先生的自述，翻译的焦点自然应放在他身上，正面表征才是唯一的选择。

对比一下甘译，就不能不让人再次感叹，庾译是如何不靠谱："所以用客军进取者，因其与土人不相习，无牵率之虑，可一意以争胜利；万一客军中途变计，相率溃散，则事后踪迹易显，断不能存身于广州。凡此皆所以逼其进取，而为韬略上不得已之作用也"（甘译，第 53 页）。这里，见不到中山先生的自我谴责，更没有似通而不通的表达；我们读到的，是对不得已的选择的解释，是对军事谋略上安排的描述，是对革命者追求胜利的那份苦心的倾诉。因此，译文的语言表达力的优劣，触及的不仅是意义的传递，还有人的形象：被招募者需要义无反顾、勇往直前，而领导人则是一心为公，务求言必行、行必果。如果对"起义"的性质，也要在传译当中加以扭曲，我们还需要这样的译文吗？那还是对历史文献的翻译吗？

5）... and granted me every privilege whereby to secure my introduction amongst them on a fair footing. （Sun，第 2 页）

庾译：同时给予我一切特权，借此，我所采取的新的医疗措施在当地能够得到充分实施。（庾译，第 8 页）

这句话若是改为"同时给予一切优惠，使我得以跻身其间，并且具有与之平等的立足之地"，才说得通。

6）the establishment of a form of constitutional government （Sun，第 3 页）

庾译：制定立宪政体（庾译，第 9 页）

---

① 引自姚金果著，《解密档案中的孙中山》，"引子"，北京：东方出版社，2011 年版。

应为："建立某种形式的立宪政体。"

7) With this legalised corruption stamped as the highest ideal of government... （Sun，第 4 页）

庾译：在这个以使腐败合法化为最终目的的政权下（庾译，第 11 页）

应为："有了这样被标举为政府最高理想的合法化的腐败。"

8) the most characteristically Chinese, method of extortion （Sun，第 8 页）.

庾译：最为典型的敲诈人民事件（庾译，第 15 页）

应为："最具中国特色的敲诈手段。"

9) ... and they landed on the wharf of Canton only to find themselves placed under arrest （Sun，第 10 页）

庾译：当他们抵达广州的码头后万没料到已自投罗网全部被俘获（庾译，第 19—20 页）

应为："他们一到广州码头，便只能束手就擒。"

历史文献当中的词语负载的是历史信息，译时稍不注意，可能就会"失真"。庾译本来是有意纠正甘译的毛病或者补足漏译，但竟然错误百出！比如，第 9 个例子，译文既不合原意，也与历史事实不符。因为，并不是所有抵达广州码头的人都被俘了。中山先生在与日本友人的谈话中说明："……不料该头目无决断，至四时仍任六百之众赴船而来。我在城之众于九日午已散入内地，而港队于十日早到城，已两不相值，遂被擒五十余人。"① 据时任两广总督的谭钟麟事后奏报："十一日（1895年 10 月 28 日）香港泰安（保安）轮船搭载四百余人抵省登岸，李家焯率把总曾瑞璠等往查获朱贵铨（朱贵全）、邱四等四十五名，余匪闻拿

① 见氏著，《与宫崎寅藏等笔谈》，《孙中山全集》第一卷，第 185 页。

奔窜。"① 史家据此记载："不及变更行程的两百余名义军在所乘港轮抵达省城码头时遭到围击，被俘 50 余人。"②

历史既然是由一个个的细节构造而成的，那么，不留意这样那样的细节，很容易使译文思路混乱。我们不妨超出第一章的范围，再看一个例子。

10）I have paid several pleasant visits to the country.（Sun，第 57 页）

庾译：在这个国家，我已进行了几次愉快的参观访问。（庾译，第 83 页）

这本是一个再简单不过的句子。中山先生这里讲的是，他在获释之后，到"乡间"去了几次，很是"愉快"。假若是"在这个国家"，既然是"一个国家"，如何又能"已经进行了几次愉快的参观访问"？

11）... but this is another part of the story which I will relate later on.（Sun，第 43 页）

庾译：但这是我后面将要叙述的故事的另一情况。（庾译，第 63 页）

原文也是一个简单明白的句子，意思是，这是故事的另一部分，容当后文叙之。假若按照庾译的译文来理解，那么，"将要叙述的故事"便有可能不是原著叙述的"故事"，而完全可能是"另一个故事"。而且，将"另一部分"改为"另一情况"也一样会让人误会为"同一个故事"或许将要发生逆转或变化，因而出现了"另外的情况"。也就是说，译文会将读者引向完全相反的方向去理解原著的意思。此外，"后面"

也不是现代汉语书面语言的恰当用词。这也意味着，译者并没有相应的能力把握，该如何运用一种比较正式的语域，来营造中山先生经过英汉语转换之后的那种语言氛围以及词语的适应性。

12）An Intended Rescue（Sun，第 49 页）

庾译：营救方案之一（庾译，第 73 页）

这是第七章引用的报纸上一篇报道的标题，原文的意思仅仅是 "一个营救方案"，其中并不含有 "之一" 的意义。但是，庾译不仅在正文当中这样来译，而且在上引例子 "另一情况" 之后，特地加上注释，说明："详见第七章 '营救方案之一' 一节中所摘引报纸新闻"（庾译，第 63 页）。"一" 在原文当中并没有强调，可以省去不译；而额外添加 "之一"，反倒让人认为，似乎同一个新闻报道之中已经介绍了 "众多" 的 "营救方案" 了。这显然是说不通的。译者不能正确理解一般的句子的意义，靠猜测原文来胡乱翻译，当然只能导致译文混乱不堪。

13）There he was received in "audience"...（Sun，第 42 页）

庾译：在那里他作为 "读者" 被接待（庾译，第 62 页）

这里写的是，康德黎先生赶到《泰晤士报》编辑部，要将中山先生被囚的事通报报界，以做呼吁，希望将其尽快救出。因为在伦敦竟然有一派驻国的公使馆将其臣民绑架，这种事情几乎没有人相信，所以康德黎先生第二次赶到报社，接待他的人当然也不会接受他第一次来时写下的 "中国公使馆绑架案！"（Case of Kidnapping at the Chinese Legation!）（Sun，第 41 页）这样惊人的消息，因而认真对待也就是自然的了。于是，接待者便以 "audience" 的方式加以处理，将他所做的陈述记录在案（庾译，第 62 页）。作者将这个词加上引号，特意突出它并不是一般的意思。查 The Chambers Dictionary，这个词有一义项为

"*a judicial hearing（archaic）*"①，意思是"法庭听证（古语词）"；另一义项是"*admittance to a hearing*"②，意思是"参与听证"。这样，这句话的意思就是："在那里，他以'听证'的形式受到了接待。"而译者不知就里，振振有词地在译者前言之中如此解释他们的选择：

> 第六章中描写康德黎去见《泰晤士报》编辑时有这样一句话："There he was received in 'audience'."这一句初译稿是这样的："在那里他被'接见'了。"当初认为"be received in audience by"，这是一个习惯用语，即"被……召见"的意思；但是《泰晤士报》编辑对一个来访者而且是一位绅士会这般无缘无故地傲慢无礼吗？这是上级对下级的态度，这样表达就带有一种莫名其妙的盛气凌人的情绪了。后来意识到"in 'audience'"这个介词短语中的"audience"是带有引号的，才想到报纸编辑对于这个肩负着特殊使命的访问者的来意是并不了解的，所以并没有引起他们的足够重视，当时不过以为只是一般"读者"的寻常来访罢了。毫无疑问，原来的理解是不对的，"audience"译为"接见"是错误的，应译为"读者"，"in 'audience'"的意思是："作为'读者'"。这是一个名词结构。此句的意思是《泰晤士报》的编辑把来访者康德黎先生当做他们报纸的一般读者接待了。（译者前言，第8页）

从这段解释可以看出，译者的理解力如何不靠谱，表达力又如何薄弱。将"audience"理解为"接见"自然不对，但理解为"读者"同样

---

① *The Chambers Dictionary*，第105页，北京：现代出版社，1995年版。
② 见上揭书。

也是不正确的。中山先生书中写得清楚：等康德黎先生从报社出来，已经是下午（也就是夜间）11 点半了。这个时候来报社，没有重大的事情、惊人的消息透露，能来做什么？康德黎先生怎么可能是"一般读者"？而且，中山先生也在前文讲得明白，康德黎先生是第二次来到《泰晤士报》，第一次来时已经大笔一挥写下了"中国公使馆绑架案！"在这种情况下，报社编辑还会那么满不在乎，轻轻松松将他当作"一般读者"看待吗？对待重大的事件、重大事件的知情人，如此漠然视之，是报社中人的作为吗？那样的话，还有什么责任心可言？译者的理解完全错误，导致了上述译文的彻底失败。

应该指出的是，由于时代变化，甘氏译文之中的那些术语，诸如"意志"、"引渡"、"避难者"以及"直觉"等，在庾译之中都已经被改用了习以为常的表达方式。也就是说，在甘氏翻译的时代仍然没有固定的对应词的那些术语，到了庾译的时代——21 世纪，似乎找到对应的用词，有关术语的译名问题就可以解决，根本不用再铸造新词了。语言的变化说明，我们距离孙中山先生可能是近了一些，因为他的某些启蒙思想若是来自西方思想之源者，透过跨文化交流的渠道，已经在很大程度上与中国思想融合起来，甚至成为一般的常用语词了。因此，我们可以注意到，在甘氏译文之中存在的有关问题，在庾译当中，大半已经不复存在。

但是，假若在一般的词句的表达上不具有本应有的理解力，译事即使能起步，也会步履不稳，结果便只能是错误百出。此外，更应注意的是，目的语的表达力也是衡量译文优劣的一个标尺。也就是说，理解决定了译文是否意义正确，意蕴表征有无偏差，而表达则意味着目的语是否合乎一般的惯常性，所用的语言又能否达到逻辑的适应性。

通过上文的举例分析，可以看出，庾译在这两方面都是一个失败的范例。理解既不能达到基本要求，表达也一片混乱。这样，即使"时代进步"，语言融合达到了能够自然转借诸多"艰难"的术语的程度，但是，由于译者的语言表达力的低下，一切也都已经被抛进了语言的那种混沌或黑暗之中。诸多细节因而无法确定，而是被表征得模糊不清，甚至不知所云。因此，即令中山先生的叙事本身情节清楚，线索朗然，翻译起来并无大的难度，但那也不能保证，译文真的能够成为可以被接受的、正常的、自然的汉语表达。

　　还有必要指出，中山先生的原著本身作为一部重要文献，应该说已经成为中国近代史书写的一个有机组成部分，而这部著作的汉语译文却因为时代的步伐超迈和言语表达的无法顺应而落在了一个黑暗的角落。历史，仍旧滞留在这样的译文之外。

## 4. 历史文献翻译的原则性追求与《伦敦绑架案》的翻译

## 4.1　历史文献的翻译原则

上文举例论述了译者违背"忠实"的要求所引出的种种问题。也就是说，我们在翻译历史文献时，自始至终应该遵循的最高原则就是"忠实"。只有如此，才可说翻译的指向是正确的。而"忠实"指的是，尽可能以相应的言语手段，再现原文的面貌，亦即呈现这一文本的历史原貌。可以说，不论是典章制度、文物事件、事情经过还是人物形象等，大千世界之中的万事万物无不是时空结合点的产物，也就是历史化的结晶。因此，对有关物事的意义传递，经由跨文化的翻译媒介，就是要找到一个时空坐标，然后依照这个坐标所赋予的有关物事的特性生而出之，务求其"真相毕露"或"特色独具"。这就是我们所强调的"忠实"的意义。

就言语表达而论，有必要追求这样的境界："散文是最佳安排的文字，诗是安排最佳的最佳文字。"[①]以"诗"的优美形式来传达"散文"的意致，也即是力求使译文表现出"文"之"雅致"。因此，笔者用了两种译文，一是采取白话，二是试图运用文言的形式，来传达孙中山先生当时的心声。这样做的目的，一方面，或许能求得一般读者的回应；另一方面，也是为了给这一文本留下某种可供进一步研究的文献性的资料。不过，无论如何，笔者所坚持的是忠实于原作这个最高原则。

在这一最高原则要求之下，笔者认为，有必要在以下几个方面做出努力，始可在目的语之中"复原"始发语文本的言语形态及其价值取向

---

① "Prose, words in their best order. Poetry, the best words in the best order." 参见 Samuel Taylor Coleridge, *Specimens of the Table Talk*，第 48 页，London，1851；转引自雷纳·韦勒克著，杨自伍译，《近代文学批评史》第二卷，第 205 页，上海：上海译文出版社，1989 年版。

的历史化特性：第一，追求文献翻译的历史性；第二，关注文本本身的整体性；第三，重视叙事细节的连贯性；第四，强调所译文本的复杂性；第五，趋向于原著相应的风格的倾向性。下文从译文之中举例分而叙之。

## 4.2　追求文献翻译的历史性

追求历史文献的历史性，是要求译者在充分尊重历史事实的基础之上，认真对待文献本身的历史性，不忌历史事件本身与现实的冲突或矛盾，尽可能在目的语中还原作为历史文献的始发语文本。

这意味着，我们需要不断地进入历史事件本身，也就是不断进入文本所营造的那种历史氛围中，想方设法将所有的事件置入那种空间之中，而不是站在目前的立场，以译者本人的视角来对待文本之中的问题及其处理。质言之，我们需要在目的语当中重新创造出一个空间，来容纳、包容始发语文本之中的那些事件，以期尽可能显现其特有的倾向、特征和发展脉络。这种空间化营造进一步说来也就是要在目的语当中建构出一个历史化的所在，与文本之中的事件产生对应、对接与对话。

首先，历史化的对应。我们面对的既然是一种历史文献，那么，其中所含有的东西可能是目的语的历史当中并不含有的。因而，如何加以创造就是一种对应的作为了。也就是说，这种对应是要在认真理解始发语文本的条件下，去发现那种事件在目的语当中的适应性。比如，中山先生在伦敦遭遇清朝公使馆的绑架，的确是历史当中的事件。而叙述这一事件的文本在汉语当中是并不存在的，这就需要我们认真体会其中的精神意气，以求尽量忠实地还原它的面貌，也就是在汉语当中重新创设出一种氛围，使之有可能呈现其中。

这一空间，在我们看来，就是重新创造出的文本。很明显，这一文本是重新书写的东西，即经过了汉语的加工、锻造和锤炼的言语表征，而不再是中山先生本人的作品了。

其次，对接。中山先生的这部作品是近代中国无数个事件的一种"集合"的产物，即诸多事件的风云际会。只有在这样的会合之中，才可能有一个新的叙事文本的诞生。因此，我们一方面需要求得以往的文本的真确性，是否顺应了上述"对应性"的要求，如其不然，则需要通过有关文献，来搜索重建那种文化思想空间的可能性。通过上文的分析，我们明显可以看出，那种"对应"在很大程度上是不成功的，至少是存在不少偏差的。因此，为了达到对应的要求，也就必须再一次进入近代以来，尤其是"乙未广州起义"以来的种种文献已经营造出来的那种历史氛围，去梳理、整合、研讨文本空间以构造新的可能性。如此，"对接"才可能从始发语——英语，回到中山先生的革命活动的始源地——汉语文化空间，在这里搬演另一场生动活泼的历史事件。

有关对接的文献大约有两类：一类是事件的亲历者的回忆和记载，一类是这样的叙事的研究者的分析、批判和总结。而这两类文献，最终也并不能被直接引用于文本之中，而只能始终处于文本之外。尽管如此，如此众多的文本还是起到了互文性的作用：将"伦敦绑架案"这一历史叙事变成了文本与文本之间的某种事件，并进而使之沾染了有关文本的历史特性。而在另一方面，也只有通过这些相关的文本，我们才能明白，历史就是这样在反复的书写之中，在不断的文本化的建构之中，才显现出它的历史价值和意义的。这样，我们的对接，本质上当不是与始发语的对接或接合，相反，就"伦敦绑架案"而言，这样的对接和接合是最终走向中国文化的一种融汇，即与那些早已将此一事件记录在案的历史著作和叙事记录的某种汇通。

最后是对话。上述这些不可能是完全正确的，需要再一次的、反复的思考和经验，这样，诸多交流也就有了契机：通过与始发语文本的对话，我们会发现，这一文本正如冯自由所说，其中含有中山先生的诸多"外交辞令"，即为宣传他的"中国革命"而采取的言语策略性的论辩，尽管那只是一种"叙事"，其中包含有诸多文学因素或成分。与试图"如实"记载这一事件的文本对话，比如黄宇和先生的《孙逸仙伦敦蒙难真相》，我们也会发现，研究者那种侦探一般的触须已经将有关事件的"真相"揭露无遗，细节似乎失掉了朦胧，或许没有了艺术的情致，因而很可能出现了另一种失真。

也就是说，属于"翻译"的努力，即要"如实"地再现中山先生当年的心路历程的追求，与研究者们的"历史求真"趋向一致，但与此同时却又可能丢掉"艺术之美"。不过，不管我们的追求如何矛盾，有一点是可以确定的，那就是，我们始终是在以中山先生的"原著"为中心，试图依照诸多过往的解说、分析以及研究，来建构出一个"趋真"、"取真"的文本。因此，我们所能做的，就是利用现有的、相关的、有联系的文献，将这一文本变为汉语。

对应是要求回归一种历史空间，对接是要求回到具体的文献的真实性，而对话则要求我们尽可能在这样那样的互文性当中闯出一条路来，找到我们理解中的、经过我们创造的"新的伦敦蒙难记"，甚至是"新的孙中山"。

以上是一般意义上的历史文献的历史性在翻译当中所应注意的。具体说来，则需要：第一，确定作为一个"事件"的文本的历史渊源、来龙去脉，进而在一个时空语境之中为它的生成、发展与变化定位，如此，方可言及它的跨文化信息传递和意义再造。也就是说，文本绝不是僵死的、过时的东西，而是可以浸染上当下意义和意绪的一种"发生"，因而，有必要跨出特定的文化加以理解和沟通。这也就意味着，文本永远是一个"活物"，一个有生命的存在者，可与读者、译者或其他愿意与之交流的人"对谈"的"另一个"。因此，对之的"界定"，实际上是还原与"我"对话之中的那个"你"，而不是客观的"它"或"她/他"。将文本引至面前，或趋而近之，求得的是那种"心心相印"。只有"契合"之机来临，翻译才是可能的、可行的。再换言之，我们总是要把所要翻译的文本视为永远的"这一个"，即它永远具有独一无二的特性，无可比拟而又需在一个既定的语境之中成就的那一个存在者。对文本的确定，也就是对其历史的独有的价值作用的认可和认同。第二，可标记。既然文本是独一无二的，这种"独一性"便必然是可标记的，也就是可以化为一个名词，成为一类概念，最终变为一个术语。我们在语言上能够如此对之进行解说、分析和再表达。第三，求系统。文本作为一个事件，一定是某种系统的东西，而不是孤立的或遗世独立的。这意味着，文本与历史总是具有这样那样的联系。实际上，联系又意味着，文本所身在其中的那种脉络总是要保证，它只有在一个特定的体系当中才是有生命的，因而也是可以显现出生命力的。脱离这样的语境，文本便不可想象，因为那样的文本已经无所谓生命力了。在大的文化系统当中，文本就是这样的存在。而它内在的系统，也一样具有一种特定的系统：历史的系统，不能不使它仿照外在的那种语境，来构造设计它的内部结构。因此，求系统，实质上是在要求对之加以结构安排，力求使之具有尽可能显示出更为强大的生命力的能力。第四，能验证。任何一个文本，因为具有这样的历史结构，便是可验证的。即无论我们如何通过跨文化的处置使之产生什么样的变化，文本都是有迹可循，有据可查，能够检验是真是假、孰优孰劣乃至有无可能继续存在的。能验证意味着，文本总是可塑、可溯，而且又是可诉的。可塑，是说它总是具有再造的可能；可溯，突出它的其来有自；而可诉，讲的是它总是在向人倾诉什么。因而，我们不仅能够将其翻译为另一种语言，同时也能使之成就一种口口相传的文本间性格局。

最终，需界定、加标记、求系统以及能检验，就成为我们追求历史文献的历史性的某种依据。我们不妨以"时间"在此书的叙事当中的作用为例来加以说明。

"启蒙"（enlightenment）一词在《伦敦绑架案》之中，在"附录"里出现六次，最后一次是中山先生写给报界的致谢信用的。

看到"enlightenment"这个词，读者的第一反应是：它表达的是"启蒙"的意思，指的是"开蒙"、"文明"或"开明"等。也就是说，第一次看到这个词，头脑即时会映出现代汉语当中与它可以完全"对应"的表达方式，即能够完全转达它的意思的一个词。再深入一步，我们就会去求索它在中山先生这部著作当中的真正含义。我们注意到，这个词在《德臣西报》的《不无嫌疑之革命者》当中出现了五次，而此文是为中山先生辩护且在当时情况下可以说是洞见深刻、给予他很高评价的一篇文章。作为一篇政论性的、介绍中山先生这一革命者的思想行事的文章，自然会触及他思想当中的基本观念。"启蒙"一词的意义，也就应该在这一指向下去寻觅。

1) most enlightened views（Sun，第 63 页）

甘译：开通之智识（甘译，第 81 页）

文：最具启蒙作用之识见

白：最具启蒙意义的见解

2) a more enlightened basis（Sun，第 63 页）

甘译：基础之文明……数倍过之也（甘译，第 81 页）

文：更具启蒙基础

白：更具启蒙基础

3) freedom and enlightenment were in their infancy（Sun，第 65 页）

甘译：未译（甘译，第 82 页）

文：自由与启蒙尚在初期

白：自由和启蒙还处于初期

4）the beauties of enlightened and honest government（Sun，第 65 页）

甘译：未译（甘译，第 82 页）

文：启蒙与良政之良之优

白：启蒙的、廉洁的政府的优胜之处

5）the apostle of enlightenment（Sun，第 68 页）

甘译：革命（甘译，第 83 页）

文：启蒙之传道者

白：启蒙的传道者

6）an enlightened people（Sun，第 80 页）

甘译：文明国民（甘译，第 85 页）

另译：文明国民①

文：人民启蒙

白：业已启蒙的人民

在《德臣西报》的文章当中，"启蒙"当然不只是"开启人们的智慧"、"开发人们的智慧"的意思，最重要的当是"以智慧的眼光放眼世界"进而"获得最为先进的知识"，最终"强化民族的力量"、"使之进入文明社会"等意向。我们注意到，甘译当中并没有出现"启蒙"这个用词。代之而来的是"开通"、"文明"以及"革命"。译者在这里之所以用"革命"这个词，实际上是因为，在这篇文章当中，中山先生作为"传道者"（Sun，第 68 页）所要向国人宣讲的当然是"革命"思想，尽管这一思想的细化以及突出的特点——"启蒙"——并没有进入译者的

---

① 此为中山先生致英国报界的感谢信的另一个版本（这里信的标题译为："致伦敦各报主笔函。"陈斯骏译，黄彦校），收入氏著，《孙中山全集》第一卷，第 36 页。

选择范围。

　　也就是说，在"对接"的阶段，我们有必要启动过往的思想资源，一边把握原文的意思，一边试图落实所要理解的对象到底是什么意思。而作为关键词的"启蒙"，中山先生在《伦敦绑架案》的正文中并没有使用。但"附录"中收入的这篇文章，分明是在告诉读者，中山先生的努力是为了使国人更智慧，更具知识的力量，更能显现出东方文化的魅力及其可能对现代世界的贡献。联系中山先生在第一章中所特意强调的，欧洲凡对中国有所知者，都认为国人的知性力量（the latent intellectual ability）是相当大的，甚至有不少人认为要超过很多欧美国家的人（Sun，第 5 页），所以，我们认为，选择"启蒙"是最好不过的了。因为，那不正是中山先生所说的启迪人的智慧，使民真正具有现代知识吗？也是在第一章中，他还提及"要创建起与现代要求更相适应的一种政府形式"（Sun，第 3 页），这种思路也是与"启蒙"的现代意识密不可分的。因而，我们完全可以舍弃甘译的选择，转而运用"启蒙"作为"enlightenment"的汉语对应词，这样完全可以传达出原著当中的意义指向。而且，一个词的译文统一后，自然会形成一个定型的概念，最终成为一个意义比较固定的术语。

　　不过，问题在于，"启蒙"作为一个概念有可能出现的时间较晚，即不论是在中山先生写作《伦敦绑架案》还是在甘氏翻译此书的时期，都没有将它作为一个"关键词"来对待。因此，译者才会用"开明"等词。这样，我们就需要进入"对话"阶段，去审视我们的选择是否符合当时的时代需要，也就是是否具备那个时代的历史合理性。

　　若是将之作为来自西方的一个观念，"启蒙"自然就是"启蒙运动"（the Enlightenment Movement）的主导观念。据"百度百科"之中的介绍，启蒙运动（法文：*Siècle des Lumières*，英文：the Enlightenment）通常是指在 18 世纪初至 1789 年法国大革命间的一个新思维不断涌现的时代，与理性主义等一起构成一个较长的文化运动时期。这个时期的启蒙运动覆盖了各个知识领域，如自然科学、哲学、伦理学、政治学、经济学、历史学、文学、教育学等。启蒙运动同时为美国独立战争与法国大革命提供了框架，并且推动了资本主义和社会主义的兴起，与音乐史上的巴洛克时期以及艺术史上的新古典主义时期是同一时期。[①] 仅从这一介绍就可明白，"启蒙运动"是一个包罗万象的思想解放运动，因而它对西方走向现代的意义十分重大。由于它是一场"全方位"启人心智的运动，所以后来便形成这样一种观念：启蒙的知识和思想，首先应表现为政治上的权力的夺取。我们注意到，中山先生收入"附录"的一篇文章《博德兰地的地牢》，文中就将中国公使馆比作"巴士底监狱"（Sun，第 77 页）。这也就意味着，此文作者无意识当中可能已经把中山先生与那些意味着人类的未来和希望因而也值得被援救的政治犯人物联系在了一起，尽管这篇文章是在以极其鄙夷的口气谈论中国人的不堪。而 1897 年法国大革命爆发后，对准的一个首要目标就是这个关押政治犯的监狱。因此，"攻占巴士底监狱"实质可以作为这次大革命的一个代名词或象征。

中山先生的革命思想与"启蒙运动"的另一个历史联系是辛亥革命（1912 年）后南京国民政府颁布的《中华民国临时约法》，其基本思想精神是天赋人权、三权分立、自由、平等、民主和法制，显然其基本思想精神是源于启蒙运动。也就是说，中国封建皇朝覆灭之后所出现的现代政体，实际上是向西方学习的结果。甚至可以说，这个政体的建立，实质上就是"启蒙"本身的再"启蒙"——改造、发展和变化。

另一方面，"启蒙"是一个汉语词，它起初只是"启发童蒙"的意思，如元·刘埙（1240—1319 年）《隐居通议·论悟二》："及既得师启

---

① 引自 http：//baike. baidu. com/view/2052. htm。

蒙，便能读书认字。"清·龚自珍（1792—1841 年）《哭郑八丈》诗："论交三世久，问字两儿趋。"原注："余两幼儿曰橙曰陶，丈为启蒙，设皋比焉。"鲁迅《且介亭杂文·连环图画琐谈》："'连环图画'的拥护者，看现在的议论，是'启蒙'之意居多的。"不过，表示"思想启蒙"的意思，实际上也不是没有人用过。比如，清·刘献廷（1648—1695年）《广阳杂记》卷三："嗟乎，物理幽玄，人知浅眇，安得一切智人出兴于世，作大归依，为我启蒙发覆耶！"实际上，儿童懵懂之初，需要"发蒙"，而人类作为群体，要向"现代"迈进，亦必"有以启之，因以发之"，二者的意义指向完全一致，只不过是扩大了范围。而中山先生所宣扬的，当是国人如何摆脱愚昧无知的状态，将"潜在的知性力量"（Sun，第 5 页）充分发挥出来。只有如此，才可能摆脱贫穷落后的局面，置身于世界先进"文明"国家的行列。

由此可见，诸如"文明"、"开明"、"革命"以及"知识"乃至"智慧"都可视为"启蒙"的结果，也自然都应作为它的下义词来使用。

也就是说，就"启蒙"在译文当中的使用及其意义的历史发散来看，我们与原著的对话，不仅是与中山先生原文可能具有的意蕴在做交流，更重要的是同他的思想的来龙去脉、现代政体的根本变化，甚至是国人的智慧灵性的开启等，展开一种合乎历史合理性的沟通。到了这个阶段，我们或许才可以说，甘译中的"开通"和"革命"以及其中所见到的、后来的另一个译文也使用的"开明"之类的表达，有两个缺憾：一是，读者看到这些名词，就会将原文当中的同一个词误会为几个词；二是，由于彼此并不能联系起来，这些词的连贯性也就不能实现。此外，中山先生的一个主导性概念，因为用比较保守或传统的"开通"、"开明"以及"革命"作为了代用词，因而其思想的原创性也就很可能在译文当中丧失殆尽了。

毋庸置疑，我们是站在今天的立场上与中山先生的原著"对话"

的，因而，得地时之便，有了直接可与"enlightenment""对接"的词汇，由此也就能够以近乎直觉的态度在第一次遇到这样的表达方式时，选而取之。不过，尽管如此，我们还是要再进一步，追问这样使用的理据何在，也就是这样选用的"历史的合理性"能够达到什么样的程度。即是，我们的使用是要实现与原文用词的"对应"的，否则译文所用的名词很可能因为有违原文意义或脱离历史语境而偏离译文所本应有指向。最后，我们还应该以"对话"的态度，去检视已经做出的选择在什么样的意义上才是真正经得起历史检验或验证的。如果不能，则需重新思考和选择。幸运的是，就"enlightenment"这个词来看，如果我们始终坚持用"启蒙"这一个词来转写原文意义，目前还看不出它脱开了那个特定的语境，甚至可以说，这个词的选择更能显现中山先生政治思想的一个实质性倾向。

中山先生撰写 Kidnapped in London 时，那个时代动荡不安到了需要重新"寻找时间"的局面。"反清复明"即要回归"大统"，而后者首先要确立的是以什么样的"时间符号"来确定国人生存其中的那个乱世的"时间"。清朝皇帝的年号已经不可能作为时间的标尺，早已不复存在的明朝也无法作为"时间依据"。而国人传说当中的"黄帝"（轩辕？），其诞生的日期可以作为"历史的开始"。但是，那不是传说中的人物吗？"时间的开始"就这样与"正统"这一观念发生说不清道不明的纠葛。实际上，到了民国之后，这种纠葛在很长时间内依旧存在，因此不少人在"民国元年"确定之后，写上"民前"字样，以示至此厘定了"正统"。日历似乎总是与"天理/天历"相适应，才能找到"民意"的认同。只有从"历史的开始"回复到"时间的开始"，也就是将前者化为后者，历史仿佛才可以开始它的行程，进入"现代"和"现实"。对于中山先生的这部著作，就正文来看，我们遇到的第一个问题就是：以什么样的"时间系统"或"计时方式"来建构"时序"？因为，原著正文的第一句话中就出现了"1892"。

原文：When in 1892…（Sun，第 1 页）

甘译：时在西历一千八百九十二年……（甘译，第 49 页）

庚译：1892 年……（庚译，第 6 页）

甘译用"时在"表明一个十分重要的"开端"。正如他将中山先生在澳门作为第一个以西医身份行医的中国医生这一事实界定为"一端"（甘译，第 50 页）一样。或许，这种叙事铺排还有些像《圣经·约翰福音》开篇所用的"泰初"（In the beginning）的意味。但就对一个事件的叙事而论，或许，点明"西历"已经足以说明，国人的"日历"观念已经不得已发生了某种重大的转向：由中国本土很难确定的那种"正统"变为了西方的既定"计时模式"。历史因此接合上另一种文化传统。而中山先生本人的基督教徒背景似乎也包含在其中了。不过，最重要的是，原文本身用的就是"1892"年。假若要用中国本土的"历法"，必然要进行某种换算，但依据又是什么呢？那也同样会是很难做到的，尽管并不是不能做到。而庚译显而易见根本没有考虑甚或顾及、理会这里发生的"历时"的变化，因而直接用了一个简单而又明白的"1892 年"。但这样一来，历时的地位无从谈起，文本应有的那种特定的基调也就不复存在了。看似微不足道的、当下似乎已经不存在任何疑问的年份，就这样在译事一开始就可能因为历史本身变化的缘故向我们提出了挑战。因此，假若像庚译这样舍弃对它的定位，历史也就失去了意义，或者至少是，在译事一开始，就会使历史文献的历史性大打折扣。

时间的划分，在此书的第六章，也发挥着至关重要的作用。依照《圣经·创世纪》的传说，上帝创世之初，到了第七天是要休息的，而后来的星期划分——作息时间，也便随之而厘定了。而康德黎先生偏偏非要在星期天急不可耐地找到救助中山先生出困的办法，所以叙事者在原著当中有下面的"牢骚"。

原文：On Sunday it would seem no detectives are required. Can no trouble arise on Sunday in England? It must be remembered that the division of the month is but an artificial and mundane convenience, and crime does not always accommodate itself to such vagaries of the calendar as the portioning the month into weeks. (Sun，第 39 页)

甘译：然则英国于礼拜日无应办之案乎？曰：非也。所谓礼拜星期者，不过借人为之力强分一月为若干部分，借以取便于世俗而已。彼犯案者，何尝辨其为礼拜日与非礼拜日哉！(甘译，第 68 页)

庾译：看起来星期日好像是不需要侦探的。在英国难道星期天就不会发生麻烦事了吗？一定要记住这一点，把一个月分成几个星期只不过是人为的应世俗之便罢了，而犯案者是不会总让自己去适应这种奇异的日历的。(庾译，第 60 页)

本来是圣神的安排，一个周之内也就有了休息的时间。这样，作而息之，周而复始，世界得以正常运转。但是，叙事人将之变为了"人为且为人之便"的东西，且称其为"奇思妙想"，言下不无讽刺之意。这里更像是一种风趣的说法，或者说对英国人这种不计"祸事"的偶发性而刻板依照时间表行事之风格的"幽默"调侃。这样的风趣，到了甘译当中，就变成了愤愤不平的情绪性"发泄"，见不出叙事之中所特有的英国绅士式的那种"抱怨"的"机智"：每月划分为数周，竟然成了人们"世俗的方便之设"，但这样的方便之设反倒为祸事或犯案提供了良机。因而，有可能白白看着中山先生被劫持而去，却无人伸出援助之手。而庾译则等而次之，将这样的划分变作了"奇异的日历"。"日历"如何"奇异"？显然是说不通的。原著机智的言语表达，在这样的译文当中变成了一种近乎不可思议的替代。因而，或不值一评。

还应指出的是，原文用的只是一个"Sunday"，而在甘译当中，变成了"星期礼拜"，好像变成了两个"系统"，也可能是为了强调？

　　不过，有一个现象还是很明显的。这就是，从甘译可以看出，在 20 世纪之初（甘译问世的 1912 年或之前），"星期"和"礼拜"两个术语是可以通用的。不过，笔者认为，既然作者是在将"神"规定的作息日程安排作为"幽默"的对象，那么，"礼拜"可能是较好的选择。因为，如果仔细探究，可以发现，"星期"的意思是星（相）运行（至某个所在）之"期"。也就是说，追根溯源的话，"星期"有某种星相学的意味，属于"异教"的文化产物。"礼拜"则是人们为了"礼拜"上帝的创世之功而形成的某种纪念仪式的常规化和日常化。

　　中山先生的原著当中对时间的重视，还有一种表现。这就是，叙事者几乎是以每天为单位，来叙述中山先生被捕、囚禁以及获释的情况的。比如，康德黎先生赶到什么地方，是在上午几点几时（比如，Sun，第 33、41 页），因为奔走一天就寝很晚又具体是在什么时间（Sun，第 43 页）等。实际上，连康德黎先生收到第一封匿名信，获知中山先生被捕，时间都是非常具体的（Sun，第 33 页）。具体的行动或活动，严格限制在具体的时间当中。而如此安排叙事，无疑旨在突出其本身的真实性。面对这样的依照时间顺序的叙事，读者自然希望知道事件的推演最终会达至什么样的结果。而叙事中人，也自然急于从这个时序的框架当中"跳"出来，因为，只有如此，这个人物才可恢复自由之身。也就是说，时间成为了绑架案始末的框架。脱离了这个框架，叙事也就结束了。我们在原著当中可以看到被囚最后一天的时间"过程"与人物的关系。

　　原文：Friday, October 23rd, dawned, and the day wore on, and still I was in durance.（Sun，第 51 页）

　　甘译：礼拜五日（即十月二十三号）自朝至午，仍幽居一室中，未见有何发动。（甘译，第 74 页）

　　庾译：10 月 23 日，星期五，天大亮，时间在逐渐消逝，而我仍在监禁中。（庾译，第 77 页）

　　甘译无疑是用改写的方式来翻译原文。因为，本来就是一体的礼拜五和日期，竟然被一个括号区隔开来。设若用逗号，即使二者隔离，也只有重新解释或进一步确定时间的意味，而不具有将二者分割的倾向。还应指出，时间既然就是叙事的框架，那么，也就成了事件本身乃至事件中人的生命的特定标记。那是省略不得的。但是，在甘译当中，时间的那种缓慢前行、让人难挨的步子所带有的沉闷和孤寂以及由此而来的不知所以等感受，在这一对时间的流逝没有任何感情色调的"客观"而又极其平淡的译文当中已经荡然无存了。与之相比，庚译或许显现出了时间的作用，但是时间慢吞吞的节奏感以及由此造成的复沓感和困乏感（"天大亮"这样"响亮"的用词，一定会损害那种沉闷的表达的），却并没有表征出来。

　　文：十月二十三日礼拜五。凌晨已至，白昼漫漫，百无聊赖，余仍困于监禁。

　　白：10 月 23 日礼拜五，清晨来临，白天又缓慢走过，我仍在监禁之中。

　　还应指出，阿拉伯数字的使用，实际上也会将日期与礼拜几的一体性打破。这的确是此书之中所说的"人为而又为人的方便之设"，但惜乎就行文而论，很明显有损于原文意向的再现。

## 4.3　关注文本本身的整体性

　　与历史文献的历史性追求相一致，我们在对文本本身的整体性的关注当中，首先需要认可的是，"伦敦蒙难记"是一个"整体性"事件：它有成因，有后果；它有前奏，有终曲；它有其连贯的一面，也自然会产生一定的变奏；它是历史的，也是早已融入了中国历史当中的一种"发生"（由此而起的，又有多少故事？比如说，中山先生在英滞留对其思想的影响，进而言之，对近代中国的现代转型的作用？又比如说，中山先生的伦敦蒙难，对于英国可能产生的对中国的印象的改变的作用？东西方的交流因为这一事件而突然造成的"中国革命"的"事件效应"何在？如此等等，都可视为这一事件的余波、副产品或者说关联之物。因此，"发生"可以使"有以发/启之"进而"生而成之"）。而一个"事件"的文本化才是我们真正需要关注的。也就是说，中山先生利用这一"事件"所意欲表达，旨在有所表露的那种/些意向，才是我们在对他的文本的翻译过程中应注意的东西。

换言之，中山先生对这一"事件"及其前因后果和影响意义的选择、梳理和改造等，其类如冒险小说或惊险故事的描述和摹画，才是我们的工作重点。

因此，只有将所有的文字材料付诸另一种语言的建构之中，才可能做到将中山先生的"良苦用心"表征出来。也只有这样，中山先生文字背后的那种意蕴才得以在汉语当中显现。我们看似在做文字翻译，实质上在做的只有一种东西：思想翻译，或者说，思想再表达。在某种意义上，我们不是在表达思想，而是思想在表达我们，而且是在跨文化地表达我们。

这意味着，那种随意将其文本设置、文字安排和言辞线索改变的做法，在历史文献的翻译当中，是不能被接受甚至是不可容忍的。细读这部著作，我们应该可以发现，其中的章节安排是有特别用意的。因为，作为革命家的中山先生本来是应该宣传革命思想的，但他并没有去写作一部政治宣言或者政论性的著作，而是写了一部近乎"惊悚性文学作品"的篇幅不算太长的"另类"著作；身为政治家，他本应该在著作当中宣讲革命大道理，但是，他却以一个生动得有些令人惧怕的故事，来述说"另一种"情绪；身为一个遭到当局追捕的避难者，他本应该倾诉冤屈，但他反倒只是在文本当中添加"附录"，让英国的记者们以"客观"而非"主观"的调子和事实，来为他讲话；他本应该痛斥清政府非法干预人的自由，侵犯人权，光天化日之下在另一国家绑架自己的臣民，但他的叙事竟然以幽默风趣的风格讲述"正义"的"故事"。

因此，我们在翻译此书时，当然既不能像甘氏所做的那样，随意删改正文并且大段删除"附录"之中的内容，更不能像庚译当中出现的那样，本来是要做出整全的译文，以新的译文取旧的译本而代之①，但是，到最后，却又不声明原因，将甘氏所译的"附录"尽数纳入译本②，尽管在这里甘氏的删节达到了某种极限！

一个历史文献毕竟自有其完整性，即使残缺不全的也会折射出或含有一定程度上的完整性。在这个意义上，我们应该在翻译过程中对之加以充实甚至强化，因为依照解释的一般规律，我们是要在整体和细节之间反复运动——从部分到整体，再从整体回到部分——才可能真正把握文本的意义脉络和叙事倾向。因此，那种随意删节既定文献的做法，一定会影响翻译所需的深入理解。这样，译文本身作为这样的理解的一种结果，也就会出现诸多本不应有的问题。

## 4.4　重视叙事细节的连贯性

对历史文献的翻译，既不能以细节之细微而不加重视，更不可因细

---

①　详见庚译译者前言，第 1 页。译者特地提出："这个译本［引者按：甘译］距今已经 100 年了，又系文言意译，且做了大量删节，因此我们认为，为读者提供一个全新的译本对于阅读和研究应该是有所帮助的；至少对于以往旧的翻译可以起到英文校订的作用。"但是，甘氏对原著的"大量删节"，正如我们在上文当中所指出的，最严重的当是"附录"部分，而庚译照单全收！更应该点明的是，庚译错误百出，又如何能"至少对于以往旧的翻译可以起到英文校订的作用"？

②　详见庚译，第 85—94 页。在这里，庚译借口"附录""并非孙中山本人的著述"，因而"此处即照录商务印书馆的旧译，未另重新翻译"。至于甘译当中删除的文字，也并未重新补入。

节之琐碎而有所取舍甚或加以舍弃，要通盘译出，不遗不漏。而最重要的当是，关注这些细节的连贯性，也就是在整个文本当中的作用和价值。上文关于"时间"方面的举例，或可说明对细节的重视对于忠实传递原文信息、信实再现原著意义，该有如何重要的意义。

1）police

A. police（Sun，第 6 页）

甘译：巡防（甘译，第 52 页）

B. the quondam（Sun，第 6 页）

甘译：未译（甘译，第 52 页）

C. the superintendent of the official police（Sun，第 6 页）

甘译：巡防局员（甘译，第 52 页）

D. police（Sun，第 12 页）

甘译：警察（甘译，第 55 页）

前三个例子出现于第一章。叙事者讲的是，不知出于什么原因，一队"police"脱下制服，在广州大街上抢劫。后一个例子出现在第二章，写的是伦敦交通警察指挥交通，井然有序。同样都是"police"，但属于两个国家，同时也隶属两个系统。不过，既然都是"police"，为何不能统一？显而易见，在当时的中国，可能还没有通用"警察"这一词汇，所以"交警"可以称为"警察"，而"治安警察"只能叫作"巡防"？我们需要查核历史资料，才能确定这一名词该如何处理，才能使之成为一个"系统"。

不过，不论情况如何，有一点应该是明确的：既然管理"交通秩序"的伦敦交警可以称为"警察"，那么广州的"巡防"既然也要管理"社会秩序"，称之为"警察"应该也是可行的。这样，同一个词在译文当中便能归入自身所在的位置，也就是复原它在本来应有的特定结构之中的那个所在。我们这里所说的"系统"，也就是这样意义上的词汇的意义对于叙事细节的作用——连贯性了。

连贯性的背后是逻辑统一性的整合。也就是说，各个细节本身需要言之成理，同时它们各自之间的联系也必须言之成理，只有如此，细节相互之间具有严格的一致意蕴趋向，才能最终以其聚合的力量形成文本的整体性。

在对英译汉和汉译英进行比较时，朱生豪先生（1912—1944 年）指出：

> 有经验的译人，如果他是中英文两方面都运用自如的话，一定明白由英译中比由中译英难得多。原因是中文句子的构造简单，不难译成简单的英文句子；英文的句子的结构复杂，要是老实翻起来，一定啰嗦累赘，拖沓纠缠，麻烦头疼看不懂多半是不能译。除非你胆敢删削。①

朱先生所说的汉语和英语的句子的问题，如果从上文提及的言之成理的角度来看，则可认为，那可能就是逻辑的统一性了。也就是说，翻译本来就是解释，而解释当然是要"讲理"的：既要使行文合乎现代汉语的"理"——规矩、规范等，同时也应该使汉语表达应乎思想的"理"。或许可以说，既要使表达方面"破格"，也要做到"入情合理"。德国哲学家伽达默尔（Hans-Georg Gadamer，1900—2002 年）指出，"一切翻译就已经是解释，我们甚至可以说，翻译始终是解释的过程，是翻译者对先给予他的词语所进行的解释过程"，"翻译者也就是传道

---

① 引自吴洁敏、朱宏达著，《朱生豪传》，第 120 页（引文并没有注明出处），上海：上海外语教育出版社，1989 年版。

者"。① "解释"自然不能不"有其然","见其所以然",并"追索其必然"。也就是，这样的解释作为释义的一种形式是要特别关注所处理的对象所具有的"历史的合理性"的，否则，若是"说不通"，当然也就"道不明"了。思想总是决定着特定的表达。两者之间是支配与被支配的关系。翻译也就是在这样的关系之中寻找出路，而这一出路必然是"历史的合理性"的铺设。

因此，钱歌川（1903—1990 年）先生甚至在其《翻译的基本常识》当中特地强调："逻辑是翻译者的最后一张王牌。"② 而且，此书专门设有一章讨论"岂有此理必有误"③。我们还是看几个例子，来对有关问题加以说明。

2）一般的逻辑

No one is allowed, on pain of death, to invent anything new, or to make known any new discovery. （Sun，第 5 页）

甘译：至于新器之创造、新学之发明，人民以惕于死刑，罕敢从事。（甘译，第 51 页）

庾译：不许任何人搞发明创造，也不许谁去挖掘、了解新的事物，违者必死无疑。（庾译，第 12 页）

庾译的这句话里，"挖掘"后面跟的竟然是"新事物"！能"挖掘"出来的，还算是"新事物"吗？

3）中山先生的行医事宜

This event deserves special notice as marking a new and significant departure in China; for never before had the Board of Directors of any

---

① 见伽达默尔著，洪汉鼎译，《真理与方法——哲学诠释学的基本特征》，第 297 页，上海：上海译文出版社，1999 年版。

② 钱歌川著，《翻译的基本常识》，第 9 页，长沙：湖南科学技术出版社，1981 年版。

③ 上揭书，第 9—13 页。

Chinese hospital throughout the length and breadth of the great empire given any direct official encouragement to Western medicine. Many patients，more especially surgical cases，came to my wards，and I had the opportunity of performing several of the major operations before the Directors. On the other hand，I had difficulty from first with the Portuguese authorities. It was not the obstructive ignorance of the East，but the jealousy of the West，which stepped in to thwart my progress. The law of Portugal forbids the practice of medicine，within Portuguese territory，by any one who is not possessed of a Portuguese diploma，obtainable only in Europe. Under this rule the Portuguese doctors took refuge and fought my claims to practise. They first forbade me to practise amongst，or prescribe for，Portuguese；the dispensers in the pharmacies were not allowed to dispense prescriptions from the pen of a doctor of any alien nationality；consequently my progress was hampered from the first. After futile attempts to establish myself in Macao，and at considerable pecuniary loss，for I had settled down little dreaming of opposition，I was induced to go to Canton. (Sun，第2—3页)

甘译：此事有大可注意者一端，则自中国有医局以来，其主事之官绅对于西医从未尝为正式之提倡，有之，自澳门始。予既任事于医局，求治者颇众，而尤以外科为繁。然亚东之闭塞，甫见开通，而欧西之妒焰已起而相迫。盖葡人定律，凡行医于葡境内者必须持有葡国文凭，澳门葡医以此相龃龉，始则禁阻予不得为葡人治病，继则饬令药房见有他国医生所定药方，不得为之配合。以是之故，而予医业之进行猝遭顿挫，虽极力运动，终归无效。顾予赴澳门之初，并不料其有是，资本损失为数不少，旋即迁徙至广州焉。(甘译，第50页)

庾译：这件事在中国作为一个新的和重大的尝试值得特别注意。

遍及整个清帝国从来没有任何一个中国医院的董事会给予西医任何直接的正式的支持鼓励。然而很多病人，特别是需要外科手术的许多患者前来求医。在主管面前我做了几例大外科手术。另一方面，从一开始和葡萄牙当局就难以相处。现在阻碍西医发展的不是东方的愚昧，而是西方的嫉妒，他们干预、阻止我的发展。葡萄牙的法律禁止任何无葡萄牙执照的人在葡萄牙辖区行医，而这种执照只能在欧洲获得。葡萄牙医生在这项规定的庇护下和我在行医权利上发生了冲突。他们禁止我在他们之中行医，同时也不许我给葡萄牙人开药方，凡外籍医生签字的处方药剂师不给配药；因此我的医业的发展从一开始就受到阻碍。在澳门创业的尝试遭受挫折后，同时在经济上也受到相当大的损失，陷此困境是我始料不及的，于是我不得已去了广州。（庾译，第8—9页）

庾译明显有两方面的逻辑问题。第一，概念不对应。原文当中的"the Board of Directors"一译"董事会"，而"the Directors"应指相同的机构或机构人员，竟然被译为"主管"。在上文中，庾译则把"the Chinese authorities of the native hospital"（Sun，第2页）译为"当地医院的华人董事"（虞译，第7页）。中山先生作为第一个在澳门以西医身份从业的中国人，其"发端"意义自然值得关注。而按照他在这里的叙述，澳门医生的干预才导致了他的离去。因而，将这两个词译为"医务督导局"和"医务督导"可能也是一个选择。第二，这里的原文用的是"diploma"，意思当然是"文凭"。如果说只是"执照"，那就可能意味着中山先生是非法行医了。因而，这是非常不妥当的。正是因为中山先生有了可以作为"执照"来用的那张"文凭"，他才有可能在澳门开设诊所。否则，没有执照就在那里行医，是不可能的。第三，有些表达看似细微，或者说不太重要，但实则一样关系重大。比如，"他们干预、阻止我的发展"之中的"他们"，译者并未意识到前文对应的词语——

"西方"并不是"他们"，也自然不能以之为代词。而代词的不周到运用自然影响了行文的逻辑性。同样的，"葡萄牙医生在这项规定的庇护下和我在行医权利上发生了冲突"也是说不通的。因为，原文讲的是，葡萄牙专门有法条规定，其统辖境内行医者必须持有葡萄牙认可的文凭，而这样的文凭必须在欧洲才可获得。葡萄牙医生自然会援引这种规定，反对中山先生在澳门行医。所以，准确的译法应该是："葡萄牙医生以这一律条为借口，一力终止我在澳门行医的权利。"接下来的一句"他们禁止我在他们之中行医"不仅有代词重复的问题，而且也一样模棱两可：中山先生这里是在说他是在"医生中间行医"，还是要说他"为这些医生治病"？实际上，原文只是说，诸多葡萄牙医生加以干预，不让他为葡萄牙人诊治疾病。一段话里出现这么多问题，文本前言不搭后语，译文的连贯性便不复存在了。一旦丧失了这样的连贯性，逻辑上出现大的失误，译文也就再也无法保持对原文的忠实。

4）"夷族谋反"

To keep the masses in ignorance is the constant endeavour of Chinese rule. In this way it happened，that during the last Japanese incursion，absolutely nothing was known of the war by the masses of China，in parts other than those where the campaign was actually waged. Not only did people a short way inland never hear of the war，but the masses had never even heard of a people called Japanese；and even where the whisper had been echoed，it was discussed as being a "rebellion" of the "foreign man."（Sun，第5—6页）

甘译：近者日本命将遣师，侵入吾土，除宅居战地之人民外，罕有知中日开衅之举者。彼内地之民，或并不知世界有日本国，即使微有风传，获闻一二，亦必曰是外夷之犯顺，而断不信其为敌国之相侵也。（甘译，第52页）

　　庾译：保持民众处于愚昧状态是中国统治者竭力坚持不变的。因此近来日本侵犯中国，除了在战役区中居住的那部分人以外，其他的中国人竟然完全不知道发生了战事。那些远离内地的民众不仅从未听说过战争，甚至连称为日本人的这样一种人都没有听说过；即使有点传闻，他们私下议论时也不过认为那只是"洋人""造反"而已。（庾译，第12页）

　　原著是在写清朝统治者"愚民政策"所导致的恶果。甘译舍第一句而不译。而庾译这两句话译文错误很多。就习惯用法来说，"战役区"应为"战区"，"其他的中国人"应作"别的地方的民众"。逻辑上来看，"远离内地的民众"应改为"身处内地距海岸稍远的民众"，才能算得上合理。而就理解上来说，按照原文的意思，"a 'rebellion' of the 'foreign man'"应译为"夷族谋反"，才可能上下贯通。因为，既然公众连"日本人"也闻所未闻，那么传说当中的造反者便只能是"中国"国内的"夷族"了。"中国因为闭关自守，从来只有天下的意识，并不知天下之外还有世界这个概念。所谓天下就是以中原王朝为中心，加上四夷的地域范围。"时至清末，"在世界地理知识方面，中国当时仍然停留在天下四夷观的层面上"。因此，连梁启超也坦承，到了1890年，"从坊间购得《瀛寰志略》读之，始知有五大洲各国"。[①]国人当时根本就不知道"天下"之外有他物，甚至连日本人都没有听说过，那么，如果按照庾译那样来理解的话，"洋人造反"又从何说起？

　　5）"广州起义"

　　中山先生在论及"广州起义"时，特地点出："The headquarters of

---

　　① 详见周振鹤，《一度作为先行学科的地理学》，收入氏著，《余事若觉：周振鹤随笔集》，第128—135页，北京：中华书局，2012年版。

the 'Young China' party was really in Shanghai，but the scene of action was to be laid in Canton. "（Sun，第7页）庚译的译文是："'中国少年会'总部设于上海，但实际行动安排在广州"（庚译，第14页）。读者可能提出问题："总部"没有"实际行动"？如果译为"'少年中国'党的指挥部实际上是在上海，而起事的地点却要安排在广州"，就可能没有歧义了。

6）"立宪"

Hoping that the Peking authorities，by their more extended contact during recent years with foreign diplomatists，might have learned something of constitutional rule ... （Sun，第6页）

甘译：且近年以来，北京当道诸人与各国外交团触接较近，其于外国宪政当必略有所知。（甘译，第52页）

庚译：希望北京当局通过近年来广泛与外国外交官的接触能学到一些宪法上的规章和条例。（庚译，第13页）

本来是假定，到了"新译"译者那里，就变成了对未来能力（"能"）获得的"希望"！但因为毕竟讲的是过去的事，这样的"希望"不免错位，因而也就造成了逻辑混乱。

上面这些例子告诉我们，不能准确地译出细节的意义，便不可避免在译文意义传递上导致含糊不清或者是逻辑混乱，而最终的结果便是译文的整体倾向性不知指向何处。这样，其意蕴聚合而起的那种统一性，也就很难见到了。因而，译文的成败关键在于细节是否能顺乎"历史的合理性"，又是否存在有机的联系或曰连贯性。

细节方面还有一点要注意。这就是，如何运用"历史的词汇"以突出主题意蕴的统一性。以下是两个例子。

7）英国、英文与不列颠

因中山先生是在伦敦被绑架，并且又是用英文写就《伦敦绑架案》，同时，身为政治家，他在渴求英国政府的支持和帮助的同时，当然不希望英国政府使太平天国的情况重演（Sun，第 30 页），因此，在此书当中，多次出现 "British Government"（如 Sun，第 1、21、28、44 页）这个词。甘译无一例外地将之译为 "英政府"（如甘译，第 49、59、63、70 页）。凡是原文用到 "Britain" 和 "British" 的地方，甘译也是一以贯之地使用 "英国"，如 "全英"（"Great Britain"，Sun，第 4 页；甘译，第 51 页）及 "英租界"（"British concessions"，Sun，第 22 页；甘译，第 60 页）及 "英国之领土"（"British territory"，Sun，第 48 页；甘译，第 73 页）等。一般说来，这样做是没有什么问题的。但是，触及正式语体时，比如，马格尼爵士代表清政府在报上发表声明，用到这个词的时候，出于语域的需要，正式的用词不应该再用日常语言的词汇来代替，因而应该在这样的地方改用 "不列颠政府"。再如，马格尼在接受记者的采访时讲到，若是中山先生在公使馆之外，那就属于置身于 "British territory"（Sun，第 48 页），拿不到逮捕证，公使馆当然是不会抓捕他的。甘译此处所用的仍是 "英国之领土"（甘译，第 73 页）。这种情况下，若是改作 "不列颠"，也能适应语域的变化。由此也可见与此相关的一个问题：甘译一味追求叙事本身的故事性，而对译文之中所可能包含的两个层面的语体没有给予充分的重视。由于忽视了叙事本身的语言层次性，这一译文本身也就只是表现出某种为叙事而叙事的倾向。

在另一方面，令人奇怪的是，甘译在涉及 "English" 的时候，在两处将之理解为 "英国"。其一，原文谈及 "英文读者"（"English readers"，Sun，第 3 页）很少能想到朝廷官吏的俸禄之微薄，甘译以 "英人"（甘译，第 51 页）译之。其二，"附录" 当中收入的《德臣西报》的文章提及，中山先生受到了 "良好的英文教育"（"a good English education"，Sun，第 65 页），甘译竟然译为 "英国完美之教育"（甘译，第 82 页）。这便打破了"历史的合理性"。因为，中山先生的确在火奴鲁鲁受过多年的教育，但那不可能是"英国的教育"（火奴鲁鲁 1850 年为夏威夷王国首府，1898 年夏威夷归属美国）。而在原文提及"英籍庶务"（"English servants"，Sun，第 19 页）的时候，甘译仍作"英国仆役"（甘译，第 58 页）。乍看上去，似乎不错，实则是说不通的。因为，这样的人是在中国公使馆工作，所以才会用到"English"这个词。由"仆役"这个词，我们可以洞悉作者对两种人物"身份"问题的处理，也可触及细节的连贯性。

8）"谁某"与身份

甘译用"仆役"来译"servant"，理解出现了错位。因为，在汉语语境当中，"仆役"的意思是"仆人"甚或"奴仆"；而在英语中，"servant"指的是"服务员"或"做服务工作的人"，并不带有"仆役"所含有的社会地位低下的色彩。清廷设于伦敦的中国公使馆雇用英国人来为之"服务"，这并不意味着被雇者就"低人一等"，甚至是公使馆中人的"仆人"。至少，"servant"这个词并没有汉语"主仆关系"之中的"仆从"的意味。因而，我们有理由认为，甘译用的这个译名，若是按照当时的情况，是不符合历史事实的。或许，"庶务"是一个较好的选择，因为它的意思是"机关团体内管理杂项事务的职员"，这样，或可消除歧视的意味。应该指出的是，一般所用的"服务员"也可能是一个选择。不过，场合似乎有些不对应。按照目前通行的用法，"服务员"这个词指的是在诸如商场、饭店以及娱乐场所等处工作的人员，而且这个词在 19 世纪末和 20 世纪初的汉语中也并不一定通用。

另一个让人觉得奇怪的例子是，本该显现出"歧视"意味的地方，甘译却并没有显现出来。

The man is not a British, but a Chinese, subject.（Sun，第 48 页）

甘译：某甲华人也，非英人也。（甘译，第 73 页）

原文用的是"subject"。这是马格尼爵士在对报界强调，中山先生是"中国臣民，而不是英国臣民"。英国是君主立宪制国家，国家首脑是"王"，因而国家的人民是"臣民"；而在中国，统治者是一家一姓的"皇帝"，因而百姓自然是其"臣子"。若是就日常语言来看，甘译是不会造成很大的问题的。但是，这个中国公使馆的秘书此时毕竟是在向报界做正式的声明，因而"臣民"可能是一个较好的选择。而且，也只有这样，语域要求才可满足。

"The man"（指中山先生）被译为"某甲"，"甲乙丙丁"可以视为文言当中的某种意义上的代词，而"某"具有不确定的意思，因此，本来意义指向非常明确的"那一个男子"，被忽略或贬低为了"某甲"。可以说，这一译名能够显现出马格尼爵士对中山先生不屑一顾的神态。不过，问题在于，这个词的英文意义的确又是十分明白的："the"强调的是"这个"或"那个"，而"某"可以指代"任何一个人"。"man"指的是"男性"，而"甲"则无所谓性别之分。若是译为"彼一男子也"，是否也可表征出马格尼爵士看不起人的意味，同时也可消除"身份"的那种含糊性？

中山先生的"身份"问题在马格尼爵士向报界发表的声明当中出现过几次。以下是另外两处：

his real identity...（Sun，第 47 页）

此人果为谁某（甘译，第 72 页）

he might be the person（Sun，第 47 页）

其人之为某某（甘译，第 72 页）

"谁某"以及"某某"都有含混不清的意味，可以显现出马格尼爵士对中山先生的轻视。但是，"identity"这个词作为一个概念，在这一译本当中，像"不列颠"一样，其现代用法"身份"始终没有出现。实际上，如果指的是"出身和社会地位"，"身份"这个词在汉语中可谓其来有自：梁·沈约（441—513 年）撰《宋书·王僧达传》中有："固宜退省身份，识恩之厚，不知报答，当在何期。"曹雪芹（约 1715—约 1763 年）所著的《红楼梦》第四十七回中也写道："不知他身份的人，都误认作优伶一类。"这两处的"身份"都含有"identity"在现代汉语当中的"身份"意味。如果说要表达马格尼爵士的鄙视之意，"身份"一词同样也有这种力量，因为它的一个意思就是"勾当"。如明朝末年凌濛初（1580—1644 年）编著的《初刻拍案惊奇》（成书于明朝天启七年即 1627 年，第二年由尚友堂书坊刊行问世）有这样的句子："所以闲常也与人做些不伶俐的身份。"

或许，"身份自主"才可达到"人身自由"，而"人身自由"就是中山先生这部著作所要突出的一个主题意蕴。而且，此时他以亲身经历痛切地理解了，只有颠覆封建统治，国人才能实现"自由"，人才可能"归属于自身"或"与其自身相同一"，也就是不再是"臣民"或"仆役"或"奴仆"，而是一个真正的有"身份"的、能达到与其自身相"同一"的人。而从英语来看，"identity"既有"同一性"的意义，当然也有"身份"的意思，后者是建立在前者基础之上的。而且，诸如"自由"、"身份"以及推翻封建专制，乃至实现"宪政"等，应该说这些观念之间都有非常密切的联系。作为一个现代观念，"身份"的运用会起到标记的作用：中山先生此时在这方面的现代意识是相当强烈的，尽管只有两三处用到这个词。

当然，我们是站在当下的角度来说明有关问题的，在"现代词汇"远比甘译时代"发达"的情况下，自可拥有更多的选择。这或许也是重译的必要性的一种显现：更多的选择，意味着更准确的意义传达，更具连贯性的细节表征。

## 4.5　强调所译文本的复杂性

与重视细节的连贯性相反，确定所译文本的复杂性讲的是，不论原著如何，都是应该"如实"译出的。也就是说，即使原著当中存在含混不清、不连贯甚至矛盾的地方，也需要加以表征。翻译并不是完全的创作，而是一种"转移"、"转录"或者说"转化"。因此，身为译者既不便于改动作者的整体设计，也自然不能随意更动原著不成熟的东西，或者说思虑不周的因素。强调原著的复杂性，可以使译文充分或整全地表征原作的意蕴。

比如，中山先生原著第一章中有下面这句话。

原文：The better classes were dissatisfied with the behaviour of our armies and fleets, and knew that corruption in its worst forms was the cause of their failure ... （Sun，第 6—7 页）

甘译：盖海陆军人腐败贪黩，养成积习，外患既逼，则一败涂地矣。（甘译，第 52 页）

庾译：但上层社会人士对军界十分不满，并知道海陆军人腐败贪婪，恶习养成，这是他们失败的原因。（庾译，第 13—14 页）

意义似有不通之处，因"better classes"不知确指，而若谓指"上层阶级"，则此等人必置身其外。但一般常识或认为，此类人贪婪更甚，腐败至极，自是军队败绩之源头。甘译全然为述意，不可取。庾译并没有顾及"in its worst forms"。或可直译为："上等社会对海军陆军之作为一向不满，且知腐败至其极者乃为军事挫败之根由。"

另一方面，我们也不能不在译文当中有所延展，或加以明示，以便读者有机会更好地或进一步理解作者的意向。比如，第四章之中下面这句话。

原文：they screwed up my window（Sun，第 27 页）

甘译：窗上均加以螺钉，不复能启闭自如（甘译，第 62 页）

庾译：他们用螺丝钉钉死了我的窗户（庾译，第 44 页）

甘译这里的处理是可取的。因为，若是仅仅译为"把螺丝钉钉在窗户上"，意义并不完整。而庾译用"钉死"尽管不能算错，但毕竟有失为文之文雅之道。

同时，我们还要强调的是，既然是在做历史文献的翻译，那就已经不是在做以译者意志为转移的事情，而是应牢固树立起以原文本为中心的思想：思想如之，倾向如之，一切如之。这样，就复杂性而论，译文整体上才能做到"如之"。毕竟，任何事情都是复杂的，而这样的复杂性就原文的历史性来说，是永远要予以尊重的。那种试图对之有所改动或加以"理顺"的做法是不可取的。

## 4.6　趋向于原著相应的风格的倾向性

一般认为，翻译应该在语言上注重自然性与流畅性。不过，实际上，这些要求完全可以归入这里所说的风格的倾向性。因为只有争得这样的趋向，所谓的"这一个"得以体现，自然性与流畅性也就包含其中了。但是，毋庸置疑，自然性和流畅性始终是基本的要求。

1) The party was aided in its course by one or two circumstances.（Sun，第 7 页）

庾译：在此会发展过程中出现的一些形势对它帮助很大。（庾译，第 14 页）

"出现的一些形势"，汉语讲得通吗？原文的意思明显是："一些事件的出现，推动了党的发展壮大。"

词语的搭配也是保证自然性和流畅性的一个方面。在这一点上，庾译当中存在的种种问题，可以给我们带来反面的思考。

2）ruling a country with a population larger than that of Great Britain（Sun，第 4 页）

庾译：治理一个人口比全英国人口还要多的区域（庾译，第 11 页）

把这个词组中的第二个"人口"省去，不至于影响意思表达。

3）China has no chance of reform except it come from the Throne.（Sun，第 6 页）

甘译：以维新之机苟非发之自上，殆无可望。（甘译，第 52 页）

庾译：改革的希望除了寄托于皇上，别无其他选择。（庾译，第 12 页）

庾译此句当中的"其他"完全可以删去。

4）books on politics（Sun，第 5 页）

甘译：政治之书（甘译，第 51 页）

庾译：政治上的书籍（庾译，第 12 页）

这里的庾译无疑可以"简化"为"政治书籍"。

5）... and others could not be found who knew...（Sun，第 9 页）

甘译：未译（甘译，第 54 页）

庾译：其他的人没有谁知道（庾译，第 16 页）

这里的庾译，如果改成"他人又不知"，会更顺畅。

6）Extortion by officials is an institution; it is the condition on which they take office; and it is only when the bleeder is a bungler that the government steps in with pretended benevolence to ameliorate but more often to complete the depletion.（Sun，第 3 页）

甘译：间有一二被政府惩治或斥革者，皆其不善自谋者也。然经一番之惩治或斥革，而其弊害乃逾甚。（甘译，第 51 页）

庾译：官僚的抢夺勒索已成惯例，而这种恶行是他们任职的保障；

只有当敲诈勒索者是一个笨拙的蠢材时，政府才会假借仁慈地介入以改变这种状况，但这时往往已经到了完全损耗枯竭的地步了。（庾译，第11页）

甘译几乎是改写为对原文意义的概括。这里且不置评。而在庾译当中，"当……时"的使用，使得译文很是别扭。余光中等诸多学者都已经指出，这种句式笨拙不堪，严重西化，影响"现代"汉语的表达力（因属翻译常识，这里似乎没有必要加注）。"假借仁慈地"更是不合汉语表达习惯，而"到了完全损耗枯竭的地步了"中所用的"损耗枯竭"指的是什么？如果译为"强取豪夺，蔚为时尚。为官之道，非此莫入。间有一二贪索者因初入此道有所暴露而政府不得不假仁假义加以斥革，则非但不能使之有所改观，局面反而每况愈下，最终无可救药"，是不是意思就能显豁一些？

译文的所谓"通顺"可能首先意味着，行文应合乎日常的规范，或者说人们习以为常的那种种"说法"。如果不能做到，则很可能是因为译者已经丧失了"语感"，对目的语失去了"切身"的感受，因而不再能体会那种文化生命对于译者本人的魅力和作用，如此，是否可以承担翻译的责任已有问题，更遑论展开了。

除了自然性和流畅性的要求之外，我们当然还要从文本的整体语言特性入手，去思考应该如何处理语言问题。这就牵涉原文的风格问题。在这方面，中山先生的原著有两点值得注意。第一，渗透原文的幽默风趣；第二，见之于字里行间的气势、气魄。我们仍要借助例子加以说明。

7）However，there was the hard fact，Slater's office was shut，and neither shouting，bellringing，nor hard knocks could elicit any response from the granite buildings in Basinghall Street.（Sun，第39页）

甘译：……康德黎君既抵佩星和尔街（Basinghall Street），见有花

刚（岗）石所建华屋，审为"思兰德号"，即按其铃，挝其门，甚且大声以呼，而屋中阒然无应者……（甘译，第68页）

庾译：然而，斯雷特侦探所关门了，这是个麻烦事。无论如何大声呼喊，按铃或者捶门，在贝津洛街的这栋花岗岩石建筑里面都无半点回音。（庾译，第60页）

文：虽然，事实残酷如是，而斯拉特依然如故，人走户闭。无论高声呐喊、大按门铃，抑或重拳锤击，断不能引出巴星霍尔街此一花岗岩般建筑之中活人反应。

白：然而，严酷的事实就是这样的：斯拉特侦探所关得严严实实，不管是高声喊叫，大按门铃，还是使劲锤击，都不能从巴星霍尔街这一花岗岩一般的建筑之中唤出活人的回应。

这是第六章描写康德黎先生赴马格尼爵士所住的地方时发生的情形。那个花岗岩一般的建筑，不管怎么叫门，总是悄无声息。原著是用非常幽默的手法来叙述的，而正如上文所指出的，甘译的"花刚（岗）石建筑"是不对路子的，庾译仿效而行，自然也是一样。而且，在这一译文当中，"麻烦事"理解有误，因为叙事讲的是"事实残酷"——指每月划分为数周这一"事实"——而不是什么"麻烦事"。而且，仅仅是"里面"没有"回音"是不够的，因为原著的叙事是半带调侃性的：既然是"花岗岩一般的"建筑，当然是无法打开，也不可能叫开的了。对于这一层意蕴，译者由于没有深入理解，而使两个译文皆不能达到应有的效果。由此可见，译事之难，当不在字面意思的转达或移植，而是在于原著的"这一个"的呈现，也就是原著之历史性的特性的显露。我们这里所谓的风格趋向，也就是这样的意思。

8）Here the tale had to be unfolded again, and all the doubts as to the doctor's soberness and sanity set at rest before anything further could be attempted.（Sun，第39页）

甘译：未译（甘译，第68页）

庚译：在那里，博士须将案情再陈述一遍，然而在对他的精神和神智等怀疑彻底消除之前，一切都不可能继续进行。（庚译，第60—61页）

文：甫至警局，即需将故事重述一过，而此一医师是否饮酒致醉，又是否脑筋清醒，不免令人疑窦丛生，故仍需核查，方可尝试任何行动。

白：在这里，故事又一次讲述一遍。而有关这位医生是不是饮酒至醉、是不是头脑清楚的种种疑问是先要澄清的。然后，才能尝试去做进一步的努力。

甘译未能译出，不予置评。而庚译错误连连：文中的"Doctor"应为"医生"而不是"博士"；"案情"也不是恰当选择，因为起初并没有多少人相信这样的"绑架故事"；"消除"的宾语不可能是"精神"，更不可能是"神智"。此外，"一切都不可能继续进行"显然逻辑不通，不值得再论。

如此，两个译文都没有注意原著当中那种风趣的表达：尽管是非常严重的情况，却没有人相信，而康德黎先生心急如焚，当然会出现讲话方式、节奏等方面的问题，因而更加重了听者的疑虑，于是，先需要弄清楚他是不是喝醉了，抑或根本就是一个脑袋不清楚的疯汉子，然后才可说能不能采取什么行动。这些含义都是要通过相应的表达方式表征出来的。

9）A. . . . no clue could be found as to where this astute orientalised diplomatist was to be unearthed.（Sun，第34页）

甘译：……更不能别获丝毫之消息，以踪迹彼同化东亚之外交家。（甘译，第65页）

庚译：……无丝毫线索可以找到这个狡猾的东方化了的施展圆滑外

交手腕的人的踪迹。（庾译，第52页）

文：……至于聪慧如彼之东方化之外交家，究竟该如何将之挖掘出土，则无一丝线索可寻。

白：……并没有发现任何线索，可以说明究竟能在哪里将如此精明的东方化了的外交家拉进人间。

B. At last, however, it was unearthed... （第41页）

甘译：既而见一纸（甘译，第69页）

庾译：终于找出来了（庾译，第62页）

文：虽然，卡片终得发掘而出尔。

白：不过，最终卡片还是得见天日。

以上是两个例子，但因用了同一个词，所以并置讨论。很明显，叙事者用"unearthed"这个词，当不是一般意义上的"发现"或"找到"，因而需要重新设置"新词"以显现叙事的那种幽默风趣的风格。两个译文都没有充分注意这一点，因而这样的风格特征荡然无存。

实际上，正因为原著这种特有的英国绅士般的幽默，我们不得不在有时候加以仿效，以便突出这样的特色。甘译有一例，或可说明：

10）After a time the darkly-lit square was found, and the number proving correct, the abode was entered. （Sun，第41页）

甘译：……复按户检查，始得警署所示之某号。予友叩门而入，所谓某侦探者固自不误。（甘译，第69页）

庾译：寻找一阵后，找到了一个灯光暗淡的街区，找到门牌号后，走进楼里。（庾译，第62页）

文：搜索半日，昏暗不明之广场终见天日，房号判断无误，入得室内。

白：不一时，昏暗不明的广场终被识别出来，号码印证无误，进得屋内。

这里的原文叙事看似并不幽默，但因整个书写本身的这种指向，即使以这样的手法翻译出来，也应该是没有问题的。因此，甘译是极有趣味的。

《伦敦绑架案》一书是一位伟大政治家的著作，而这位政治家又是具有强大演说能力的人物，这样的特色也表现在行文当中。我们这里以两个例子加以说明。

11）My recent detention in the Chinese Legation，49 Portland Place，London，has excited so much interest，has brought me so many friends and has raised so many legal，technical and international points of law，that I feel I should be failing in my duty did I not place on public record，all the circumstances connected with the historical event.（Sun，Preface 第 3 页）

甘译：近者，予被逮于伦敦中国公使馆，颇为当世所注意。予且因是结纳多数良友，泰西学子借为法律问题之讨论者尤众。予若不以案中实情布告当世，则予之职为未尽。（甘译，第 49 页）

庾译：我最近被拘留在伦敦波特兰区 49 号的中国公使馆，这引起了广泛的注意，也给我带来了许多朋友，同时提出了许多法律上的、学术的以及国际性的法律观点，如果我不把与事件相关的所有情况公布于众，那我真是太不尽责了。（庾译，第 3 页）

文：余近日被拘于中国公使馆所在之伦敦博德兰地 49 号，引起如此热情关注，引来如此众多友朋，亦且引发如此之多法律上之审判、技术乃至国际关系等问题，故而如不能将与此一历史事件有关之种种情形记录在案、公布于众，实则未尽一己之责。

白：我最近遭中国驻伦敦公使馆绑架，被拘押在博德兰地 49 号公使馆内。① 此事引起世人颇多关注，也使我结交了许多朋友，更在法律上引发诸如程序、技术以及国与国关系等很多问题。因此，如果我不将与这一历史事件相关的情况一一记录下来并公之于众，便会觉得没有尽到一己责任。

这两句话已经引用了两次，但这里讲的是风格问题，因而有必要再次引用。这是原著的简短"序言"的第一段。意思已很明白，毋庸多论。这里要说的是，中山先生使用的排比句式所具有的力量：这一个短短的句子当中，一连串使用了三个动词，一气呵成，显现出不凡的魅力。这或许就是政治家鼓动人心起而有作的一种文本表现。因此，我们有必要在译文当中加以表征。

12）At 2 a. m. the Doctor got to bed, and having informed the Government, told the police, given the tale to the newspapers, posted private detectives for the night, his day's work was finished and practically my life was saved, although I did not know it. （Sun，第 43 页）

甘译：予友康德黎君归寝，已在二点钟时矣。此一日间所为之事，如禀诸政府，诉诸警署，告诸报馆，而终则密遣侦探伺察于使馆之外，予友一日之心力竭，而予命亦赖是以获全。（甘译，第 70 页）

庾译：直到凌晨两点，康德黎博士才睡觉。这一天，他所做的事情是：禀报政府，向警察机关报案，提供消息给报纸，雇私人侦探晚上守候在公使馆门外。这天的工作完成了，实际上我的生命也就得救了，虽然当时我并不知道。（庾译，第 63 页）

文：2 时已至，医师方告就寝，而此一日也，先将事件禀报政府，

---

① 中国公使馆所在地就是博德兰地 49 号，将 My recent detention in the Chinese Legation, 49 Portland Place, London 分开译为两个分句，或可比较清楚说明事件的自然过程，也与汉语表达习惯保持一致。

复至警局报案，再趋报馆通报消息，最终布置私人侦探夜间守候。诸多事端甫毕其功，余之性命实已得保。然则，余依旧无所知之焉。

白：凌晨 2 点，医生才安睡床上。而这一天，他先向政府做了禀报，再向警察局报警，复又把消息透露给报界，最后还设了私家侦探守夜。他一天的工作完成，我的生命实际上也就有救了，尽管我这时并不知情。

甘译除了未译最后半句之外，其余部分则可圈可点。原著当中的一连串动词的运用，到了甘译中就成了"禀诸……诉诸……告诸"，最后是变调的"终则密遣侦探伺察于"。康德黎先生一天的劳动奔走，为营救中山先生赢得了宝贵的时间，因而所有这些做过之后，中山先生的性命实已得救了。但是，这样的劳动毕竟十分艰辛而又复杂，而且多有重复在其中：需要一遍遍地向人陈述、解释、告白，才能得到信任，进而才可求得帮助。毕竟，光天化日之下将一个自由的人绑架的案例，尤其在伦敦的大街上是一奇闻，而使这样离奇的事件让人相信已是极为困难的了，更何况还要说服别人，特别是说服英国政府想方设法帮助营救，这就更是难上加难。此外，即使英国政府答应营救，也需要一定的时间商议、决定、布置安排、采取行动等，而与此同时中国公使馆有可能随时把人劫走！如此一来，对待友人满怀赤诚的康德黎先生便不能不忧心忡忡。而所有这一切自然只能在不断重复的句子之中得到表达了。

因此，"禀诸……诉诸……告诸"这样的译文的确精彩，相比之下，庚译苍白无力，简直是日常讲话的做派，丝毫见不到译文应有的美感。

原著的叙事通过"重复性"的"排列"，显现出叙事者的情感：康德黎先生的奔走和劳动体现出世间难得的友谊，中山先生透过这样的句子书写表露出自己的感受。而这一点，也是需要通过对原文句式的仿效才可表征。

上文提出，翻译所追求的历史性是一个终极性目标。因而，诸多相关文献都是需要认真参照的，而就言语表达而论，情况也是这样。因此，我们需要认真研读中山先生写下的诸多著作，尽管这些著作并不一定属于叙事作品。其代表作《建国方略》的其中一章"有志竟成"起首的两句话，或能体现我们这里所说的那种显现政治家的气魄的风格：

> 夫事有顺乎天理，应乎人情，适乎世界之潮流，合乎人群之需要。而为先知先觉者所决志行之，则断无不成者也，此古今之革命维新、兴邦建国等事业是也。①

"顺乎……应乎……适乎……合乎"，这一连串近义词的运用，使得整个句子铿锵有声，极为有力。由此可见，中山先生对排比句式的运用是得心应手的。而这样的句式的确也可以充分表达出一往无前的力量。那种催人进取的鼓动的力量，简直已经从字里行间跳跃而出，让人不能不被其感染和感动。

与之相比，上引的文言译文，或能在某种程度上显现出特定的力度，但是白话译文则因为既不能找到合意的对应词，也不能实现平行性的铺排，而减弱了表达力。因此，如何使这部著作在当代汉语之中表达出中山先生的精神意气，的确还是一个问题。

---

① 引自氏著，《建国方略之一孙文学说——知难行易（心理建设）》第八章"有志竟成"，详见《孙中山全集》第六卷，第228页。

# 5. 结　语

　　无论如何，我们都应反复强调，既然是历史文献的翻译，就离不开对文献的历史性的认同和回复。如若不然，则翻译本身就会丢掉最为重要的东西，进而损及原著意绪的表征，甚至将原著之所向也丢弃在黑暗之中。实际上，如果说任何一个文本都具有历史性，而我们所翻译的任何一个文本都可能具有一定的历史意义，那么，翻译本身则一定是属于历史并且最终归入历史之中的。这也就意味着，翻译的历史指向要求我们尽可能营造上文所说的那种空间，如此，才可能达到基本的要求。而不能进入这样的空间的，必将在未来被淘汰。而且，有必要再一次强调，文本的语言构造是与这样的"历史的合理性"相符合的，离开了这一要求，译文就很可能达不到应有的效果。此外，还应指出的是，我们的翻译始终是在"围绕着语言做文章"。因而，使现代汉语在具有历史的合理性情况之下实现一种适宜的情况，具有特定的可行性的解释，或是汉语走向的一个风向标。历史文献的翻译，作为对看似过往的文本的意义传达，若使之具有现实意义，那么，在语言方面锻造出未来的趋向的可能性就不能不是我们所要考虑的。但是，回过头来看，对历史文献的翻译的基本要求仍是追求"历史的合理性"，因为未来可能已经包孕于这一取向之中了。

　　总的来说，我们的译作是要在译文所要营造的那种"历史的合理性"的基础之上，以原著为中心，追求对原文意义的历史性的忠实，而这样的追求又是以汉语的两种形式呈现的：一种是尽可能趋向于中山先生时代的典雅、流畅和风趣的风格，而另一种则是以当下的日常汉语语言的可解性为指向。

　　因此，有必要在技术上对本书的两种译文做出相应的说明：

　　第一，语体译文坚持直译，即以口语化的方式忠实表征原文意义。而文言译文则在此基础之上追求典雅性和流畅性。

　　第二，在语体译文中，举凡历史事件、人物、典故、行文当中的难点等，均添加脚注，以做解释，以求明晰，但行文当中则原文照译，不论原文有无矛盾或错误。而在文言译文当中，则添加行内注，给出重要的地方、人物的英文名称，以示原著本是一种历史文献，而我们之所做不过是将之转植于汉语的另一种表达罢了。如此，或可稍稍显示出某种过往的情调与异域的风致的结合。

第三，在时间标记上，语体译文直接用现行的形式，如"1892 年"、"星期日"之类；而文言译文则仿照甘译的译法，将同一种时间标记写为"一千八百九十二年"、"礼拜日"，以示那是一个有特定时间印迹的叙事。作为这样一个"故事"，中山先生的叙事本身是有其历史性的。

这些技术上的设置，究竟能不能与上文所说的对原则性的追求相互配合，最重要的是，两个译文能不能显现出"历史合理性"的要求，自当留待读者明断了。

# 附录一　伦敦绑架案

亦即，余为中国驻伦敦公使馆拘捕、扣押及释放之始末

孙逸仙　著

蔡新乐　译

魏春吉　校

# 序

　　余近日被拘于中国公使馆（the Chinese Legation）所在之伦敦博德兰地（Portland Place）49号，引起如此热情关注，引来如此众多友朋，亦且引发如此之多法律上之审判、技术乃至国际关系等问题，故而如不能将与此一历史事件有关之种种情形记录在案、公布于众，实则未尽一己之责。

　　至于余之英文撰述，缺陷实多，但望耽读之士谅之；且亦需坦承，若非某好友援手，誉正余之所思所想，则断不敢以英文著述面世也。

孙逸仙

伦敦，一千八百九十七年

# 第一章　乱局

西历一千八百九十二年，余乔迁珠江口附近小岛澳门行医。当是时也，则梦之难及，四年之后竟然成为中国驻伦敦公使馆阶下之囚；亦断难想望，不自觉间造成政治事件，轰动一时，喧嚣至极之时英国政府积极干预，余方得自由。虽然，方是年也，身在澳门，余初识政治生活，个人生涯之一部分亦得发端：日后余之名字为英人喧腾于口，此之由也。

一千八百八十六年，余学医于广州英美传教会（the Anglo-American Mission），主事者为可敬者克尔医生（Dr. Kerr）。一千八百八十七年，得知香港开办西医书院（College of Medicine），即决意前往求学，以资深造。

阅五年（1887—1892 年），余荣获毕业文凭，自此以后便可自称为"香港内外科执照医士"矣。

澳门归属葡萄牙已有 360 年。虽其政府业已欧化，但该地居民多为华人，而自称葡人之人口实则由通婚数代之欧亚人构成。

在此新近择定之居处，当地医院华人主事者倾心给以援手，一力提供机会，使余得以西医内外科医生身份行医。渠等分一病室交余管理，自伦敦购得药物器械供余使用，并赐以优惠使余得以跻身同道之间且与之具有平等地位。

此一事件，可谓中国一新颖且意义重大之开端，确应特别关注。在此以前，中国医院之董事会，举凡此一帝国之大江南北，从未对西医加以直接正式之鼓励。而众多病人，尤其外科病症患者，访余求诊；因而，余得有机会在诸位董事面前实施大手术数例。而在另一方面，自行医伊始，余便难以与葡萄牙主事者相交接。并非东方人之无知形成障碍，实乃西方人之嫉妒，有以干预，使余之进步挫而难行。葡萄牙法律规定，凡未获葡萄牙义凭者，不得在葡萄牙境行医，而此类义凭唯能在欧洲获取。葡籍医生以此为庇护，对余之行医权大行讨伐之能事。渠等一开始便不许余在葡人中行医，亦不允为葡人处方。药店司药者亦禁止为出自异籍医生手笔之处方配药。如此一来，余求进而不能，已为其所阻梗。本拟立足澳门，移居之时并未想见诸多阻力，屡次努力终告失败且蒙受相当经济损失之后，余不得不移入广州。

虽然，余在澳门最早闻知一政治运动之存在。其形成也，大可描述为"中国少年"党（"Young China" party）。此党之目的如此明智，如此节制，如此有望，余不久即对之产生同情之心，且有以坚信，加入其中方可尽最大力量确保吾国利益。其观念为，造成和平革新，且吾等希望，向朝廷提出有节制之改良方案，创发与现代要求相一致之政体。此一运动，其主要本质在于，建立某种形式之立宪政体，以取代中国因之而日渐病疲之陈旧、腐败且业已丧失活力之系统。

至于目前在中国大行其是之统治形态，则无须详述，但可数语加以概括。无论朝廷、国家或地方事务，对其管理，民众无可与一词。朝廷命官或地方官吏，手握生杀予夺之权，民众有怨莫辩。当道一语胜似王法。而渠等大耍阴谋、肆意胡为，毫无责任之心。官吏个个随意肥己，而不见惩处。敲诈勒索，已成惯习。保得官位，亦唯此是赖。唯当放血者笨拙之时，政府方假仁假义有所干预以求有所改观，但最终无可救药。

英文读者或难求知，外省官吏俸禄如何微薄。渠等甚难相信，譬如，两广总督（the Viceroy of Canton）虽统辖之地之人口多于大不列颠，但每年可得之法定俸禄总额不过区区 60 英镑。于是，为求生计，为保官位，同时亦为积累惊人财富，渠等最终便不得不借力于贪赃枉法。所谓教育乃至科举考试之结果，无非为求官之门径。士子一旦及第，即跃跃欲试求索任职。而纳贿于北京当局，方有望求得官位。一俟晋升，以其俸禄既难生存，且每年为求保位又需大量付出，最终唯有肆意敲诈。既有政府支持，若某人身在某位数年而不能求得足够财富，买不得更高职位，则此君必为蠢材。升迁之后，自肥之途更多，而机会再有，如此最为聪明之"敲诈者"最终必能获取足够钱财买得最高官位。

如此民贼，如此生存之道，如此扭曲之心灵，竟有一日成为威权人物，置社会、政治以及司法审判等事务于其股掌之中。此一封建体制、国中之国、独裁统治，实赖其自身腐朽而滋荣。唯此一制度以民脂民膏而自肥——出卖官位，清皇朝之所以继续存在，是为其主要手段也。朝廷既将合法腐败标示为政府之最高理想，又何怪乎，民众心中怨怼之暗流汹涌澎湃？

中国民众，虽因官方禁锢而对周围世界发生之事惘然不知，但绝非愚昧之人。有关问题，凡欧洲知之者，即谓国人有相当潜在智力；其中不少则称，国人才智甚或在别国民众之上，无论欧亚。而在中国，政论之书不得阅读，日报禁止刊行。周围世界及其人民与政治局面，早已封闭，无以与闻。官职低于七品，则不允阅览中国地理，更遑论他国。现行皇朝之典律，并非为公众阅读而设，唯有最高级官员知之一二。军事主题之著述，一如其他被禁读物，不特禁止，且违者以死论处。既有死刑之惩罚，无人得允创造新生事物，亦无人敢将新发现公布于众。民众被禁锢于昏昧之中。政府即有信息透露，不过只言片语，且亦为其自身目的计矣。

中国之所谓"士子"只允研读四书五经及其注疏。而此类典籍为古代哲人所作，比如孔夫子等等。且即令此类著作，凡触及批评官长之处，亦必尽数删除；可予发行供公众阅读者，唯有教人俯首听命于当道之文字也。而此亦为教育之所本矣。中国即依此实施统治——毋宁称之为恶政，对于现存之法规礼仪，强制以行，务求盲目服从。

穷尽心力使民众昏昧不明，此乃中国统治者不懈之追求。于是，日本人前次侵犯我境，除战事实际发生之地居民外，别处对此竟然一无所知。不特距离海滨稍远之内地人不知有此一战，甚且众多民众对所谓日本人闻所未闻。即令有人传言道路，若论及此战，即称之为"夷族谋反"。

中国梦魇如此沉重，若非自朝廷而起，革新绝无机会。而"少年中国"党之所设，即为进谏朝廷，以期对邪恶现状有所改进焉。因其近年与外国使团多有接触，吾等众人满怀希望，以为北京当局已对宪政政体有所了解，进而或愿援手民众摆脱可悲可叹之愚昧，故而大胆行动，趋而近之，屈而求之，不计卑微，以期于中国谋求福利之方向。叹只叹，如此请愿终得严厉惩处。在日人威胁北京之时，吾等不失时机进言。皇帝彼时以为，若对革新人士苛刻处置，或使人心涣散，待和平失而复得，方予回顾。而渠一下诏，即对请愿众人大加贬斥，并勒令即刻终止所有革新之议。

温和手段既已不得其门而入，吾等观念与要求便愈发具体，亦愈发明了某种程度之强逼不无必要。而在军营各处，支持者所在多有。上等社会对海军陆军之作为一向不满，且知腐败至其极者乃为军事挫败之根由。然此情此感并未限于一地，而是广为流布，且根深蒂固，因而有望在决定性行动之中成形并得以表达。

　　"少年中国"党总部实设于上海，而起事之地则定为广州。形势之进展，竟得一二事件相助之推动。首先，诸多兵丁不满现状。北方战事于一千八百九十五年宣告平息之后，广东军队某部四分有三遣散，致使一干人等无事可做，不免胡作非为。而为数较少仍留守军营之同志，比之解甲之丁，其不满亦恰相仿佛。渠等要求，或尽数解甲，不然即全部留守。惜有关当局对此等抗辩充耳不闻。革新党人遂因势而利导，诸多兵丁于是转而支持吾等事业。如此，队伍人数既得壮大，军事力量亦有所增强。

　　另一偶发巧合之事，对形势发展亦有所推进。不知出于何种缘由，一队警员脱下制服，在广州城内某处劫掠民众财物。一二小时之后，民众挺身而出，进而将警局所在地占领，同时亦将闹事罪魁拘押于其同业行会大厅。警长派遣武力营救出肇事者，更有甚者竟将行会洗劫一空。居民即刻召集会议，并以1 000人为代表奔赴都督官邸请愿，要求惩办不法警员。虽然，当局指斥代表，称渠等所为类如暴乱，更何况，一干人等亦无权威胁长官。当局趁机将领袖代表逮捕下狱，同时驱散人群。诸多不满者遂成异议人士。而"少年中国"党有以近之，诸人士欣然加入革新党。

　　而第三第四起事件，再使队伍有所扩大。总督李瀚章（人人皆知其为李鸿章之兄）为所有官位定一价目，在其所辖两省广东、广西征收钱款。此一发明，实为对民众再加盘剥。因诸多官吏既需交付额外款项，唯有逼使民众付偿加以弥补。而第四桩事件，亦即最具中国特色之敲诈手段，乃在总督生日之时得以呈现。二省官吏同心携手，欲向其主人晋献厚礼，于是收敛钱财竟达百万两（约为20 000英镑）之巨。如此随意敛财，唯有言辞威胁、虚假承诺、肆意敲诈商人之中较富者，才可成就。此为当然之事也。李瀚章一属下，名为车发农（Che Fa Nung）者，以每张3 000两（约合500英镑）之价出售毕业文凭，凡出此款项者皆可相授。此举使众"文士"怒而更怒。富商及文士既已如此心怀不满，渠等最终毅然决然与"少年中国"命运与共也。

如此一来，革新运动力量增大，内部一致，影响远近，终至将形势推向高潮。其计划为，夺取广州，废黜当局官员，但应以奇袭击之，尽可能确保平静行事，无论如何不得流血。为保证奇袭成功，众人认为，有必要保持一支队伍，呈压倒之势。因此，即行雇佣两班人马。一队在汕头，另一队则招自西河岸。之所以选中此二地，端因汕头人，譬如，对广东话一无所知。虽在广州以北，与之相距仅 180 英里，但汕头话与广州话之别，有如英语之不同于意大利语。异乡人或可确保其对起事之忠诚，因渠等无以与广州人交流，亦自不至为其所牵绊。更何况，渠等或哗或溃，亦不得安全，易被发现；即在暴动之后，一旦彼等被认出，亦即或被视为嫌疑。将异乡人引入，可谓明智之举。

依计划安排，一千八百九十五年十月某日有关人员应越野挺进，一支队伍自西南启程，另一支则自东北出发，直奔广州。一切进展顺利，而队伍业已进发。革新者委员会不断召集会议，而枪支、弹药及炸药囤积于总部。另自香港招募四百兵勇，以增强越野进击队伍之力量。集结之日来临，自南而来之队伍驻扎城外，四小时行军即可抵达。又派百人警卫队全副武装守护于委员会所在之行会四周。派遣大约三十名通讯员入城中，通知异议人士准备翌日起事。反叛者正端坐厅堂之上，一封电报不期而至。其大意谓：进击之兵丁中途受阻，无以前进。革新运动诸人顿时手足无措。若欲召回通讯员，已无可能；而追问他人，又无以得知城中会党居住何处。更多消息传来，致使行动已不可能继续。于是，"逃命矣"呼声四起。一场大溃退便接踵而至。文件当场销毁，武器匿藏暗处。而电报发至香港，特令原定兵丁不得再行派出。虽然，待电报送至代理人手中，其手下诸多人等已登一汽艇，且船中载有左轮手枪多桶。如此，渠并未遣散众人，反而命其继续前进。而众人抵达广州港湾，唯有束手就擒。广州诸位领导四散逃避。而余本人则历经百死一生之险境，终得登一汽轮驶向澳门。唯在彼处停留二十四小时之后，余奔向香港，造访数位友人，进而寻机与詹姆斯·康德黎（James Kantlie）先生晤面。此君，余旧日交纳之良师益友也。得知余因开罪于广州当局而身陷危难，且有被捕并押回广州候斩之虞，康君劝余曰，应向律师咨询。余诺然应之，依计而行焉。

第二章　被捕

　　邓尼斯先生（Mr. Dennis）为余指示前程，嘱余尽快离去，因之未再与康德黎先生告别，便匆匆他往。

　　二日后，余搭乘日本汽船抵达神户（Kobe），不数日又至横滨（Yokohama）。在横滨，余卸下汉服，仿照日人样式改易西装，并剪发蓄须，唯使头发自然生长。又过数日，余买舟自横滨驶往夏威夷岛（the Hawaiian Islands），寓于火奴鲁鲁（Honolulu）镇。彼处，亲朋良多，亦不乏为余祝福者也。凡余所到之处，不论日本、美国，抑或横滨，同胞之中有识之士人人怀抱革新之精神，深望祖国有以进之，建立代议制之政体。

　　在火奴鲁鲁大街之上，余与康德黎夫妇及其家人不期而遇。渠等欲返英国，借道彼处矣。因余改易西装，渠等未及认出，而其日籍保姆竟以日语致意，以余为其同胞也。此类事在日时已屡见不鲜。因不论身在何处，日人与余初见，即以同胞视之，待启口时方知大谬不然。

　　余于一千八百九十六年始去火奴鲁鲁，前往旧金山（San Francisco）。在彼处逗留二月，方始东行。在旧金山，余与众多同胞一见如故，故渠等待余甚厚。余在美滞留三月，乘坐麦杰斯迪克号（S.

S. Majestic）抵达利物浦（Liverpool）。方在纽约（New York）之时，有友人良言相告，嘱余严加提防中国派驻美国之公使，因渠为满人，对汉人少有同情，尤恶革新派。

一千八百九十六年十月一日，余抵伦敦，暂寓于斯特朗（Strand）之哈克瑟尔旅馆（Haxell's Hotel）。翌日，余往访康德黎先生。其居所在西博德兰地（Portland Place, W.）德文谢尔大街（Devonshire Street）46 号。吾友夫妇二人接待甚为殷勤，且为余在霍尔伯恩（Holborn）格雷旅馆地（Grays' Inn Place）8 号觅得格雷旅馆，可租屋居住。余自是渐得安顿伦敦，或得便自乐，或欣赏美景，因得见此一世界中心之中众多博物馆及历史遗迹，真可谓大饱眼福。印象最深者，莫过于大道之上千万车马，其交通之繁之盛令人叹为观止。但只见，满街公共汽车、小轿车、四轮马车、运货车以及诸多层次稍低之运输工具，有如流水，奔驰于道，无休无止，而又无始无终；而警察控制有方，指挥得当，秩序井然，过往民众一派和易。徒步之行人当然亦熙熙攘攘，但与中国街道惯常所见之拥挤，自不可相提并论。首先，吾华之街道逼窄已甚，实为小巷；其次，货物运输皆由人力：竹竿一支，横于两肩，百物尽可抛掷其上。即以香港街道之宽敞，往来步行之人，成群结队，亦如蜂窝矣。

余正欲以斯特朗为中心逐渐熟悉霍尔伯恩，或以皮卡德利广场（Piccadilly Circus）为据点进至牛津广场（Oxford Circus），实不想骤然之间被夺去自由。此事之经过，其枝枝节节尽数已载于是国报端矣。

余造访康德黎先生甚频，实则无日不与。每至则必入其书房，借以消遣。一日午餐时，康德黎先生提及中国公使馆即在附近街区，并戏言余或可趋而访之。康夫人即正色道："万不可如此。劝君切莫走近。彼处人等必出而捕之，押回中国矣。"吾等闻听此言，相与大笑，不期女性之直觉如此切实，而吾等不久即行将有所经历焉。某晚食于孟森医生

(Dr. Manson)。此君亦为香港旧识，为余讲授医学。渠亦在笑谈之间奉劝，余应避开中国公使馆。虽有友人如此良言相告，但惜乎余实不知公使馆设于何处，故彼等警告流于无用矣。余所知者，欲抵德文谢尔大街，需乘公共汽车行至牛津广场下车，由此北行至一宽阔大街，可在街角屋舍之上得见德文谢尔大街一名标示。余对彼处之了解，已穷尽于此矣。

十月十一日礼拜日上午，大约十点半，余步行走向德文谢尔街，期与医生及其家人一道及时赶至教堂礼拜。不期然一华人自余后潜步而至，操英语询问余为日人抑或华人。余答曰："华人。"渠进而追问出自何省，余答以广东。渠复应曰："吾与君同乡，讲同一种语言。吾亦为广东人也。"此处有必要指出，英语或"洋泾浜"英语，已成商务英语；夫华人产地不论，通用此一种语言。汕头与广州，相距区区 180 英里（较伦敦与利物浦为近），而二地商人彼此之间语言或完全不通。中国全国书面语言唯有一种，而书面语言与口头语言截然不同，且口头语言异而繁多。因此，若汕头商人欲在香港与广州商人交易，则多操英语，但书写则用同一种语言。若欲对此一问题有所论列，则或可说，日本书面语言所用文字与中国人之所用为同一种也。故而华人与日人相遇，虽并无共同口语词汇，但相互之间仍可画地为书，或操笔以谈，且亦可以一手之手指假想象性图画于另一手之上，以资彼此理解。此亦屡见不鲜矣。

如此，路途偶遇之华人，假意友善，始则以英语问候，直至问出余所用之方言。吾二人便以广州话相互交谈。渠娓娓道来，吾二人顺道缓慢而行；而另一华人忽而现身。二人一左一右，与余成三人之行。此二人也，坚邀余至其"住处"，品香烟，问乡情。余婉言谢之，继而三人驻足人行道上。又一华人此时出现，最先与余相遇者旋即转身离去。而与余相共之二人仍一味坚请，邀余与之相伴。于是，二人欲拉复推，以假意友好之态，将余引至人行道边沿。而此时也，近旁一房舍大门忽然敞开。此二人一左一右，半带玩笑，半为周旋，邀余进入其中，终而似为表示友好之意将余推入门内。余之所以犹豫不决者，实为急于赶往康德黎先生住处，以便及时前趋教堂，故而心中烦闷，若是延宕，必然迟到。虽然，余依然进得门内无所疑惑，且在大门不知为何骤然而闭并下键上锁之时，也未见些许惊奇。但亦即在此时，余脑海之中猛然闪现此念：此一房舍定为中国公使馆也。如此，方可说明，此间身着清朝官吏服装之华人为何如此之多，而此舍又何以如此阔大。余同时亦复联想到，大使居所既在德文谢尔街街区，余此时定然与之相距不甚远也。

余被带入底楼一室。一二人与余有所交接，且渠等彼此之间亦有交谈。余随即被引入三楼：有二人一左一右引路，且半带强逼促余上楼。既至三楼，二人将余引入一室，并命坐候。此室似并不能令捕余者满意。于是，余旋即又被挟入四楼一室。而此室铁栅加窗，面向公使馆屋后。此时，一白发白须年迈绅士，以施施然傲慢之态进入室内，进而声言：

"就足下而论，此处即为中国。足下此时已在中国矣。"

渠言毕就座，开口盘问。

问及余之姓名，余答以"孙"。

"足下之姓名，"渠应曰，"当为孙文。吾等已接中国驻美使臣电报。电文告知吾等，足下乘麦杰斯迪克号到本国游历。使臣命余逮捕足下。"

"不知何意?"余追问道。

对此，渠应曰：

"足下曾向北京总理衙门提呈革新请愿，并请转呈皇上。请愿或可视为颇有可取之处。但目下总理衙门急于寻得足下，亦只可滞留足下于此，以待皇帝旨意下达，吾等方可加以论处。"

"余可否告知友朋，余在此处?"余问。

"否，"渠答，"但足下可致书下榻之处，以便派人取出行囊。"

余表示欲作书孟森医生。渠命人供以笔墨纸张。余疾书孟森医生，告之余被拘押于中国公使馆中，并请其转告康德黎先生，将行李送至此处。此一年迈绅士——随后方知，此人即为哈立德·马格尼爵士（Sir Halliday Macartney）——反对余所用"拘押"一字，故命另书一函。余诺然以行，挥笔写道："余时下在中国公使馆。请告康德黎先生将行李送至此处。"

此时，渠方言道，实不愿余作书友人，反命余致书旅馆。余告以并未在旅馆居住，且唯有康德黎先生知晓余居于何处。显而易见，对余详加讯问者，耍弄狡诈游戏，意在夺余财物，尤其是囊中文件，以期搜寻来往信函，确定余之中国同党或与余通信者。余将致孟森医生之书递交与渠。渠浏览一过，随手递回，口中说道："如此可也。"余将之置入信封，交与哈立德·马格尼爵士，满心希望，此书定可发出矣。

# 第三章　遭囚

哈立德爵士既出，闭户落锁，余便成阶下之囚矣。不一时，听得门边踏踏刀斧之声，方知木工匠人于一锁之外复加一锁以为巩固。而门旁至少有两位看守监护。其中一位为欧人。有时则复加一人。余初入此室二十四小时，门外看守不断入内，操方言与余相语。彼等所言，余尚可解之。至于余之为何被囚，渠等并未提供任何信息，余亦不加追问，唯知阊余于此室者为哈立德·马格尼爵士，或如彼等所谓，马大人。"马"指"马格尼"之姓氏，"大人"则为"阁下"之对称。此一称谓，与中国公使以之蒙蔽世人之"龚大人"属同一范畴。龚乃其家族之名或曰姓氏，大人为尊称，亦即"阁下"。渠公共场合从未用其真名，借以诱使外人无意之间称其为"大人"。余不免揣测，渠是否亦仅以此一名号与不列颠政府交接；设若仅以此行事，即应为心怀不良肆意损辱他人。中国人之官场及外交礼节十分微妙，音节稍有变异，已足以将与外人任何交流之用意由恭敬变为简慢。大凡与外人交接，国人便乐此不疲，刻意为之。设若不具备充分之中国文学文化知识，便断难理解，向外人发出之信息，何以最终使华人窃喜：既得一身居高位洋人辱之，而渠竟然不知就里。且成就此事者因此可向四周人等炫耀，彼如何高人一等，而

"洋鬼子"又何以一败涂地。

余被囚数小时后，一看守进入室内，口称哈立德·马格尼爵士命其搜检吾身。彼搜索一番，掠去钥匙数把，铅笔小刀各一。彼未能发现，余有一衣袋，中藏钞票数纸，而所掠去者微不足道之文件而已。看守询问如何饮食，以余之请特送牛奶，余受而饮之。

日间，二英籍庶务送煤块以燃火炉，并做洒扫。余先请先来者为余寓书。得其应允之后，乃奋笔疾书，作一便笺，致西德文谢尔街 46 号之康德黎先生。后至之庶务来，余亦托之如前。此二人虽自称已将短笺送递，但可想象，唯到日后，余方知送出之函身归何处。是日（礼拜日）晚，一英籍妇人入，为余铺设卧具，余未与之交一语。是夜，余和衣而卧，彻夜未眠。

翌日——十月十二日礼拜一——二英籍庶务复来，送煤块、饮水及食物。其中一位自称已将余所托之函送交；而另一位名科尔（Cole）者则坦言，未及办理，因外出无由也。虽然，余不能不怀疑，二笺已无缘抵达其目的地矣。

十三日礼拜二，余再询问年少之庶务——此人并非科尔——是否已将吾书送达并面晤康德黎先生。彼答已送递该处。唯因余仍不免怀疑，彼遂指天为誓，声称已面见康德黎先生，且后者接信之后有云："是耶。"因已无片纸可以书写，余不得不奋笔疾书于手帕一角，并请其再送至友人手中；与此同时，复将半金镑硬币一枚交付于彼，相期无误。至于此人诚信如何，余仍半信半疑也。而日后方知，余之怀疑颇有根由：彼出得房门，即奔之主人面前，将详情吐露无遗也。

余被囚第四日，有所谓邓先生（Mr. Tang）者来见。余睹其面，即知其为将余绑架至此之人也。渠甫一就座，便与余纵谈不休。

此君声称："前次与君会面，并引至此处，实乃责任之所系，不得已而为之也。而此次之来谈，则纯属私谊。君不若坦白，君即孙文。此为上策矣。若矢口否认，断无益处。一切皆已定矣。"渠装腔作势，半带嘲讽，半为恭维，复又言道："君已在中国闻名遐迩。吾皇及总理衙门对君之出身行事了然于心。君既已为一己赢得如此赫赫威名，此时死去，亦不可谓不值矣。"（此类恭维之词为东方之特有之物，西方人或鲜有欣赏者也。然则，如何死去，以何等名目、何种名誉死去，在中国被视为头等大事。）"君既置身此处，"渠进而又云，"生死已定矣。君可知之？"

"何也？"余反诘曰，"此地为英国领土，并非中国疆域。汝等谋何策以处分我？若欲引渡，必将囚禁之事告知不列颠政府。而愚见以为，此国政府当不至弃而不顾。"

"吾等本未拟为君申办引渡，"渠答道，"万事俱备矣。已雇得汽轮。将衔君之口，束君之体，将君带离此地。如此，便不致有任何扰乱。而君登舟之后，亦将加强防范，务保安全。香港港口之外，将有一炮船停泊，以候君之到来。君将被移入舰中，遣返广州受审、问斩。"

余则指出，此类举措甚为危险，因余或有机会在舟中与英人交接。邓氏则声称，此为不可能出现之事也。彼复云："君将为严密监控，一如此处。既如此，任何逃离之可能皆已预先斩断矣。"于是，余方点明，航船船员或并非与看守余之人同心同德，其中容有同情于余进而援手者，亦未可知也。

"轮船公司，"邓氏答曰，"与哈立德·马格尼爵士甚为友善，故而将依命而行。"

回应余之问题时，渠告之曰，载余出行者乃为"格伦"蒸汽轮船公司（the "Glen" Line of Steamers），启程之日已定于下一礼拜矣（而是日则为十月十四日）。因使臣惜费，不愿为余专雇一汽轮；故需先行装载货物，而所需付费者则为吾等船票也。

"下一礼拜某一时间，"渠复云，"货物装载完毕，君亦将与之同行矣。”

因余辩称此一方案甚难付诸实施，渠不屑一顾回应：

“若吾等对此有所忧虑，则可将君处死此处。因此处即为中国，他人无权干预吾等公使馆之行动也。”

为加劝导，并予安慰，邓氏此时援引朝鲜爱国者一案，声称渠由朝鲜出奔日本，被一同胞诱至上海，遂在英国租界惨遭毒手。渠之尸体由华人运回朝鲜，抵达之后再被斩首。而行凶谋杀者获不次之赏，并加官晋爵。邓氏津津乐道，不免情不自禁。渠所乐以玩味者也，则为此一信念：将余诱捕并置之死地，政府当仿照此例予以提升。

余质问渠，为何如此惨无人道。渠应曰：

“此为吾皇之旨意也。皇上命不惜代价得君而捕之，生死不计矣。”

余力辩，称朝鲜爱国者一案，乃为与日交战起因之一；而渠等将余逮捕斩杀，则或可引发进一步之纠纷，造成极大之变乱。

“不列颠政府，”余复称，“或将要求对公使馆中人一一加以惩处，而余广东省之同乡同党或则因君如此待人施加报复于君乃至君之家人。”

闻听此言，渠之语调为之一变，傲慢口吻亦不复再见。而渠仍狡辩，称彼之一切作为，皆奉公使馆之命；而彼此时之所云，唯以个人之私谊警示余已大难临头而已。

## 第四章　为寻生计求看守

是夜十二时，邓氏复至余室，旧话重提。余遂追问，若渠确为吾友，可为做何事以予援手。

"此次再来，即为此事。"渠应曰："吾自当尽力而为，终至将君救出。""与此同时，"彼附言道，"吾将寻一锁匠，复制二钥，一可开启此室，一可开启使馆大门。"

邓氏自称，之所以不得不如是而为者，端因钥匙由使臣心腹随身携带，须臾不可或离也。

问及何时可予放行，渠称若不到次日则无可能，或可在礼拜五下午二时安排妥帖也。

起身离去时，渠复叮嘱，命余有所准备，以便礼拜五出逃。

渠走出之后，余匆草数语于一纸端，欲请一庶务送交康德黎先生。

翌日，即十月十五日礼拜四，余将短笺交与庶务。但邓氏下午见告，此笺已由庶务面呈公使馆主事者矣。

邓氏声言，因余有此类举动，渠营救余之秘计已被全盘破坏，且遭哈立德·马格尼爵士痛骂。后者痛斥渠万不该向余坦言，渠等将如何押解余出境。

于是，余再问渠，是否尚有得救之望。渠就此答曰：

"是也。得救之望不可谓不大。然则，君须依我所说行事，不得有违。"

渠良言相劝，称余应上书使臣，请其宽恕。余诺然以应，索要笔墨纸张。邓氏命科尔送至室内。

然而，余实不便以英文上书使臣，遂再索要中国文具。

对此，邓氏答称：

"噫！书写英文方为上策。使臣乃一挂名首脑，诸事尽由马格尼掌握。君最好致书与渠。"

余复问如何行文，渠答曰：

"君需否认与广州阴谋有任何干系，进而声明诸位官吏之指控大谬不然，故而到公使馆申冤也。"

在邓氏面前，依其口述，遵其心意，余作一长函。

致哈立德·马格尼爵士之书写毕，折叠置入信封交付邓氏（马氏之名，不知如何拼写，经邓氏提示始就）。邓氏得此信函，急匆匆离去。自此之后，余不复睹此阴谋家之面矣。

毋庸置疑，如是而为甚是愚蠢。因所写信函已成明证，仇敌执于手中，凭之足可说明余乃自愿进入公使馆。但对于将死而未死之人，危难之中，若有可得之物凭之出于困厄，即令毒蝎蟒蛇亦在所不计矣；余既已若此，又何以悠然审辨之？

据邓氏告知，余所作短笺已尽数被庶务弃之一边，因而无一抵达外间友人手中。至此，余已失去所有希望，而唯有心知直须面对死亡矣。

此周礼拜一以来，凡可找到片纸，余便奋笔疾书其上，倾诉心曲，进而抛向户外。初本托庶务代为投掷窗外，因余所处之室并未临街。但显而易见信笺悉数被渠等扣押。是故，余只得自行投掷，试图将之抛出窗外。盼只盼，一纸团有幸能飘落于邻舍后室铅皮屋顶之上。

为使短笺飘飞稍远，余裹以铜币。铜币告罄，则复加以二先令硬币。虽有庶务搜身，余想方仍得以保全衣袋中。若有信笺飘落邻舍屋顶，但盼住户有以得之。惜其中一笺，击中一绳，忽悠悠飘落窗外。余请一庶务——并非科尔——捡拾送还，但渠并未如是而为，反而通报看守。渠等将信笺拾起。

渠等四处搜寻，邻舍铅皮屋顶上之信笺引起注意。攀爬其上，渠等亦将此信搜获到手。如此一来，余以此得救之望亦告破灭。信笺数札搜获到手，渠等旋即送交其主人。

此一时也，余之困厄非但未除，实则更进一层。因渠等以螺钉加于窗户，窗栅从此无法拉动。而余与外界之联络，其唯有一方式似亦不复存在。

余既已彻底绝望，唯有向上帝祈祷方可寻得安慰。而沉闷之白昼，无以复加沉闷之黑夜，悠悠然流而逝之。若非虔诚祈祷，稍得安慰，可确信余定已发疯。获释之后，余曾向康德黎先生讲述，为何祈祷彼时乃余唯有之希望；余复向其透露，余将永志不忘，十月十六日，亦即礼拜五早晨，祈祷完毕之后立起时，何等感受升腾心中：沉静已至，满怀希望，信心倍增。如此，则余方能断言，余之祈祷已达上天，故而使余充满希望，终至一顺百顺。故而余决意再做努力，特再向科尔有以进之，求其加以援手。

科尔进得室内，余即问曰："可否请君帮助？"

渠答以一问："汝何人哉？"

"中国一政治避难者，"余如实告之。

渠似未解吾意，余故而反问渠是否知晓阿美尼亚人（the Armenians）之事。渠答略知一二。于是，余依此一线索告之，一如土耳其苏丹（the Sultan of Turkey）欲将阿美尼亚之基督教徒尽数杀尽，中国皇帝亦欲将余置之死地。之所以如此，实因为，余虔信基督教义，且身为某党一员，欲尽心尽力为中国谋划政治革新。

"所有英国人，"余曰，"对阿美尼亚人怀抱同情之心，故而，余毫不怀疑，若渠等知余之境遇，亦必对之产生同一种感情。"

彼称，不知英国政府是否援手于余。余回应道，英国政府必予帮助，如其不然，中国公使馆倘不至将余囚禁密室并如此严加防范，而应公开要求不列颠政府给予合法引渡。

"吾之生死，"余恳求道，"已在君手中矣。若君肯将此事透露于外，则余便可得救。如其不然，则余定遭不测。救人一命，任其遭难，二者相较，孰善孰恶？勉力于应对上帝之责，抑或俯首听命于雇佣者——尊崇正义之英国政府，抑或唯腐败之中国政府之命是行，若予对比，何者重要？"

余言辞恳切，请其对余言三思，在下次来时给以答复，并真诚告知是否愿助一臂之力。

渠唯唯离去，至次日晨始复见之。但可想象，余此时如何急不可耐，一心求知渠之决定。渠忙不迭添加煤块于壁炉之中，同时以手指点渠放置于煤篓中一纸片。吾之生命，似已唯此一纸片之所含是依矣。其中乃为希望之信息，抑或希望之门再次关闭？渠甫一离去，余即拾起纸片展读：

"吾可送书君之友人。请君切勿作书桌上。因自锁孔可见君之一举一动，而门外看守正不断窥视。君直须在床上作书矣。"

于是，余便横卧床榻，面对墙壁，将致康德黎先生之笺写于一名片之上。午时科尔再至，余即示意短笺何在。渠趋而拾之。余倾囊授予报酬——搜遍全身，仅得 20 英镑。康德黎先生之来函，科尔将之放置于煤篓之后。渠特加示意，告以彼处有一物送余。渠离去之后，余急不可待将之拾起，展读来函，不禁大喜过望："请君振作！政府正为君努力，不日即可获释。"此时，余方知上帝已回应余之祈祷矣。

自被捕以来，余从不曾解衣。睡眠难见其至，即至亦断而无续，且惊诧并作。直至得见友人来函，佳音令人振奋，方得一时之眠，虽则依然方卧复起矣。

最可恐怖者，当为此一恶事：设若殃及余为之奋斗之事业，则其结果必为——余将被押解回中国，并最终处死。一旦华人得余于此，则渠等即可声明，不列颠政府已经预定司法程序将之弃而不顾；若再有任何疑犯，已不复在不列颠领土寻求避难之所矣。吾"党"成员自当忆起，英国昔年在太平天国起义之时所扮演角色；亦自不至忘记，英国干预之下，此民族与基督教革命虽光大一时，终归遭遇灭杀。倘若余被遣回中国惨遭杀戮，民众则必再次认为，抗击革命者，得有不列颠之助。如此，则所有成功之希望，必尽数丧失矣。

设若中国公使馆自余之寓所搜获文件，诸多变故则必纷至沓来，最终伤及众多友人。日后方知，此一险情，因有一细心女士周到行事，终得避免。康德黎夫人以一己责任之心，赶至余之寓所，精心搜集余之文件及来往信牍。数小时之后，渠对余被捕之因由便了然于心，于是，当场将文件与信函焚毁。若余世界各地之友人中有未能收得回函者，请其切莫抱怨此一思虑周到之女士智慧而又果决之举，并望其宽免余之未能回复之过。因余已失其联络地址，且其中有众多来函尚且不知作书者尊姓大名。假定中国当道之人仍有意为余设下圈套，则渠等已无法寻得任何文件，与余往还者亦无由暴露矣。

余未及思虑食物之中是否有毒，此可谓庆幸者也。惜乎余精神状态如是，见食即觉可厌。所能下咽者也，唯有流食而已，譬如牛奶与清水，间或尚可食鸡蛋一枚。至友人之笺送至，余方得进食睡眠。

## 第五章　友人营救

公使馆之外此时发生之事，余当然无以知之。余之所知者，无论如何恳求，无论抛掷窗外之短笺如何尽数滋长翼翅，亦无论余向哈立德·马格尼爵士及邓氏呈递何等信函，一切努力最终尽数流于无用。且不仅无用，复更有甚者，则为：如此行动徒劳无功之余，反而造成对余之监守更为严密，而余与友人之联络则愈来愈见不可能。

然而，十月十六日礼拜五晨，余之恳求终得回应。因自是日起，科尔始而为之效力奔走。此事之发端，则与科尔之妻大有干系。实因科尔夫人一千八百九十六年十月十七日礼拜六致函康德黎先生，援救谋划方告启动。此函下午十一时抵德文谢尔街。可以想象，医生展读下文时，如何感受：

"君有一友自上礼拜六起被囚于此间中国公使馆。使馆中人拟将此人押送回中国。毋庸置疑，渠回国后将被送至绞刑架。可怜之人，情实堪叹。若非尽快有所行动，则彼即将被遣至他处，且无人知之。笔者自不敢署名，但此函所说皆为事实，切望有以信之。君若行动，无论何种，即盼尽早实施，以免推延误事。愚见以为，渠之姓名应为林银森。"

显而易见，事迫情急，不容延宕。求得哈立德·马格尼爵士住址之后，康德黎先生便动身寻访。渠自不知，彼径自所趋者，实为此一无耻之丑事中首要核心人物。幸抑或不幸，无人可知也：待渠赶至该处，亦即哈利地（Harley Place）3 号，彼处闭户下锁。此时已是礼拜六夜间11:15。马里来伯恩大道（Marylebone Road）上巡游之警员见其自房舍所在之院落中走出，不免疑惑。警员称，此一房舍将关闭六月，住户已移至乡间。康德黎先生遂问，如此信息，渠何以知之。警员应曰，三天前有人夜间欲在此处行窃，引来警察对其中住户一一详细调查。故而，渠得知此一信息，亦即"预见"此处六月之内将无人居住，且显而易见甚为准确、真切。康德黎先生旋即驱车赶至马里来伯恩巷警察局（Marylebone Lane Police Office），将有关事件禀报值日巡官（inspector）。渠进而复至苏格兰场（Scotland Yard），请求面见值班警官。一刑侦警官（detective inspector）在一密室加以接待，并同意将渠之所云作为证据记录在案。困难在于，此一故事如此异乎寻常，何以使人信之。尽管荒诞不经，警官出于礼貌，居然听之叙述一过。但渠宣称，不可能由苏格兰场发起救援。而此时已为凌晨 1 时，康德黎先生所陷之困境，比之出发之前犹有过之。

次日晨，康德黎先生赶至肯兴屯（Kensington）向一友人请教，若恳请中国驻伦敦海关署（the Chinese Customs in London）首脑私会中国公使馆中人，劝之重新考量其轻率之举、不智之措，是否尚有可行之处。

因此一欲行之事未得鼓励，渠便再次来到哈利地 3 号，盼至少能寻见留守之守门人，如此便至少可求知哈立德·马格尼爵士置身何处，不然亦可与其发电报。惜乎可确认者，唯有警员所说夜盗曾来此处之证据，亦即亲眼目睹试图用以打破房门之"铁撬棍"；至于聪慧如彼之东方化之外交家，究竟该如何将之挖掘出土，则无一丝线索可寻。

于是，康德黎先生驱至孟森医生寓所。甫一走近前门，恰与一人相遇。而此人乃为科尔，亦即公使馆为余办理杂务之人。此一可怜之人，终得鼓足勇气，决定将余之被捕秘闻披露外界。因不无恐惧之感，渠来见康德黎先生时，赶至其居所门口，早已瑟瑟发抖。不巧，家人见告，康君已到孟森医生处。渠只得赶来，终得与二位医生相会。科尔此时出示余致康德黎先生二名片，上写：

"上周礼拜日，余被二华人绑架，并为之挟入中国公使馆。余时下被拘押此处，一二日后将被以专雇之轮押解回中国。余必被斩首。哀哉，余已大难临头矣！"

孟森医生欣然同意与其朋友一道，全力以赴，救余出困；于是，渠便询问科尔详情。康德黎先生此时说道：

"噫，若哈立德·马格尼爵士现在城中，一切可望解决矣。惜哉，彼时下外出未归。不知可在何处寻及？"

科尔即刻回应：

"哈立德爵士确在城中，且每日必来公使馆。将孙君禁闭于密室之中者，哈立德爵士也；命吾负责服侍之并下令诸人监守门户严防其逃亡者，亦为哈立德爵士也。"

此一信息未免耸人听闻。营救之努力本已危机四伏，几乎无可起步，此复使之难上加难也。若欲推动，种种步骤必周到安排，更需谨慎，且有必要禀告最高当局，方可最终智胜狡诈复又不可一世之恶人。

科尔在回应进一步质询时，称公使馆内传言余患有疯病，将于下礼拜二递解回中国（尚有二日时间）。渠自不知，载运余者为何家航船公司，但城中名为麦克格里格者与此或有关系。此外，渠近日留意，一周以来，二三位身着中国水兵军服之人，出没于公使馆。科尔因而确信，渠等之来，应与余之递解不无关系。因此等人物，此前从未现身公使馆也。

科尔离去时，得一名片，上有余之二友姓名。二友嘱其转交，希望以此减却余之恐惧，并可以之为一确证，说明科尔确已最终为余奔走。二位医师此时再次出发，驱车来到苏格兰场二次求援，以求见效。值日之侦探长则称："君今日凌晨 12:30 已来本局。此时再来，未免过早，恐其无甚作用矣。"其时最难之事当为，不知应向何处呈报此一事实：有人有性命之忧，本国法律正遭践踏，且有人实即在不列颠帝国大都市被弃而不顾，并行将丧命矣。

　　庆幸二人将有关假定弃之一旁，进而一道商议，遂决定勇闯外部（the Foreign Office）所在地。惜乎有人告知，值日官员（the resident clerk）下午五点才可召见。一俟到时，二人得以接见，便开始讲述浪漫故事；而官员彬彬有礼，颇有耐心从头至尾听毕。因为礼拜日，任何进一步行动当然尽皆不可为；幸在二人尚被告知，渠之陈述可在次日吐露于更高级别权威面前。但时间紧迫，故而，又应如何作为？是夜，悲剧或已成就，被监禁之人或已被挟持登舟驶向中国，亦未可知。最为可怖者乃为，若是选中一外国船只，在一外国国旗之下，不列颠当局便无权应对。最后一线希望方寄托于，若渠等在余被挟持上船之后始可说服当局，而轮船实已驶离，则或可在苏伊士运河将其拦截，进而上船搜查。但若所登之轮船悬挂外国而非不列颠国旗，即令此一希望，亦已如泡影矣。二人心中既有如此可怕念头，乃决不得已断然采取行动，径自奔向公使馆，直接告诫诸位华人，渠等已知此一事实：孙已被其控制，成为囚徒，且不列颠政府以及警察探知彼等将之递解回中国问斩之图谋。孟森医生决心孤身一人赶往彼处，因康德黎先生与孙二人关系，其大名早为公使馆中人所知也。

　　孟森医生依计而行，独自一人造访博德兰地 49 号。一下人油头粉面现身门旁，孟森请其唤出一能讲英语之华人。彼一华人翻译，将余诱捕此间并大加折磨之邓氏，旋即走出。孟森医生口称，渠欲与孙逸仙晤面。邓氏面露困惑，好似费尽心力才忆起此一名字："孙！——

孙！此处并无此人矣。"于是，孟森医生正言告渠，孙确在此处，彼等知之甚详；而彼之来，意在禀告公使馆，外部已获知此一事实之详情，而苏格兰场亦针对孙之被拘有所布置。虽然，中国之外交官若非谎言大家，便一无所是；而邓氏既得良机撒谎，必已满足其身为东方人对此一角色之偏爱。其一言一行也，事实真相似已尽数容纳其中。而邓氏即以此请质询者放心，此一故事彻头彻尾纯属一派胡言，故而，此间绝无此人。渠之豁敞、坦率，几乎已撼动孟森医生对余之境遇之深信不疑。故而，孟森医生复与康德黎先生晤面时，对邓氏声言之貌似真相吐露早已印象深刻，渠甚或以为，有关余之被囚一说或为余自身所定伎俩，亦未可知——至于出于何等目的，则实不为其所知也。余之同胞谎言之力如是，而邓氏撒谎竟然撼动如孟森医生者深信不疑之事。虽然，孟森医生已在中国居住二十二年，可讲流利厦门方言，且因此而对国人及其生活方式有切身之了解。在造访远东之外人中，此君可谓十而仅见其一。幸而渠最终丢弃此一念头。毕竟，若余有意玩弄此类伎俩，最终目的实不可见也。邓氏必因其一心一意报效国家而荣登高位。如此撒谎高手，日后必获不次之赏：统治阶级，不论其存在，抑或繁荣，以是为赖也。

二位医师奔走劳动中断时，已为礼拜日晚间七点。二位分手，自以为业已尽一己之力。但余毕竟未达安全之地，未免令其不安。危险在于，余或在是夜被挟持出境；尤为甚者，既然公使馆已知不列颠政府对事实真相业已掌握，因而，若尽早偷运已无可能，则渠等或可考虑为受害者更换另一住所。此确为甚有可能之步骤；因而，如有此可能，则毋庸置疑必加以实施。于余可谓幸运也，世人所谓曾侯爵者，此时短期离开英伦回国，其寓所已弃而不用。若并非如此，则余之聪明一世之同胞定有可能思及此舍，最终将余转移该处。一俟此事成就，渠等便可敞开心扉，与英国人大谈特论友好之情，进而请其尽情搜索公使馆。此一诡计既已无望实施，将余挟至港区便极为可行。若依计在礼拜二起航，所定船只时下定然已在港区。而最大之可能，莫过于此：将彼"患疯病"之乘客夜间挟持上船，以避免行人注意，避开白昼大街之上繁忙交通之噪音。

# 第六章　搜寻侦探

心中既有如是种种之忧惧，康德黎先生遂再次出发。而此一次，旨在寻觅某种手段，请人监视公使馆也。渠赶至友人住处造访，获知城中斯拉特（Slater）私人侦探所地址，旋即赶往彼处。惜斯拉特此时已关门闭户。

礼拜日似无需侦探。曷礼拜日英国断无祸事发生耶？理应记取，日月之划分实乃人设之便利，且属为人之便利，而犯罪行为一向本非待人将各月分为数周之奇思而有所调整。虽然，事实残酷如是，而斯拉特依然如故，人走户闭。无论高声呐喊、大按门铃，抑或重拳捶击，断不能引出巴星霍尔街（Basinghall Street）此一花岗岩般建筑中之活人反应。

回转大街，与一警员及友善车夫商议，最终决定赶赴最近一家警局禀报。而此一车夫也，颇获信任，故已告之余之被押秘闻。甫至警局，即需将故事重述一过，而此一医师是否饮酒致醉，又是否脑筋清醒，不免令人疑窦丛生，故仍需核查，方可尝试任何行动。

“彼在何处？”

“西区博德兰地。”

“噫！君来本局大为不妥。请务必赶回西区（the West End），吾等隶属市区警局（the City police）。"

医生不免慨叹，无论东区抑或西区警察，均不可得而用之矣。

"虽然如此，"此君本不欲就此罢休，"可否请一侦探监视公使馆？"

"否。市区警察无权干涉西区工作。"

"尊局可有退休赋闲之警员，既为预备，复有意为此等事出力而有以酬之？"康德黎先生问道。

"既如此说，或有此等人，也未可知——请容一查。"

警员数人，聚拢一处，善意议论，以期自记忆之中搜出一人。噫，终得忆起，某某可当此任。

"渠住所在何处？"

"噫！此人现居莱伊顿斯屯（Leytonstone）。惜乎君今晚无以寻之。君须知，今日乃礼拜日也。"

余自应心知，此日为礼拜日；而亦难忘，余之颈上人头已虚悬半空。众人商议半日，给出一人姓名，终使顽固不化之医师走出警局。彼之地址为，艾斯令屯（Islington）吉布斯屯广场（Gibston Square）。

康德黎先生本拟即赴彼处，但转念方觉似应先行将事件始末透露报界，故而便驱车《泰晤士报》报社求见副主编。登记卡递至面前，应填写访问事由，渠大笔一挥：

"中国公使馆绑架案！"

此时业已晚间 9 时，但渠得通告，延至 10 时方可得接待。

于是，渠急奔艾斯令屯寻觅渠之"雇工"。搜索半日，昏暗不明之广场终见天日，房号判断无误，入得室内。但此一次也，仍复不免大失所望，因彼无暇前往。幸而彼知一人，或可任此。即便如此，仍然一筹莫展：此君居所何处？是人也，的的杰出，惜乎一卡片上书其尊姓大名，一时难以寻见。免不得翻箱倒柜，上下求索，仍不见其踪影；浮灰盈尺之信匣，乃至弃而不用之背心，逐个翻检，亦未见其现身。然而，卡片终得发掘而出尔。此时方知，此君并不在家中，因为市内一家旅馆守门也。

即便如此，困难亦不难克服。康德黎先生提出，可请蜂拥于起居室之孩童一队中一人持函赴侦探住处，而乃父则与渠一道驱车市内寻觅。双轮双座马车长路疾奔，终于赶至巴比刊（Barbican）街区某处一旅馆。对此地勘察既久，唯现场四周并不见看守者。无益无用之搜索最终如此宣告结束：此一旅馆十一时关闭，可看守其门户直至彼时。因所雇之人彼时极有可能现身矣。康德黎先生请此一老友守护旅馆门外，便再次奔赴《泰晤士报》报馆。甫一到报馆，渠便以"听证"方式得人接待。渠之所云，一一记录在案。唯消息是否发布，端赖报社诸君明断。此时已为礼拜日晚间 11:30。医师竟日奔走，不得安宁，此时方可觅道回府。惜乎午夜 12 时，为渠所想望之侦探仍不见踪迹，不免为之烦恼。然而，渠并无一丝一毫气馁，反而跃跃欲试，竟欲亲自充当看守。与夫人吻别，渠再次出门，前往公使馆；若有必要，则必奋不顾身，以为干预也。

幸而康德黎先生壮志满怀昂首阔步迈出家门，竟然在大街之上与渠所预约之"雇工"不期而遇。于是，一刻不停将之布置到位。渠之吉布斯屯广场友人言而有信，亦派一代表赶来。此时夜色深沉，但公使馆依然灯火辉煌，直可说明，内中混乱已甚，不为无由也。毋庸置疑，孟森医生日间所称渠等恶行已不再为秘闻，而渠等亦不能不有所动作也。此一"雇工"被置于一马车之中。而车停于委伊茅斯街（Weymouth Street）。此处位于博德兰地与博德兰路（Portland Road）之间，因在大街南侧，有一房舍遮挡。午夜时分，月光如洗，公使馆二大门清晰可见。之所以布置一马车，此为监守之任所必需者也。因或可假定，若余被挟持出公使馆，越过行人道，置于一车之中。若余被如此拘押而去，步行之人数分钟之内甚难触及。而凌晨时分，马车并非时时尽可雇佣。

如此，则必然如是精心安排，使守护者准备就绪，如有必要，随时可起而追之。报界则称，布置马车，其目的在于，一旦营救团队将余救出，便可尽快带离此处。但此为故事之另一部分，容当后文叙之。

2时已至，医师方告就寝，而此一日也，先将事件禀报政府，复至警局报案，再趋报馆通报消息，最终布置私人侦探夜间守候。诸多事端甫毕其功，余之性命实已得保。然则，余依旧无所知之焉。

# 第七章　政府干预

十月十九日礼拜一，斯拉特侦探所再得请求，约其复派更多侦探。渠等到来，即布置到位，并得令日夜严守公使馆。

中午十二时，受外部指令，康德黎先生呈递书面说明。外部显而易见不无忧虑之意。因彼部积极干预，不如以某一非官方方案促成释放，更具效力，切望国际纠纷有以免之矣。

此外，余之被拘仍属传言，而口说无凭，故而，若提出交涉则不甚明智。毕竟，有关事件仍仅有异常之声言之类依据。为取证计，采取步骤对"格伦"航船公司（"Glen" Line Office）实施调查。结果发现，［中国公使馆］已有人申请雇船。此时，政府得此直接证据，方知不唯传言真实，且计划实施之实际步骤亦已仔细设定。自是时起，事件交由政府处理，而吾友方告解脱责任。

政府派遣六位侦探立于公使馆外执勤，街区警局亦得通告，因而得知事实真相，并得命提高警惕。

此外，警察手中也已掌握余之肖像一帧。此为余在美时身着欧式服装所摄者也。若外人未及至中土旅行，则在渠等看来，华人相貌并无差异。故而日常照相或无良多助益。但此一照相之中，余留须且发型亦属

"欧式"。

若非跻身祖父之列，华人鲜有留须者。即令在此一早婚国度，余未及而立，自不敢怀抱奢望获此"殊荣"。

十月二十二日礼拜四，一纸人权保护令签发。至于欲向公使馆，抑或哈立德·马格尼爵士发出，则非余所能知之也。惜老贝利（Old Bailey）之法官未能同意此一行动，故最终并未下达。

是日下午，《全球报》（Globe）一特派代表造访康德黎先生住所，询问是否了解一华人被中国公使馆绑架。渠诺然回应：有所了解。但《环球报》何以知之？医师称，渠已在五日之前，亦即十月十八日礼拜日将消息透露与《泰晤士报》，并在十月十九日礼拜一另加信息以为补充。故而，渠认为，理应由《泰晤士报》先行刊布。然而，康德黎先生复言道："或可稍稍浏览足下针对有关情形所写之文字，如此可告愚见，其中所述是否符合事实真相。"其结果为，《环球报》欲报道之信息验核无误。医师签名认可，但请之隐去其名。

有关情形，公布报端之前，早早获悉者当然已非少数。至礼拜二，已有二三百人得知余之被囚之事。记者一向闻风知雨，故而，若礼拜四下午仍不知就里，则岂非咄咄怪事。然而，风声一旦走漏，便断难嘘之无声。因自《环球报》披露出此一惊人新闻，西德文谢尔街 46 号便永无宁日矣。

《环球报》第五版刊布消息两小时之后，"中央新闻社"（Central News）与《每日邮报》（Daily Mail）各有一记者采访康德黎先生。渠虽有所保留，未能全然令其满足，但事情经过梗概已经从其口中套出。

此二位追索真相者进而造访中国公使馆，并求见孙君。邓氏有备无患、无处不在，此时径自走出接待。但渠矢口否认知有其人。二人请其浏览《环球报》报道，邓氏喜不自禁大笑道，此等故事纯属向壁虚构。"中央新闻社"正言相告，若再否认，亦已一无益处；若孙君尚未被弃而不顾，明日或可看到万人蜂拥于此，故而谨慎待之当无大错。虽渠等如是说，邓氏依然如故，无动于衷，且复自满口胡言，甚且变本加厉。

于是，哈立德·马格尼爵士终得在米德兰旅馆（Midland Hotel）被寻出，并获采访。其声明可在诸家报纸寻得其详。

## 哈立德·马格尼爵士访谈

中国公使馆参赞哈立德·马格尼爵士昨日下午 3:30 造访外部。在与一报界代表谈话中，哈立德爵士声明："被留于公使馆之男子之有关消息，报界业已刊布，除此之外，余殊不便有更多透露。"代表告之，外部业已发表声明，大意谓，萨里斯伯里勋爵（Lord Salisbury）照会中国使臣，要求释放被拘押者。哈立德爵士对此予以承认。在进一步提出问题，问及照会所能产生之结果时，渠答称："彼即被释放。然此一举措，当力保公使馆所有权利，不致有任何损失焉。"

在此后与报界另一代表谈话过程中，哈立德·马格尼爵士称："孙逸仙并非吾等扣押于公使馆楼上之人姓名。对其真实身份，吾等至为明了。自渠登陆英格兰，其一举一动，亦获详尽情报。渠乃出于一己之自由意志来至公使馆，绝非遭遇绑架，亦非被诱骗进入使馆之内。华人来伦敦，孤身一人难免寂寞，至此处造访闲谈，或与同乡畅叙乡谊，实属常见之事。此外，吾等有根据怀疑此一特别访客，自以为无人识其面目，不无窥视吾等活动、获取某种信息之嫌。渠初来时，并无人认识。渠甫一到来，即与馆内一人闲谈，随后被引见于余。吾二人相谈片刻。因其言论有所吐露，在渠离去之后，吾等不能不怀疑，渠或为使馆监视之人。嫌疑既得证实，渠二次来访，便予拘押。渠时下仍在拘押之中，以候中国政府指示下达也。"

论及此一事件国际关系方面问题，哈立德爵士指出："此人为中国臣民，并非不列颠人。吾等坚决主张，公使馆实乃中国领土，故而唯中国使臣方有司法权。若以华人自愿来到此处，且有罪案或嫌疑在身，吾等坚决主张，外界之人无权对其被拘押一事加以干预。若此人身在此一建筑之外，情形则已迥然不同。因渠身在不列颠领土之上，故而，未得逮捕令，若等自不至将其拘押。"

在回答其他问题时，哈立德爵士提及，并未将此人以囚犯待之，而是周详安排，务求其身心舒泰。哈立德爵士亦云，有传言称，被捕者身受酷刑，抑或遭遇虐待，此实不值一哂也。渠附言道，外部已因此事特来函质询，自当尽早给予答复，以正视听。

"中央新闻社"报道："哈立德·马格尼爵士自外部返回中国公使馆之后，即趋使臣龚大人卧室，向其解释萨里斯伯里勋爵必欲将孙逸仙释放之理由。"

哈立德·马格尼爵士之行为，非余所能议者也，不妨留待公论，亦可使之自我良心发现。余所无可怀疑者，以渠之思想，如此行为自当有其理由，惜与头脑正常者似少有趋合，更遑论身在高位如渠者也。邓氏曾称："使臣傀儡而已，爵士实为魁首。"愚见以为，如此描述，可谓恰如其分。

各家报纸刊载消息，有关营救方案之报道纷至沓来。下文乃为其中一例。

## 营救方案

有关孙逸仙被捕一事，记者证实，其友好已拟订一大胆方案予以营救。若非外部及苏格兰场明示，务求孙不至受到任何伤害，对渠之营救或已见诸实施。营救之时，需自鲍尔斯考特子爵（Viscount Powerscourt）府邸博德兰地 51 号屋顶攀缘而下，毁其囚室之窗。其友人已将渠等欲实施之营救方案成功密告于彼矣。渠等随后方知，公使馆加孙逸仙以手铐。虽彼行动不便，但馆中内应承诺欲为砸窗助一臂之力。如此，当可满足其友好计谋之可行性。此策的确面面俱到，并特派一马车守护，以便驱车带离孙逸仙而去，赶赴一友人住所。据被囚者友人称，公使馆译员龙氏（Long），乃为诱捕孙入使馆中之一人也。然则，渠事后信誓旦旦，屡次三番否认此人曾进入公使馆，且最为固执。孙之友好称，孙氏曾身着英国服装。因而，虽渠乃典型之东方人，但既以西方人方式穿衣，世人向以英人待之。以诸人声言［可知］，渠为人善良，性情温和。在香港时，其善悯极。而在行医之时，其医术之精湛闻名遐迩，待穷人之仁慈远近皆知。据称，渠很大程度上为广州谋反者所利用。然则，至于广州总督之惨无人道及其压榨，则渠痛恨有加，时时指斥。另有报道称，渠为谋所处社会之福利遍游广东。而此次谋反其本身则被视为自现今皇帝即位以来影响最广亦复最为可怖者也。

事实真相已如上述。科尔一千八百九十六年十月十九日致书康德黎先生。书中称："余知有一良机，可使孙君今晚出户攀爬博德兰地邻舍房顶。如足下以为此计可行，即请该舍住户允准，并派人彼处守候。若蒙恩准，则望赐复。"康德黎先生将此函送交苏格兰场，并请其派遣一警官与彼一道守候于上文所说房顶之上。但苏格兰场主事者认为，此计有失尊严，故而劝其放弃如是之念，进而郑重承诺：一二日之内，余将自前门悠然走出。

# 第八章　获释

十月二十二日，科尔特示意于余，令关注煤篓。渠甫一离去，余即拾起剪报一纸。日后方知，此即《环球报》也。上载余之被拘押报道，大字标题为："惊人消息！谋反者伦敦遭绑架！被囚于中国公使馆！"题下则为事件长而详细之叙述。报界终得干预，余方有感，此时确已安全矣。如此，临刊之人罪得暂免，心中不禁充满感激。

十月二十三日礼拜五。凌晨已至，白昼漫漫，百无聊赖，余仍困于监禁。然而，至下午 4:30，英籍及华人看守进入室内，口称："马格尼令足下楼下一见。"并命余穿鞋戴帽披上外衣。余依命而行，但并不知欲至何处，遂与之下楼。因被引向底层，余以为将被匿入一地窖，以免不列颠政府下令搜寻时发现。渠等并未告知，余行将获释；故而认为，余将被禁闭于另一密室，或加以惩罚。实难想象，余即将获释矣。然而，康德黎先生即已出现，身旁尚有二人：一为苏格兰场分派之贾维斯侦探（Inspector Jarvis），一乃老绅士，亦即外部之使者也。

有诸位绅士在场，哈立德·马格尼爵士将自余身上搜出之各种物件一一交还于余，进而郑重其事向众位政府官员发表讲话。大略云——

"吾将此人转交与诸位。余如是而为，端赖此一条件：无论本馆独享之权利，抑或外交权，均不得稍加干涉。"词句或有出入。予心中怦然，已不可复记。唯此等论调彼时已觉了无意义，不啻幼童之见。而今日回首再思，亦不过如此而已。

上述仪式在使馆底层走廊之中举行，最终获告余复自由之身。哈立德爵士与吾等一一握手，假仁假义有如犹大之吻。众人遂被引向一侧门。此处可通达一空地也。吾等拾阶而上，终经使馆后门至委伊茅斯街。

吾等经由公使馆后门被送出，此一举动，或可视为细枝末节而不予重视，甚或不屑一顾。

营救方为在场为数不多一干英国人心中最为紧要之尺度。然而，余之狡黠同胞当不至作如是之想。而哈立德·马格尼爵士尤为如此。渠已俨然成为江河日下东方主义之化身矣。

不列颠政府代表被经由后门引出，此一事实，若以常情而论，实足以为清朝宫廷使臣及其随员增光添彩。此举应为渠等有意怠慢与侮辱。华人唯有精熟与外人交接之手段，并喜而乐之者，始可为之。毋庸置疑，其借口可谓，前厅记者人满为患，公使馆楼门外大街上亦聚集起一干人等，甚为混乱。外部急于平静处理此事，而不事张扬。诸如此类之理由，满人无赖及其看护者马格尼既敏于交接，自能征而引之。

以英人审视事物之方式观之，唯有余获释之事实方为可关心之事。但，就华人而论，以此种方式释放，即令不得不然，亦已将英人外交之成功雪洗干净。双方同时获胜，故而，毋庸置疑，亦各自皆大欢喜矣。

十月是日之礼拜五下午，赴公使馆一行人，并无甚引人注目之处。但其中一成员——外部遣派之可敬老绅士，大衣衣袋深处藏一不大便笺。便笺虽小，似有千斤重量。此笺定然简明扼要。因马格尼二三秒之后，即已浏览一过并掌握其中内涵。短则短矣，而就余而论，其中载有自由之信息，其甜如蜜，不仅可暂避死亡，且已豁免更令人惊惧之事：

清廷习以巧立名目之酷刑，逼使政治犯将其同党姓名一一供出。

委伊茅斯街已聚集相当数目之人群。报社记者无所不在，此时已跃跃欲试，拟不计巧言令色，必使余彼时彼地有所坦白也。然而，余被推入一四轮马车，由康德黎先生、贾维斯侦探以及外部信使陪同，急速奔向苏格兰场。马车疾驰，贾维斯侦探仍不忘严肃对余大加训导。渠指责余不该如孩童般犯错，并良言相劝称，日后断不可再与革命发生关系也。然而，马车并未在苏格兰场停下，而是向怀特霍尔（Whitehall）一饭店前门奔去，吾等下车行至人行道上。报社记者旋即蜂拥而至，将余围至中央。至于渠等来自何处，非余所能知之者也。吾等此时距博德兰地已有一英里之遥。而马车甫止，众人便已置身此处。其急迫之势，无可遏止。吾等事后方知，其中一人实已在马车行进途中攀爬上车夫身边座位。使马车停于饭店者，即为此君。因渠深知，余一旦得入苏格兰场管辖之地，诸人便需半日等候。除非他人——有十余位之数——亦攀爬上得车顶，余实无以解之，渠等自何处飞身而来。众人推推搡搡之下，余横穿人行道进得饭店后厅：余被诱捕入中国公使馆时，尚不见如此狂暴之势。而如此喧嚷，急于了解真相，其情急之态，比之同胞得余人头之念，则犹有过之。铅笔疾书纸端，横七竖八之文字令人称奇，余则见而未见，是斯时也，余方知英文亦可以此类楔形文字出之。其后方知，渠等所写，原为速记矣。

余开口讲起，直至言词无与。而此时，康德黎先生高呼："诸位，时至矣！"余遂被强行拉出人群，马车载之始疾驰苏格兰场而去。显而易见，余被视若孩童，为众警官出而生之。贾维斯之表情，一视即知此意。虽然，如是之艰苦劳役已告结束，余亦得以自由自在倾吐告白。在彼处停留一小时，余将被捕、拘押等种种情形自始至末陈述一过。余之讲述一一付诸笔录，进而再向余诵读，并命签署名字，终至向警局诸位友人告别。余与康德黎先生一路匿藏，方得赶回其住所。一旦抵达房舍，欢庆不已，并为盛宴待之。席间诸人频频举杯，热情为余之"头颅"庆贺矣。

晚餐过后，来访者仍纷至沓来，直至午夜余终得就寝。噫！余何以忘记，一旦睡去，九小时之后方告结束。而余之所以醒来，端因楼上孩童嬉戏踩踏之声。渠等高声喧哗，直可穿墙。其激动之情，当可想见。侧耳便知个中缘由。"来耶，科林，汝可饰演孙逸仙，内尔即为哈立德·马格尼爵士，余将加以营救。"进而翻江倒海，一片混乱。哈立德爵士被击覆于地，地板为之砰然。此时可知，余之小友内尔已不复存在矣。诸位少年之中最长者凯斯已将孙君救出，并大获全胜。而释放仪式，以鼓声阵阵加以公布，并有尖利口哨吹响，同时伴以《不列颠掷弹兵之歌》一曲而声闻远近。身在家中，乃得安全，此之谓也。而余之诸位少年友人显而易见时刻准备为余洒尽最后一滴血焉。

十月二十四日礼拜六，余自早至晚接受采访不断。最常提出之问题为："足下如何密告二位医师得知？"此一问题，亦已向康德黎先生提出数十次矣。然而，吾等不得不三缄其口。因若回复此一问题，则将危及公使馆内以友善之态援手之人，而渠等亦将失去现有职位。幸而科尔已决意辞去职务，如此他人便不至清白无辜而遭受嫌疑，且已无必要再对知情者秘而不宣。实不难认为，余曾对渠加以贿赂，但毕竟与事实不符。余交渠钱款一纸，以之作为酬报。惜渠并不解。渠以为，余请其为之保存。渠告康德黎先生，称自得款后便携于其身，因余有意请其代为保管也。余获释之后，科尔将钱复还，但余至少欲促成者，即为请其持之。科尔近日恐惧连连。最可怖之事，或出现于此事初起之时。十月十八日礼拜日下午，渠决意以实际行动加以援手，故而，怀带余致康德黎先生短笺赶至德文谢尔街46号。大门打开，渠被迎入厅内。惜医生此时并不在家。渠请见其夫人。家中帮工上楼请之。而科尔此时意识到，厅中有一华人，自墙边一角加以逼视。渠瞬即起疑，以为有人跟踪已至于此，抑或期之到来。因此位华人，留辫而披华服，自一角落直勾勾遥视。待康德黎夫人下楼，此君早已因惊惧而瑟瑟发抖，遭惊吓而满面苍白。渠欲开口而出之无声。如此可怖，端因一真人大小之华人模型也。康德黎先生自香港带回诸多奇异之物，此为其中一件。此物此前亦曾使意识敏感稍逊于科尔之访客甚受惊吓，且为数不少。而科尔本已忧心忡忡，其过敏神经实则赋予此物以可怕现实之灵韵矣。康德黎夫人有以解之，科尔之恐惧遂告得释。夫人即遣其赴孟森医生家，与乃夫晤面。余之一方之故事即告结束。与此事相关之纠葛将来如何产生，此非余所能置评者也。至于其他英语国家，报界如何应对此一主题，因闻而不闻，故尚待其时也。复因议会尚未召集复会，有关此一事件，或可提出何等问题，余亦无可云者。然而，自获释之后，余已结交诸多朋友，且至乡间访问数次，至为愉悦。伦敦城内城外，友人竞相款待欢宴，满心祝福。余得尽恩宠，欢乐以时焉。

# 附　录

　　因余之被捕，引发诸多文章发表，特将其中数篇附录于后。下文第一篇，乃为霍兰德教授（Professor Holland）致《泰晤士报》（*The Times*）之信函。题为：

## 孙逸仙一案

### 致《泰晤士报》编辑

先生：

　　因孙逸仙被拘而起之问题，略曰有二。其一，中国公使馆将其拘押，此一行为是否合法？其二，如其为非法，则设若要求释放，一旦拒绝，可采取何等适宜步骤以促其成？

　　前一问题，无需远求，即可解答。身为大使者，若欲行使任何类型之本国司法权，即令针对其随员，此一权力亦甚少听闻。虽然，一千六百零三年时任法兰西大使之苏里（Sully）曾妄自行动，竟至判一随员死刑，并交由伦敦市长处置。据笔者回忆，身为使臣而欲对与其出使使命无关人员施以限制者，唯有一例。一千六百四十二年，葡萄牙驻海牙使臣赖涛

（Leitao），在其住所拘押一售马者。渠曾对之行骗。此举引发骚乱，其住所因之遭洗劫。委奎福特（Wicquefort）就此一事件评论称，赖涛既曾公开举办讲座讲授万国公法，本应深知，法律不能允其将自己之府邸变为监牢。孙逸仙短期滞留于不列颠领土，自应受我国法律保护。因而，中国公使馆对之加以拘押，实为悍然干犯不列颠王国政府之权力。

次一问题，虽并不单纯，但亦不至引出严重困难。若中国使臣方面拒绝释放被其囚禁之人，则不列颠政府始足形成依据，请使臣离开本国。若此案案情紧急，而此举不免拖延，则可命伦敦警察进入使馆辖地，此必为正当行为，鲜可疑者也。大使之居所据称可享"治外法权"。但此一词组太过概括，其意不过为，就其所在之处，此舍实不能为所驻国审判权所触及。然而，此等豁免权，即得而享之，亦有法条严格限制；若欲使之有所增益，则无从以一隐喻推而求之矣。一千七百一十七年盖伦伯格（Gyllenburg）一案表明，若一使臣对其所驻国有谋反嫌疑，则可将之逮捕，其住所诸密室亦应彻查。而一千八百二十七年加拉丁先生（Mr. Gallatin）之马车夫一案则确定，礼以待之予以通报之后，警察可入使馆之中，以便将在他处有犯罪嫌疑之使臣随员拘押归案。此外，各国尚有一般协议：大使馆已不再为政治犯之避难所（但西班牙及南美诸国或不在其列），更遑论于使臣驻地非法囚禁。对于此等行为，若有必要，则警察即可采取行动，予以终止。

似已无必要深究，若如孙逸仙之所云，中国当局光天化日之下竟然将其绑架，渠等理应承担何种责任；或如其所云，渠等将其自大街之上诱入使馆之内并意在将之递解回国，已承责任如何。此类行为，断已无可置辩矣。时下业已承认之事实，已足够严重，无疑起因于中国公使馆诸属下之超常狂热。马丁博士（Dr. Martin）曾在北京同文馆（the Tung-wen College）长期讲授国际法，华人多有受益。故而，若其代表身在异域而不能严格遵守所在国法律之科学规则，帝国政府必不至无动于衷、坐视不顾。

笔者为贵刊之恭顺仆从，

T. E. 霍兰德

牛津（Oxford），十月二十四日

下文所引，则另有法律高见：

## 法律管见

引渡法之最高权威之一卡文迪什先生（Mr. Cavendish）昨日在波尔街（Bow Street）告知记者，据其记忆所及，与孙逸仙一案恰相仿佛之案件尚无前例可予援引。赞泽巴（Zanzibar）觊觎王位者（Pretender）一案当然无可比拟，因渠入德国领事馆寻求避难。渠端赖于德国政府悦纳异己之情。而后者依照万国公法（International Law）所定之法律程序行事，拒绝对之弃而不顾，终得将其移入欧陆德国境内。孙逸仙本为中国臣民，其案发生于其母国公使馆之内，且为其母国政府代表所拘押。而此代表所违反者，其本国之法也。卡文迪什先生假定，如事实已如上述，则此案只能由我国外部方面派遣代表，而不便以任何已知法律规则加以交涉。

下文为詹姆斯·G. 伍德先生（Mr. James G. Wood）致同一家报

纸信函。文中对霍兰德教授信中所述之有关法律问题多有讨论。

## 致《泰晤士报》编辑

先生：

霍兰德教授信中所论之次一问题，时下而论，虽不重要，但确应认真思考，良有益也。笔者斗胆提出，教授之解决方案并不令人满意。

信中提出，若中国使臣拒绝释放被其囚禁之人，"则可命伦敦警察进入使馆辖地，此必为正当行为，鲜可疑者也"。惜乎，至于为何不应有此一疑问，则其并未予以解释。此实非欲解决问题，反而对解决之法妄加推测。伦敦警察之职责当不至如此散漫，可将非法拘押于使馆中人解救而出；怀此目的试图进入其内者，馆内无论何人，尽可合法起而以力抗拒之。

适用于非法拘押案例之唯一法律手段，乃为人权法令（*habeas corpus*）。而此亦为真正困难之所在也。此一法令，可交付某位大使，抑或公使馆任一成员？若业已交付，则其又置之不顾，可否启动蔑视法庭之程序？笔者臆断，认为不可。且据笔者所知，此类诉讼之先例亦不存在。

笔者同意，大使官邸可享治外法权，这一词组因太过形而上而难免产生误导。实则其意并非精当。用者若谨慎，写作时便不至提及。真正之命题则为，此一住所在并非享有一般所论之轮船所能享有之治外法权，实则使臣本人注定有此特权，且渠及其家庭成员与随员因此可得完全之民事诉讼豁免。问题并非在于在此住所内或否有何行动，乃在于对个人或可采取何等行动。既然如此，上文所述之诉讼便涉及对国际礼让之破坏。

至若经由推论认为，警察手持搜捕令进入大使馆抓捕在他处犯罪之疑犯，渠等必须有如下之前提，亦即"当地警察或可采取行动，终止非法监禁"，进而始可在大使馆之内展开行动并且继续行动，如此亦并不能获致可靠根据。二案并无共同之处也。

笔者即为，先生，贵刊恭顺之仆从，

詹姆斯·G. 伍德

十月二十七日

### 不无嫌疑之中国革命者

［引自《德臣西报》（*China Mail*），香港，一千八百九十六年十二月三日］

孙逸仙未必不能成为历史上之显赫人物。渠近日于伦敦被难：中国公使馆将其作为反叛者绑架，并意欲问斩。如非待建立一构成适当之法庭，便称某人确然与任一非法运动有关，或称渠与之有关之任一运动即为反朝廷，此种论调当然并非正确。若云尚可将孙逸仙称为反叛者，其唯一暗示源自中国派驻伦敦公使馆以及广东诸官员。但若不欲加以伤害，则可放心议论，称其为杰出之士：对于中国百万民众毫无疑问所处之悲惨处境，具有最具启蒙作用之识见。亦可放心成论：国人之中为数不少对此一主题感受强烈，且时不时意欲采取强烈行动。诸官员指称，有关人等一千八百九十五年十月欲发动革命，而孙逸仙乃为此次谋反之领袖人物。

西人，即令在远东久居者，亦鲜有知之，世人早有预见之中国之分崩何以迫在眉睫。无奈事未举而先败，而世人少有关注；有之，不过鄙夷而已。虽然，当时情形极其危险，一如太平天国遭遇镇压以来任何时期。而有关组织之趋新，比之前次伟大起义则大有过之，且更具启蒙基础。事实上，主要发起者明察秋毫，因运动尚在初期甚不成熟，故而果断予以中止，以免无谓冒进，徒遭更具灾难性之败绩。但革命并未全盘放弃，唯推迟而已。

至于此次革命之缘起，已不可具体追溯。大而论之，则国人对满人统治一向不满，或有以致之。而中日之战爆发，更使形势急转直下。心怀不满者认为，可乘此战之良机，成其干云之壮志，于是鼓动而作。但在当初，亦即中国尚未屡遭败绩而江河日下之前，渠等之所求，不过借合法与立宪手段而已，渴望造成根本变革但并非诉诸暴力。满人统治早已招致国人不满，怨声载道。而孙医生竭诚努力，以求将诸多怨尤造成发动之导火线，并赋予整个革新运动以纯粹立宪之形态。其所作所为，乃诚挚希望拯救可悲可怜之中国于绝望之深渊。而彼时之华土已陷入甚深，时至今日依然如故。中国体制之中历来突出者，复古倒退之中狂野、不可控制之风，此君一力予以压灭，确为大家手笔。如此，则可使各方相互冲突利益得以调和。而此类冲突，不仅其祖国诸多不同派别之间存在，且国人与外人、各种海外列强之间亦有之。最为困难之问题在于，任何剧变辄成乱局，需有以昭之焉，亦即，变乱一旦发生，诸多纠纷便接踵而至，急需有所预示或预先准备以应之。此外，渠不能不牢记于心，任何伟大革新运动，必然大有赖于外人以及诸多民族及个人之支持。而在整个中国，反外之偏见之巨之大，克之维艰也。拯救中国，无乃大任，其艰难可知，或实则无望实现。但此君认为，要在有赖于某日或可成就之事，无论昔日今朝；而成就之途径唯有尽力，尽力，再尽力也。易言之，去岁之努力或未成功，但有望使成功趋近一步，既然如此，则赤诚之爱国者之努力便确有所值也。既可全面把握形势，复又具唯民族复兴之业是求之大无畏气概，而将二者之合二为一，唯孙医生能之。

渠生于火奴鲁鲁，所受英文教育较优，并曾在欧美游历，少年之时即有突出成就。渠还曾一度为克尔医生所主持之天津一医校西医医院人员，后任职于香港爱丽丝纪念医院（Alice Memorial Hospital）。渠中等身材，瘦而壮健，目光炯炯而面貌诚笃，为华人中之鲜见者也。其待人接物，无矫饰之态；谈吐诚挚，意气恳切；思想敏锐，敢于决断。故识者深信，自任何方面视之，直可将此君归入同胞之中非凡人物。渠外表沉静，而人格如是之高迈，若命运女神公平待之，则终有一日必在中国产生深远影响。惜在中国，凡倡言革新或与腐败及压迫为敌之士，即被目为暴力革命者，必置之死地而后快。若回溯历史，世间万国，若自由与启蒙尚在初期抑或有待出现，当是时也，情况亦大略如是。故而，有关宣传，不能不慎之又慎；与人议论，动辄即见危险。初发之时，先在香港刊发一政治评论，雄辩滔滔且非有所遗，进而流布全中国，尤其南方诸省，终得于一千八百九十五年初引起轰动。此论措辞推敲之慎，即令最为苛刻之审查官亦不能有所挑剔。文中以栩栩如生之笔法，启蒙与良政之良之优显而出之，而腐败与恶政其恶其害则比而下焉。此一试探所借以显现者，中国官僚制度可以急需自发革新也。惜乎其所致之功效，类如于贪索肮脏之辈之中宣教廉洁清净之道。于是，暴动之思想倾向已无可再予控制。如此，即逐步采取行动，以期组织起义。遂有人臆断，孙逸仙医生与此不无关系，但并无确证。

[中日] 交战之前，暴动起义即时有发生——事实上，此类事在中国屡见不鲜。海军早已心怀不满。清廷官吏权力无边，对营中军官及士兵严重不公且多有盘剥。而陆军及各要塞指挥官亦无大差别，且众多文官倾心相向，有意参与起事。毋庸置疑，谋划之所以能得支持，大多起自外在动力。因比之于中国，此类动力所在多有也。钱款既自火奴鲁鲁、新加坡、澳大利亚等处筹来，起义本应在三月忽然作起。但适宜之人手仍有不足，而兵器之所获亦不甚多。而智慧之谋士则大行其是。若十月时智慧之谋士大行其是，则更可见其作为，亦未可知。因智慧需辅以经验，方可行事。而以经验计，革命领袖虽未举而败，但并未痛悔有关行动。其中有人一旦确定须采取暴力手段，实即抽身离去，但极刑之惩罚并未因此而得免。虽有死亡之威胁迫于目前，但孙医生仍毅然决然行遍中国大地，传良政益民之教义，征宪政革新之兵卒。其同道对和平手段向无信心，遂大胆谋划政变之策。虽此计或可赢得一时之成功，但惜并无策略应对事变之后接踵而至之事端。兵勇招募至香港，拟对广州发起攻击；武器弹药以士敏士木桶偷渡入港，钱款已筹集甚是富足，而外国谋士与军事指挥官亦已求得。且曾屡次努力，以求征得日本政府合作，惜并无明显结果。设若日本下层军官之口头同情，复有日本高层之实际同情相回应，结果又当如何？或无可知之也。而战后赔款，辽东割地，通商条约，乃至战后中日关系及中欧关系，其历史或已通盘改观，亦未可知。谋反每一细节既得布置，而即将实施打击之时，背叛不期而起。香港一中国巨商，初称仰赖革新运动，因以此大有可获也。然则渠最终竟自投靠贪索之官吏者，旨在再进一步。因渠如此便可与诸多大财团之一者发生关系，战后有望竞争中国铁

路与开矿之特许权。于是，渠提供情报，木桶遭遇检查，最终使整个政变昙花一现。孙医生彼时恰在广东，因而被控积极参与革新运动之暴力活动。在中国，清白无辜，非即安全；而指斥即起，即令无根无据，亦不能不遭遇危险。孙君无奈唯有出奔，不及顾及友人、财产或他物。二三周时光，亡命者匿藏于大珠江口三角洲（the great Kwang-tung Delta）迷宫般运河之上，栖身之海盗出没之所，常人无由得入也。据公开报道，在假定为其同党之人中，四五十位被明正典刑；而一纸公文下发悬赏对之加以缉捕。

渠即逃之火奴鲁鲁，后又至美国。有传言称，此一爱国志士不屈不挠，旋即展开工作，试图说服中国驻华盛顿大使馆（Washington Embassy）中人员弃暗投明，参与革新事业。渠日后至伦敦，亦如是而为。华盛顿公使馆一官员虽口称，同情于启蒙之教义，但最终认为投身另一方则获利更丰。于是，此人便发电伦敦公使馆命逮捕孙君并不择手段将之绑架，以便挟持回国。无论如何，渠被绑架并囚禁于伦敦公使馆，其手段极其恶劣，初不待哈立德·马格尼爵士或任何卑鄙搪塞者如何貌似有理之狡辩也。方因孙君在香港结识之良师益友康德黎先生之努力，中国有史以来最为优秀人物中之一位终得为不列颠司法当局所营救，出离背信弃义之清廷官吏之魔掌。凡知康德黎先生之为人者——而此君闻名于世界诸多地方——尽皆认可，渠之正直、诚实及奋不顾身之善行，人世间无出其右者。孙医生既得安全，复有康德黎先生加以保护，则必一力振作，谨慎行事，继续追求既定之事业，而指向更为明确，措施更加得当。最终，少可怀疑，置身悲惨境地之中华帝国得以人性化，而有益于民众之大任臻于圆满合意之境界也。

一千八百九十六年十月二十四日《泰晤士报》刊发社论，讨论此一问题甚为周详：

正值"欧洲合唱会"稳健以求，诸立宪列强和谐关系渐次巩固之际，外交沟通日常平稳之途径竟被中国公使馆悍然违法之异动所袭扰。此一异动或未酿成悲剧，但吾等视之，则最终主要呈现出荒谬可笑之一面。昨日与同道《环球报》交流，方知中国至英国一游客，名为孙逸仙者，被囚禁于中国使臣之官邸之中。拘押者意在将其递解回母国，以在彼处接受审判；或设一特种法庭，专门审理谋反嫌犯。被囚之人有幸曾习医香港，得与康德黎先生和孟森医生结识并成好友。而康德黎先生时为香港西医书院之教务长。二人时下寓于伦敦。孙逸仙获得足够钱款支持，并成功开辟通道与其英籍友人联络。而后者旋即采取措施，将有关情况报知警察当局及外部，与此同时特雇侦探坚守公使馆，以防被囚者或被暗转他处。萨里斯伯里勋爵获知发生事件之后，即发照会，要求即行释放被囚之人。被囚者遂得自由，由康德黎先生及孟森医生带出。此二人到场，旨在辨认渠等是否认识此人也。渠此后为报界代表提供材料，讲述其被拘押之始末。而渠所述在诸多重要方面与公使馆当局所叙大为不同。若此等华人已按其计划达成目的，将孙逸仙偷渡船上，甚或在中国斩首，则我国外部理应对此一违反国际礼让事件，要求对所有涉案人员进行惩处。图谋最终未成，或可认为已将之推向闹剧边缘，进而引出问题，留待严肃规劝之外之议论矣。

对于孙逸仙之嫌疑指控，称其之所以行医，实为遮掩他类图谋。渠实即孙文，亦即一千八百九十四年暴露之谋反活动主要发动者也。此次谋反其目的乃为颠覆时下统治之皇朝。谋反第一步，即欲捕获广东总督：在其视察军火库时，将之绑架。此一预谋，与大多预谋并无二致，最终泄密或为人出卖，其魁首之中有十五人被捕获斩。孙文及时逃脱始得活命，后经由火奴鲁鲁和美国抵达本国。而渠之整个行程，自始至终为侦探严密监视。本月初登陆本国之后，渠曾造访二老友康德黎先生和孟森医生，并拟在伦敦开始一医学学程。不数日，渠忽而踪迹皆无。至上礼拜六黄昏时分，康德黎先生方获知渠之所在。孙文，或曰孙逸仙——不论其名号为何——声称，本月十一日，渠正步行于博德兰地之内或附近街道之上，不期然一位同胞唐突上前与之讲话，问及渠为华人抑或日人。渠答称华人且来自广东。来者热情洋溢，称其为同乡，进而一直与之交谈。另二位华人旋即加入。三人中一位离去，另二位则缓慢前行，直至抵达公使馆。是时也，渠等坚邀孙入内，并实施某种程度之力量以强之。一旦入于其中，大门便被关闭，渠亦被引之楼上一室。如其所述，哈立德·马格尼爵士在此室与之会面。随后渠即被关押其中并为严密监控，直至萨里斯伯里勋爵加以干预方获释放。而另一方面，中国公使馆诸官员则强调，此人十日礼拜六出于一己之愿进入公使馆，并谈及中国诸多事务，且似唯愿与同乡闲谈。闲谈之后，渠告辞而去。至其走后，众人起疑，认为渠或为臭名昭彰之孙文。而此人畏避审判，出逃海外。但渠行经美国前往英国时，即有电报告知公使馆，中国政府实则雇佣私人侦探，一路对之加以严密监视。十一日礼拜日孙二次来公使馆，因此时渠之身份证明业已获得，故而将之拘押。据称，渠即将返回香港，以之作为行动较为便利之基地，再行起事。一旦渠得抵达，则中国政府有意申办引渡。而就在此时，谋反嫌疑本人既已在公使馆现身，便不能不使诸人对之有所企图，而无可抵御焉。渠如此便被闭锁密室，以待北京有关指令下达。此等指令，若已接收并依之采取行动，实已毁其能力，使之无以再思谋反。故而，或可推论，萨里斯伯里勋爵之干预，其来也方在其时。即令如此，孙似并未因公使馆所供食物是否真正有益于健康而有相当之焦虑也。

若解一纠结，快刀斩之，比之一丝一线之细究，其快何拟。中国使臣或其代表，竟然授意采取此一恰恰一无成功希望之手段，吾等自当不至大为惊诧。而哈立德·马格尼爵士，身为英国人，居然参与一显而易见注定失败之事件，吾等便不能不为之浩叹矣。更何况，此等事件，一旦成功，亦只能邀毁誉于所有参与者。据称，中国使臣，如律师所云，释放其所囚之人而不使其所有权力蒙受"任何损失"。惜渠似在声称某种不为任何文明社会认可之权力，因而，若予实施则无可容忍。若土耳其大使意欲将阿美尼亚侨民驻伦敦领袖诱捕进大使馆，意在封其口、束其体、偷渡出境，向苏丹皇帝陛下（his Imperial Majesty the Sultan）献礼，此类行为，可与之相比拟。若杜福林勋爵（Lord Dufferin）如是而为，将特南（Tynan）私下囚禁，并将之交由老贝利审判，此一行动，亦可与之相提并论。举世皆知，大使出使异国之官邸，实理应为派出国领土之一部分；而不论大使本人，抑或其特定随员，均享有豁免权，可不受制于大使被委派所至之国法律约束。但此一特权并未赋予大使权力，使之随意监禁他人或加以刑事裁决。使馆作为与之无关人员之避难场所，严格局限于所处之地也。即令无以阻止中国使臣拘押孙君，而一旦渠被转移出使馆门外前往他处，则警察便可将之释放。渠幸而未受任何疾病侵袭。因若其在囚禁期间死亡，最终将如何处之，则实难论矣。证据极难搜获。即令有所获，使臣及其随员其人身亦神圣不可犯矣。唯有一种措施，此即要求召回使臣，使其在其国内接受审判。惜乎此类要求，或乐于照办，但并非不可能造成英国人所描述之司法舞弊。吾等认为，事件终得逆转，应为本国国民道贺，一如应为被囚者贺喜也。吾等亦无可置疑，外部将尽力寻机因时使天朝皇帝领会，渠等已行之过远，未来再不可干犯类似违法之事。

上引文字招致哈立德·马格尼爵士之抗辩。渠在来函之中表露其意：

## 致《泰晤士报》编辑

先生：

贵刊今日刊发社论，品评一个人，即一中国臣民所谓绑架。而此人，除诸多别号之外，复自称为孙逸仙。《泰晤士报》向有持论公平之特色。而此文之中对余之议论，其中有若干言辞，愚见以为，则诚属例外。

足下对余之行为大表惊骇，且在论及对立双方对此案叙述之后，无端假定，孙逸仙之所述方为正确，而中国公使馆之所叙则大谬不然。

余所不解者，君等何以如此臆断。因君等无疑如此而为，故特提及土耳其大使一案，称渠诱使阿美尼亚侨民成员进入大使馆，旨在将其作为礼物呈献于苏丹陛下。

因是之故，予不能不重申此前之所论——在此案之中，并无诱捕之事，孙逸仙——或可以真名称之，孙文——之声言：渠为二健硕华人在大街之上以力捕获并引入公使馆，全然非真。

渠来公使馆，出于意外且属自愿：初在十日礼拜六，后在十一日礼拜日。

　　无论国际法权威对其被拘一事有何观点，渠等理应绝对相信，绑架一事并不存在，孙来公使馆并未加诸暴力或诡计。

余为，贵刊恭顺之仆从，

哈立德·马格尼

里奇蒙德馆（Richmond House）

西博德兰地 49 号

十月二十四日

　　哈立德·马格尼爵士信中声言，余以各种不同名号行事。此类议论意在贬损余之人格。而哈立德爵士知之，任一华人均至少有四名可为称号。首先，人生之初，父母有以名之。其次，入学之后，师长另为一名。复次，少年长成，步入社会，为求世人所知，复加一名。最后，成家立业之时，尚需一名。其名号最常用者，乃为名中第一字也——姓氏，实为家族之名。其余部分，则因父母所选、师长核定，而各有不同。此一主题既得而论之，读者诸君或有意知之，对余加以诟病者，其本人亦有各种不同之名号，为华人所周知。除意为马格尼阁下之马大人一名外，渠尚有马格尼、马青山（Ma-Tsing-Shan）等尊号。此亦可显示，中国人名，姓氏之外，并非固而不易者也。

　　下文引自一千八百九十六年十月三十一日之《演说者》。

## 博德兰地之牢狱

　　哈立德·马格尼爵士者，为中国政府服务之官员也。此一事实，似已将其或可显现之幽默感剥夺殆尽矣。故而，吾等方可想象，渠之幽默无论何种情形之下均不得展现也。是位中国公使馆秘书，竟然在《泰晤士报》大放厥词，大有清白受辱之概。其作为也，与伍兹·帕什（Woods Pasha）有异曲同工之妙：彼无见无识之辈，亦挺身而出，在一英文报纸为土耳其政府摇旗呐喊。真正东方人自有其自然性，亦自有其特出之处。但表现于虚假东方人，则一变而为笑料矣。哈立德·马格尼爵士向世人诺然保证，近日自博德兰地获释之中国行医绅士并非为诱捕拘于公使馆。但孙逸仙若知之讨其心欢者究为何人，渠断不至移步其内。而对于此一显而易见之事实，哈立德·马格尼爵士并未解释，不屑为也。惜乎毋庸置疑，渠亲见被拘者但并未采取任何手段释之，直至外部紧急照会下达。设若渠等并无意于将孙逸仙遣回中国，何以将之囚禁？哈立德·马格尼爵士身为英人，而复不得不因职责所系而极力消减习见于广东之司法手段之恶之劣者，其处境也，诚属可叹可怜。若渠确为行恶之使者，自当三缄其口。谋略既告不成，唯有低眉垂首，以其种族之宿命论及其本土情调接受失败造就之种种结果。如哈立德·马格尼爵士者，本应敛声息气，一如华人。而渠竟然仍以英籍人士身份，饶舌于《泰晤士报》，喋喋不休、争辩不已。其自我丑化之铺排，唯可向北京当局显示，此处之英籍代表实属无能之辈。

而另一方面，此次华人绑架事件，又确有其令人忍俊不禁之处也。英国人断不会严肃对待华人，虽有查尔斯·皮耶森（Charles Pearson）曾预言，黄种人终有一日或将吾等吞噬。阿欣（Ah Sin）其人，尤在其头扎发辫、身着本土服装之时，一般观者视之，纯属可乐之物也。若有人将押解孙逸仙者向伦敦围观者点出，倘不至引发众怒，渠等反而或以言不由衷之轻嘲待之。若欧洲有人玩弄此类把戏，则或遭难堪，亦未可知。而阿欣，既孩童之气未脱，进而面无表情，乃为习见之笑料也。即令其耍弄手段，一如高高立于壁炉之上清廷官吏玩偶点头哈腰，所激起者，当不至为愤懑不平之气。至于萨里斯伯里勋爵之干预，流行观点认为，华人之发辫虽被轻轻拉动，但毕竟业已扯动。故而，若可吸取教训，此亦足矣，无需公众动怒。若德国人或法国人于同样情况下遭遇绑架，则有关局面即刻便被视为极为严峻。而博德兰地拘人囚人，仅能博人一乐。各家报纸对待此一事件，有如下述消息公布于众：李鸿章本已晋升相辅之位，但与此同时渠未得准许私下造访皇后而遭惩处。若一民族其严肃行为一向仅被西方人视为闹剧，唯可博之一笑，又如何可能引人发怒？若非浪漫耸肩走过博德兰地，实为不可能之事也。彼中产阶级官邸，堂皇复而舒适，如今已成为任人笑谈之巴士底狱，或可激起商人之仆从好奇之心；若在欢庆十一月十五日时，渠等心血来潮，忙不迭大按门铃，将一天朝伙计引介于大使随员面前，且洋泾浜滔滔不绝，竟致令之大惑不解也。

至于孙逸仙，渠必不至未注意，世人鲜有好奇之心求知，中国政府对之如此憎恶，究为何故。据称，渠曾参与针对广东总督之谋反。但此一声言，并未为民众传递出生动印象。政治避难者——诸如意大利人、波兰人及匈牙利人等，一般而论，均可引起本国人之浪漫兴趣。渠等已在我国小说之中定形，确然成为公众同情之标尺。故事讲述者若以异域谋反者为题材，则计谋之启动及其出逃之迅疾等定然在公众想象之中引发共鸣回应。但故事讲述者倘不至将孙逸仙之冒险行为改编为此类故事，不论其实刺激若何，亦不论此一可敬可佩之天朝医生在其本土或已成为何等让人望而生畏之人物。即令旅行家对中国政局之如实描绘，如法庭之上威迫证人招供，严刑拷打之余将其踝骨打碎,将罪犯碎尸万段等,亦并不能为异教徒中国人形象提供狰狞之背景。而最近战争之中中国军队之惨败,使世人思想之中黄种人身为怪异有加而毫无效率之对象得以加重。若孙逸仙公开讲述渠之冒险经历,并以黑至无色之方式描摹广东总督,若哈立德•马格尼爵士将其近日囚禁之人丑化为毫无人性之怪物,而西方危险人物与之相比实属天使,吾等亦不免怀疑,双方之故事是否能捕捉公众之吸引力。中国人自有其优胜之处:渠等崇尚朴素,厉行节约,确为深为节制之民族。比之西方各民族,渠等向以家族维系为重。而崇拜祖先之习俗,虽为基督教传教士最大障碍之一,但比之西方对家族谱系之尊崇则更具道德影响力。然则,不论英国,抑或美国公众,当不至将此类优点视为可资借鉴之物加以接受,以便矫正英美文明缺陷。东西方鸿沟深深,双方之骄傲不允其相互学习,故而亦自对先知之警告漠然视之:一方称,白种人必将在华土大获全胜;而另一方面则云,欧洲定将被黄种人移民之潮吞没。所有西方观念,在中国一概被蔑视待之。如此态度,即令李[鸿章]走遍西方亦并不能消除。而博德兰地 49 号旧日虽无所谓存在,但毕竟无害于人。经此闹剧,彼处业已成为荒谬可笑一中心,其旧时之辉煌断难恢复矣。

余致书诸家报纸,以答谢[英国]政府及报界之无私援助。文曰:

## 致——编辑

先生:

　　近日,大不列颠政府采取行动,终使在下自中国公使馆获释。不知可否借重贵刊专栏,以真诚鸣谢大不列颠政府之厚意？在下亦理应感谢报界众人及时之声援及其同情之用心。公众乐于助人之精神遍布大不列颠，其人民挚爱正义，早为在下所闻知。若需再加证实，则近日举国之行动，更令人确然信之。

　　既对政治立宪、人民启蒙之意义获切身体会和切实感悟，且更进一层，感奋之余，在下亦自当百尺竿头，积极坚持事业追求，务求可爱而又深受压迫之祖国走向进步，教育开通，文明发达。

贵刊忠诚之

孙逸仙

德文谢尔街 46 号

西博德兰地

十月二十四日

# 附录二　伦敦绑架案①

亦即，我被中国驻伦敦公使馆逮捕、拘押、释放的经过

孙逸仙　著

蔡新乐　译

魏春吉　校

---

① 据《国父全集》第五册英文原著 *Kidnapped in London：Being the Story of My Capture by，Detention at，and Release from the Chinese Legation，London*（台北：中国国民党中央委员会党史委员会，1973 年版）译出。此书题目过去译为"伦敦蒙难记"、"伦敦披难记"及"伦敦被难记"等。现据原名直译。

# 序

我最近遭中国驻伦敦公使馆绑架，被拘押在博德兰地 49 号公使馆内。[①] 此事引起世人颇多关注，也使我结交了许多朋友，更在法律上引发诸如程序、技术以及国与国关系等很多问题。因此，如果我不将与这一历史事件相关的情况一一记录下来并公之于众，便会觉得没有尽到一己责任。

我必须乞请所有喜好读书的人原谅我英文作文方面的缺点。而且，也理应坦白，若不是一位好友给予帮助，誊正我的思想[②]，我是断不敢以一部英文著作的作者的面目出现的。

---

① 此处原文为："My recent detention in the Chinese Legation，49 Portland Place，London，has excited so much interest，has brought me so many friends and has raised so many legal，technical and international points of law，that I feel I should be failing in my duty did I not place on public record，all the circumstances connected with the historical event." 中国公使馆所在地就是博德兰地 49 号，将 "My recent detention in the Chinese Legation，49 Portland Place，London" 分开译为两个分句，或可比较清楚说明事件的自然过程，也与汉语表达习惯保持一致。

② 原文中的 "transcribe" 的字面意思是 "转录"、"转抄"、"誊抄" 等。据黄宇和先生的研究，从康德黎夫人所记的日记来看，康德黎先生在此书写作过程当中给予了很多帮助。黄宇和先生甚至认为，此书乃是康德黎先生代笔写成的（详见氏著，《孙逸仙伦敦蒙难真相》，第 202、203、257 页，上海：上海书店出版社，2004 年版）。

# 第一章　乱局①

　　1892 年我移居珠江口小岛澳门②行医时，做梦也不会想到，四年之后竟然被囚禁在中国驻伦敦公使馆，不自觉间引起一起轰动一时的政治事件，最终要由不列颠政府积极干预，才获得自由。不过，也是在那一年，在澳门，我才最早接触政治活动，并且在那里开始了此生事业的这

---

　　①　第一章的标题是"The Imbroglio"。中山先生在《孙文学说》之中提及此章时，用的是"革命事由"（引自氏著，《建国方略之一孙文学说——知难行易（心理建设）》第八章"有志竟成"，详见《孙中山全集》第六卷，第 228 页，北京：中华书局，1981 年版；及黄彦编，《孙文选集》上册，第 83 页，广州：广东人民出版社，2006 年版）。但就这一表述的字面意思以及此书所讲述的内容来看，都应该直译。"Imbroglio"是意大利语的借词，意思是"一团糟"，"（政治或戏剧中）错综复杂的局面（或情节）"，"纠缠不清的误解，纠葛"。因为此书写的并不是"革命事由"，而是在讲述中山先生伦敦遭遇绑架和获释的过程，即使第一章标题可以译为"事由"，那也应该是"遭遇绑架"的"因由"。

　　②　澳门是中国的一个特别行政区。1553 年，葡萄牙人取得澳门居住权，经过五百多年欧洲文明的洗礼，东西文化的融合共存使澳门成为一个风貌独特的城市，留下大量的历史文化遗迹。澳门北邻珠海，西与珠海市的湾仔和横琴对望，东与香港相距 60 公里，中间以珠江口相隔。澳门是一个自由港，也是世界四大赌城之一。1999 年 12 月 20 日澳门回归中国之后，经济迅速增长，比往日更繁荣，是"一国两制"的成功典范。其著名的轻工业、美食、旅游业、酒店和娱乐场使澳门长盛不衰，澳门成为亚洲最发达、最富裕的地区。澳门亦是世界上人口密度最高的地区。

一部分：我的名字日后之所以凸显于不列颠人民面前，即是经由这一途径①。

1886 年，我在广州英美传教会学医，可敬的克尔医生是主持者。1887 年，我听说香港西医书院开办，随即决定利用那里提供的优越条件继续深造。

经过五年（1887—1892 年）的学习，我获得毕业文凭，从此可自称为"香港内外科执照医士"。

澳门已隶属葡萄牙 360 年了。不过，那里的政府虽已欧化，但居民大多是中国人，而自称为葡萄牙人的那部分人实际上是由几代通婚的欧亚混血儿构成的。

在新近选出的定居之所，当地医院的中国主持者尽心尽力帮助，为我提供机会使我能顺利地以西医身份行医，治疗内外科疾病。他们分一病房由我管理，为我从伦敦购来药物和器械，并给予我一切便利以确保我能跻身诸人之间并与之具有平等地位。

这一事件值得特别关注。因为，它标志着中国一个新的、意义重大的开端。在此之前，不论是大江南北哪个地方，还从来没有任何一家中国医院的董事会对西医有过任何直接、真正的鼓励。很多病人，尤其是外科病例，来我病房求诊。这样，我有机会当着董事们的面做了几例大的手术。而在另一方面，从一开始，我便同葡萄牙主事者难以处好关系。并不是东方人难以成事的愚昧，而是西方人的嫉妒之心，横加干预，使得我的进步受挫。葡萄牙法律禁止没有葡萄牙文凭的人在葡境行医，而这类文凭只能在欧洲获得。葡萄牙籍医生在这一法条之下寻求庇护，攻击我行医的权利诉求。他们一开始就不允许我在葡萄牙籍人中行

---

① 此处原文为："... and there began the part of my career which has been the means of bringing my name so prominently before the British people." 译文直译原意。

医，并禁止我为其开处方。同时，药房的司药也不准为出自任何异籍人士之手的处方配药。结果，我的进步一开始就遭遇阻梗。我意欲扎根澳门，根本想不到会遭到反对，但在多次努力失败并蒙受相当大的经济损失之后，便只好移之广州。

正是在澳门，我最早得知一种政治运动的存在，大可将之称为"少年中国"党①。其目标如此明智、如此庄重，也如此有希望，所以，我随即为之吸引并参与其中。我相信，成为其中一员，可以尽最大力量确保国家的利益。当时的想法是，造成和平革新②。因而，我们希望通过向朝廷提出有节制的方案，创建更符合现代要求的某种政体形式。这一运动的主要目的是，建立起一种立宪政体，以取代中国因之而饱受折磨③的那种过时的、腐败的、千疮百孔的体制。

没有必要详细说明在中国目前大行其道的统治是什么形式，但或可以数语加以概括。不论是朝廷、民族，还是地方事务，有关管理，民众无权过问。封疆大吏以及地方官员可以决断生死，民众求诉无由。官员出语即为法条。因而，他们尽可耍弄阴谋诡计而完全不负责任，且每一个官员都能自肥而不受惩处。官员们敲诈勒索，已成惯习之事。而这也是他们保住官位的前提条件。只有在吸血者笨拙不堪的情况下，政府才会假仁假义地介入干预，实则无疑敲诈，因而往往会使局面不可收拾。

英语读者可能意识不到，封疆大吏的定额俸禄有多么少。他们很

---

①　这里的原文是："the 'Young China' party"。可以认为，是中山先生为其起事的"党"——"兴中会""杜撰"出的英文名字。这样做，无疑是要为这一清廷眼中的"非法组织"保密。

②　此处的原文是"reform"。这个词有"改革"、"维新"、"改良"、"改进"、"改善"等意思。为避免将之与当时的"戊戌变法"所倡导的"维新"以及后世的"改革开放"混为一谈，译文选用了"革新"。

③　此处的原文是"... under which China is groaning"。若直译出来，意思是："中国在其压榨之下而不断呻吟。"

难相信，比如说，两广总督①统辖的地方人口比大不列颠还要多，但法定的俸禄每年总额只有区区 60 英镑之数。为了求生，同时也为了积累惊人的财富，他也就不能不指望敲诈勒索、贪赃枉法了。所谓的教育以及考试结果，只是入仕的一条途径②。假设一位年轻的士子金榜题名，他就会谋求仕进。而向北京当局行贿，就有希望谋得一个官位。一旦求得官位，既然他并不能靠俸禄生存，而且或许每一年都要花费不菲才可保位，结果也就只能肆意盘剥。在政府背后支持的情况下，如果此人几年之内不能聚敛足够的财富，买得更高的职位，他就一定是愚不可及了。随着晋升，他就会获得更多的特权，额外的便利。这样，最聪明的"敲诈者"最终必可聚敛到足够的钱款，买到最高的位置。

此类民贼，因生活方式而心灵扭曲，居然能成为终极的权威，诸如社会、政治以及司法等事务，完全由其裁决。靠自身腐烂以滋荣的就是这样一种封建制度，这样一个国中之国，这样不公平的独裁统治。这一体制以搜刮民脂民膏——卖官鬻爵以自肥：清皇朝③就是以此一主要手段继续存在的。既然是将这种合法化的腐败铭刻成了政体的最

---

①　"两广总督"对应的原文是："the Viceroy of Canton"，若直译为"广东总督"，显而易见与事实不符。

②　这句话的原文是："So-called education and the results of examinations are the one means of obtaining official notice."直译的话，意思则是："所谓的教育以及考试的结果，是获得官方注意的一种手段。"

③　"皇朝"的相应原文是"dynasty"，一般译为"王朝"。但清廷的首脑是"皇帝"，而不是"王"。所以，有必要对通行的译法加以改正。实际上，"'皇家'和'王朝'这两个词长期以来，在许多场合一直用错，但大家习焉不察，已经积非成是。比如秦王朝、雍正王朝之类，就是完全的错用。因为中国自秦朝以来就是一个皇权专制的中央集权制国家，掌握国家最高权力的是皇帝，与中世纪西欧王权下的国王不同。因此，讲中国的朝代只能用'皇朝'而不能用'王朝'。'王朝'的错误大概起于翻译，因为早期翻译 dynasty 为王朝，这用来说西洋史本来无错，但沿用到讲中国史显然就不对头了"（引自周振鹤撰，《皇家与王朝》，见氏著，《余事若觉：周振鹤随笔集》，第 246 页，北京：中华书局，2012 年版）。

高理想，那么，民众之中涌动的不满暗流激荡不已，又有谁会感到惊奇呢？

尽管因官方钳制而对周遭世界正在发生的事情一无所知，但是，中国民众绝不是愚昧无知之辈。凡是这方面的欧洲权威人士都认为，中国人的潜在才智是相当大的；而且，很多人还认为，应在别的国家民众之上，不论欧亚。在中国，政治著作不准阅读，日报禁止发行。周围世界、各国人民及其政治局面，尽被封锁。官在七品以下不允读中国地理，更遑论外国的了。现在的皇朝，其法律不是让民众阅读的，只有为数不多的最高级别的官员才了解一二①。至于军事主题的书籍，和其他被禁读物一样，不仅严禁阅读，而且违者甚至是要处死的。因有极刑的惩罚，未经许可，没有人发明新的事物，也没有人传播新的发现。这样，民众便被闭锁于昏昧之中。而政府偶尔也会散发一些消息，但那都是些只言片语，而且也是为了自身的目的。

中国所谓"文士"只能读四书五经及其注疏。其中包括古代哲学家论著、孔夫子等人的著作。但是，即便是这样的著作，凡是涉及批评官长的文字，都被小心翼翼地尽数删除。而得以刊布的部分，则是要训导人们顺从官长。这也就是教育的本质所在了。中国现行的就是这种方式的统治——易言之，也就是暴政——凡是现存的法律和礼仪，就要迫使人盲目服从。

确保实施愚民政策。这是中国统治者惯常的作为。这样，最近日本犯我边境，除战事实际发生之地以外，中国民众对有关情况竟然一无所知。不仅距离海边稍远的居民从来没有听说过日本人，而且，即使有人

---

① 此处的原文为："... they are known only to the highest officials."直译的意思是："只有最高级别的官员们才了解。"

论及，窃窃私语之余，也认为那是"夷族谋反"①。

如此梦魇迫于目前②，中国即便有机会革新，也只有自朝廷开始。为了说服朝廷改变上述致命事态，"少年中国"党遂告形成。因近年来北京当局同外国外交官有较为深入的接触，所以，满以为他们或已学到宪政方面的东西，并且可能有意帮助民众丢掉可悲的愚昧无知，我跟他人一道大胆趋近，卑躬屈膝请求他们为了中国的福祉而采取行动③。但这样的请愿最终只能引出接连不断的严厉的惩罚。日本威胁北京时，我们抓住了机会。皇帝因为惧怕严酷打击革新派会使人心涣散，所以一直对之视而不见。但是，在谋和成功之后④，圣旨下达，严词痛斥请愿者，并下令即刻终止有关活动，不得再议革新⑤。

既然和平手段已经无门可入，我们的观念和要求便愈发具体，并且

---

①　此处的原文是："a 'rebellion' of the 'foreign man'." 按照中国传统的"天下四夷"观念，"普天之下，莫非王土；率土之滨，莫非王臣"（《诗经·小雅·北山》）。"华夷之辨"始终是作为"泱泱大国"的中国的一种重大的民族识见。封闭的不仅仅是一般百姓，甚至思想家梁启超（1873—1929 年）也是在 1890 年入京参加会试之后途经上海，"从坊间购得《瀛环志略》读之，始知有五大洲各国"（详见周振鹤撰，《一度作为先行学科的地理学——序〈晚晴西方地理学在中国〉》，收入氏著，《余事若觉：周振鹤随笔集》，第 128—135 页）。所以，没有听说过的"日本人"理应理解为"夷族"，而不应是"外国人"。否则，"外国人谋反"可能就无从说起了。

②　此处原文为 "with this incubus hanging over her"，直译可为："如此梦魇高悬其上。"

③　此处原文为 "to move in this direction for the welfare of China"，意为："移向此一为中国谋福利之方向。"

④　这里所说的战争应指的是甲午（1894 年）中日之战，而"谋和"是指 1895 年清政府与日本签订《马关条约》。

⑤　按照历史事实，中山先生的确曾上书李鸿章，写下了著名的《上李辅相书》。上书全文八千余字，1894 年上海出版之《万国公报》月刊第 69、70 两册连载（参见陈少白撰，《兴中会革命史要》，收入柴德赓等编，《中国近代史资料丛刊　辛亥革命（一）》，见该书第 27—28 页，上海：上海人民出版社，1981 年版；及陈锡祺主编，《孙中山年谱》上册，第 73 页，北京：中华书局，1991 年版）。但目前还没有见到有关他联合其他有识之士上书朝廷的历史资料。所以这里的叙述可能是他杜撰的，目的或许是突出说明，他所领导的"革新党"起初是要用"和平手段"来求得政治革新的。但清廷非但不予理会，而且还用高压手段给予打击。这样，他们无可奈何只能采用"暴力"。这也就是他在文中所说的"加以某种程度的强迫"的含义。这样行文有助于赢得读者的同情。

也逐渐认识到，或许有必要加以某种程度的强迫。在军营各个角落，我们都找到了支持者。上层阶级对我国陆军和海军的行动非常不满；他们明白，腐败到了极致，就造成了军事失败。① 这样的感受并非限于一处，而是广泛蔓延且根深蒂固，终致有望在决定性的行动当中成形并得到表达。

"少年中国"党的总部实际上设在上海，而起事的地点却选在了广州②。在酝酿过程当中发生的几件事推动了起事的进程③。其中第一件事是心怀不满的兵士的存在。1895 年北方战事结束之后，广东某部有四分之三要被裁减。遣散使一些人无所事事，有的更是无法无天。而继续留守的那一小部分同志也并不比他们满意。他们要求：要么全都遣散，要么全部留守。但是，当局对这样的抗议充耳不闻。革新党随即将这些人争取过来，以参与起事。这样，人数增多，军事力量遂得壮大。

另一个偶发性巧合事件也加速了起事进程。不知是出于什么原因，有一队警察④脱掉制服，在城内一个地方肆意抢劫。一两个小时之后，居民奋起

---

① 此处原文为 "The better classes were dissatisfied with the behaviour of our armies and fleets, and knew that corruption in its worst forms was the cause of their failure"，意义似有不通之处，因 "better classes" 不知确指，而若谓指 "上层阶级"，则此等人必置身其外。但一般常识或认为，此类人贪婪更甚，腐败至极，自是军队败绩之源头。甘作霖将之译为："盖海陆军人腐败贪黩，养成积习，外患既逼，则一败涂地矣"（见《孙中山全集》第一卷，第 52 页）。全然为述意，不可取。此处为直译。

② 若据历史事实，则中山先生在 1895 年成立香港兴中会，设会所于香港中环丹顿路 13 号，以 "乾亨行" 名义掩护（参见陈锡祺主编，《孙中山年谱》上册，第 81 页）。在决定起事之后，中山先生携郑士良（1863—1901 年）、陆皓东（1868—1895 年）等赴广州设立分会。租得双门底王家祠、云冈别墅为会所，外假农学会名义，以掩饰外界耳目（同上，第 85 页）。由此可见，起事的 "总部" 就设在广州。中山先生并没有按照实际情况叙述，目的也仍然是为了保密。

③ 此处的原文是："The party was aided in its course by one or two circumstances." 直译的意思是："在［发展］进程当中，该党活动因两件事情而得到了推动。"

④ 此处原文为 "police"，甘氏译为 "巡防"（见《孙中山全集》第一卷，第 52 页）。

抵抗，最后占据了原为警察局的地方①，将五六个肇事者的头头关在了行业会所。于是，警长②就派来了队伍，放走捣乱分子，并且将会所本身也洗劫一空。居民们马上召集会议，1 000 名代表被派到总督官邸请愿，以抗议警察的行动。但是，当局竟然指责代表们，称这样的举动等于是在造反；更何况，他们也无权威胁官长。当局进而将领头的代表统统逮捕，然后驱散了人群③。心怀不满的人遂成异议人士④。这时，"少年中国"党与之交接，他们很快就加入了革新派的行列。

　　第三和第四件事的发生，也一样使队伍得以壮大。总督李瀚章⑤

———————————

①　此处原文为"the quondam police"，甘氏未译（见《孙中山全集》第一卷，第52页）。

②　此处原文为"the superintendent of the official police"，甘氏译为"巡防局员"（见《孙中山全集》第一卷，第52页），不妥。

③　按照中山先生1911年在《我的回忆》一文之中所写，这次的事件经过是："此外，在广州的一帮巡勇中还出现了骚动不安，他们由于领不到薪饷而开始在市区劫掠财物。居民为此举行了一个群众大会，公推五百多人作为代表，前往巡抚衙门提出申诉。'这是造反！'巡抚吼叫着，并立即下令逮捕为首分子。我逃脱了。这是我第一次逃脱，后来我又有多次类似的险遇"（引自氏著，《孙中山全集》第一卷，第549页；另可参见黄彦编，《孙文选集》中册，同题文章，第232页）。

④　此处的原文是："The discontents soon became disaffected..."如果直译，意思是："心怀不满者很快就变成不忠的了。"

⑤　李瀚章（1821—1899年），字筱泉，一作小泉，晚年自号钝叟，合肥市瑶海区磨店乡祠堂郢村人。其父李文安，曾官刑部郎中，与曾国藩为戊戌（道光十八年，1838年）同年。文安有六子，瀚章居长，鸿章居次，以下依次为鹤章、蕴章、凤章、昭庆。李瀚章于道光二十九年（1849年）以拔贡朝考出曾国藩门下，初为湖南知县。及曾国藩建湘军之初，即奏调瀚章至江西南昌综理粮秣。咸丰七年（1857年），曾国藩奔父丧回籍，李瀚章相继回合肥守制。后一年，曾国藩奉旨复出督师，仍召李瀚章回南昌总核粮台报销。瀚章遂偕其母、弟辈移家于南昌。曾官至两广总督。但此时的"两广总督"并不是李瀚章，而是谭钟麟（1822—1905年）。谭钟麟，字云觐，号文卿，湖南茶陵人，清咸丰元年（1851年）进士，选翰林院庶吉士，散馆授编修。后历任会试同考官、湖北乡试副考官、江南道监察御史、杭州府遗缺知府、河南按察使等职。同治十年（1871年）授陕西布政使，次年曾护理陕西巡抚。国民党元老谭延闿（1880—1930年）是他的庶出三子。光绪二十一年（1895年）春调任两广总督，曾力排众议，禁赌查盗，维护治安，但终不能畅行其志。光绪二十五年（1899年）冬奉旨回京，任直隶总督兼北洋大臣。光绪三十一年（1905年）逝世，谥文勤。

（李鸿章①之兄）为其所辖的两个省广东和广西的所有官职定了一个售价表②。这一新发明意味着对民众进一步的"盘剥"。因为，官吏们当然要逼使民众偿付，以弥补额外缴纳的款项了。第四件事，也是最具中国特色的敲诈手段，是在这位总督生日时出现的。在他统辖的两省，官吏们联合起来，要为这位主子送一礼物，于是，就聚敛了高达一百万两的银子（约合200 000英镑）。钱当然是官吏们从比较富裕的商人手中榨取到的：其手段一般是威胁，许诺，或者勒索。李瀚章的一个手下，名叫车发农③的，倒卖文凭：凡是拿得出2 000两银子（约合500英镑）的，都可购得一张。这便进一步激怒了"文士"们。富商们和"文士"们因此怨声载道，因而横下心来和"少年中国"命运与共。

这样一来，革新运动也就获得了很大的力量，增进了和谐，同时形成了广泛的影响，最终，事情很快被推向高潮。我们的计划是，夺取广州城，罢免所有的官员。但应以突袭的方式把他们捕获，确保悄无声息地进行，至少也应不流血。为了保证政变成功，也就不能不考虑拥有一支压倒一切的队伍。结果，雇到了两队人马：一支来自汕头，一支出自西河岸。之所以选中这两个地方，是因为，譬如说，汕头人对广州人讲

---

① 李鸿章（1823—1901年），安徽合肥人，世人多尊称其李中堂，亦称李合肥，本名章桐，字渐甫或子黻，号少荃（泉），晚年自号仪叟，别号省心，谥文忠。作为淮军创始人和统帅、洋务运动的主要倡导者之一、晚清重臣，他官至直隶总督兼北洋通商大臣，授文华殿大学士，曾经代表清政府签订了《越南条约》、《马关条约》及《中法简明条约》等。日本首相伊藤博文（1841—1909年）视其为"大清帝国中唯一有能耐可和世界列强一争长短之人"。著有《李文忠公全集》。

② 有关这一事件，中山先生在1897年写下的英文文章《中国的现在和未来》一文中也曾提及，这一部分的汉语译文是："在最近以前还没有为出卖官职而制定一个固定的价目表的事情，现在当局的大官变得这样无耻，就是前任总督李瀚章——李鸿章的兄弟——对于两广（广东、广西）的每个官职曾定下一个正规的价目表"（见氏著，《孙中山全集》第一卷，第105页；及黄彦编，《孙文选集》中册，第92页）。

③ "车发农"的原文是"Che Fa Nung"。

的话根本听不懂。尽管汕头在广州北部，与之距离只有 180 英里，但汕头人的语言与广州人的语言判然有别，类如英语与意大利语①。将异乡人引入，可以视为明智之举。因为，既然不能与广州人交流，也就不会受其牵绊，他们就能对起事更加执着。假若他们溃逃或哗变，也很难抵达安全之地。因为，在暴动之后，若是在广州城内被人认出，异乡人身份暴露，马上就会被当作疑犯。

　　按照计划，1895 年 10 月某日②，这两支队伍要越野行军。一支自西南而来，另一支从东北出发，直扑广州。一切进行顺利。于是，他们便开始进军。革新派委员会不断召集会议，武器、弹药以及炸药囤积于指挥部。为了强化越野行军的两支队伍，又从香港招募了四百人的队伍。集结的日子来临，南部的队伍已驻扎城外，行军四个小时就可抵达。一支百人组成的警卫队全副武装守护在委员会所在的行会会所四周。通讯员，约有三十位，被派入城中，通知异议人士为第二天早晨的起事做好准备。谋反者们正端坐大厅之中，不想一封电报忽然间送到③。电文的大意是，前进的部队中途受阻。革新派旋即慌乱起来。要想召回通讯员已不可能，但又找不到知道异议人士④居住地点的人。接二连三地收到情报，事情已经无法再进行下去了。于是，"逃命吧"呼声四起。

---

　　①　汕头应是在广州以东。
　　②　按照陈少白等人的回忆，起事预定在九月九日重阳节（亦即 1895 年 10 月 26 日）举行（见陈氏所撰，《兴中会史要》，柴德赓等编，《中国近代史资料丛刊　辛亥革命（一）》，第 30—31 页）。
　　③　据中山先生在《我的回忆》一文之中所叙，"一切似乎都在顺利进行，却突然来了一声晴天霹雳。这是汕头方面领导人拍给我的一封电报：'官军戒备，无法前进'"（见《孙中山全集》第一卷，第 549 页）。另一译文稍有不同："一切似乎进行顺利，但突然来了晴天霹雳。汕头部队的领导人发给我的电报说：'官军戒备，不能前进'"（见《孙文选集》中册，第 232 页）。
　　④　这里的原文是"the disaffected"。直译的意思是"不忠者"。

接着，就是一场大溃退①：焚烧文件，藏匿武器，又发了电报到香港要求阻止从那里出发的队伍。但发给香港代理人②的电报，是在他所有的手下全部登上汽轮，而且内藏左轮枪的很多木桶也尽数装载之后，才收到的。他并没有如电报中所嘱将队伍解散，反倒仍然命其继续开拔。这

①　从这里的描述来看，中山先生当是以幽默的文笔来显现所谓的"大溃退"。实际上，陈少白（1869—1934 年）等人是在与中山先生仔细商量解决办法，决定暂且搁置起义之后，比较从容地离开广州的。而中山先生本人则是两天之后才离开的（详见陈氏所撰，《兴中会史要》，柴德赓等编，《中国近代史资料丛刊　辛亥革命（一）》，第 31—32 页）。

②　此处原文为"the Hong Kong agent"，应指的是杨衢云（1861—1901 年）。据此役的参与者陈少白在其所撰《兴中会革命史别录》一文当中记载："杨衢云自言系福建人，生于香港。幼读西书，长人工厂，习机器，偶不慎，被机器轧去右手三指，乃改入白头行（波斯人首缠白布，故粤人称波人所开设之洋行为白头行）为书记。少时曾习拳勇，见国人之受外人欺者，辄抱不平，不惜攘臂为之力争，盖具有种族思想者。后与友设辅仁文社，研究学业，盖一变相之俱乐部也。乙未年正月，孙先生之乾亨行成立，与谢缵泰［1872—1938 年］同入兴中会。惠州之役后，在香港被人暗杀，遗有一子二女。杨为人素有大志，举止凝重，不苟言笑，朋辈燕聚，无意中便登上座。体魄强健，精神充实，与人谈笑脸可亲，津津不倦，不容第二人言也。入会后，好到处宣传，能以吾人平局纵谈之革命原理历史等复述于人，十不失一。为党员时，颇肆力于中国书籍，以少时偏重英国文，故中国文字所知独少。因是用功倍苦。人见其日手一卷，勤诵不辍，视之乃草庐经略，以教者太陋，故书中所为句读，谬误便可穷诘，而杨循而诵之，未尝懈云"（收入柴德赓等编，《中国近代史资料丛刊　辛亥革命（一）》，第 76 页）。在另一篇文章《兴中会史要》中，他回忆道："……到初九日，天还没有亮，我就起来，马上跑到农学会。等了好久，并没有消息。绿林首领，军队首领，民团首领等都来讨口号，等命令，而孙先生却还没有来。本来香港船在早晨六点钟就应该靠岸了，我们一直等到八点钟，才见孙先生忽忽的拿了一个电报来，一看是杨衢云打来的。电报上说：'货不能来。'我就同孙先生商量这事该怎么办呢？我说：'凡事过了期，风声必然走漏，再要发动一定要失败的。我们还是把事情压下去，以后再说吧！'孙先生也以为然。一方面就把领来的钱，发给绿林中人，叫他们回去再听命令。同时马上发电报给杨衢云，叫他'货不要来，以待后命。'……"（柴德赓等编，《中国近代史资料丛刊　辛亥革命（一）》，第 31 页）但是，杨衢云最终还是把原定的人马派遣了出来。邹鲁在《乙未广州之役》一文中写道："杨衢云虽接总理阻止来省电，然以军械七箱，已装泰安轮运省，若起回又恐败露，仍使朱贵全、丘四等于初十晚带数百人附泰安轮如粤。李家焯早派人预伏，抵岸，先登者四十余人被捕去，后登诸人尽将符号毁弃，始得免。……"（收入柴德赓等编，《中国近代史资料丛刊　辛亥革命（一）》，见该书第 238—239 页）另据罗刚著，《中华民国国父实录》（第二册）记载，（转下页）

样，船只驶到广州港，他们便只能束手就擒了。广州的领导人四散逃避。我本人在经历了数次死里逃生之后，登上开往澳门的一艘汽船。在那里停留了二十四小时之后，我又奔至香港。在香港，我先是造访了几位朋友，后来找到了良师益友詹姆斯·康德黎先生①。他得知我因冒犯广东当局，遇到了危险，生怕我会被捕甚至递解到广州问斩，所以就良言相劝，要我去咨询律师。我言听计从，马上照办了。

---

（接上页）"九月初十日（十月二十七日），粤吏得探密报，搜捕党人，陆皓东、程奎光［？—1895］、程耀宸［？—？］、梁荣［？—？］等被捕"（见该书第 319 页，台北：国民图书出版社，1962 年版）。中山先生后来回忆："本可一击而生绝大之影响，乃以运械不慎，致海关搜获手枪六百余杆，事机乃泄，而吾党健将陆皓东殉焉。此为中国有史以来，为共和革命而牺牲之第一人也。同时被株连而死者，则有丘四、朱贵全二人。被捕者七十余人，而广东水师通带程奎光与焉，后竟病死狱中。其余之人，或囚或释"［引自氏著，《建国方略之一孙文学说——知难行易（心理建设）》第八章"有志竟成"，《孙文选集》（上册），第 85 页］。不过，按照邹鲁（1885—1954 年）的说法，"事泄"的真正原因是，"时有党员朱淇，本清诸生，慕义入兴中会，工作颇为努力，乃得参与机要。其兄湘，清举人，主持西关清平局事。九日举义不成，朱湘恐为其弟株累，乃迫使自首于省河缉捕统领李家焯前，将总理率党人举义情形，尽为陈报。先是，香港总督以吴子才等运械如粤事，微有所闻，电知清粤总督谭钟麟，请为戒备。谭以电文未明指何人，无从查办。而李家焯亦以道路传闻总理举事之言禀谭，谭初以总理为教会中人，倘贸然拘捕而无凭证，将反被所噬，故仅由李家焯监视总理行踪。及得朱湘自首，乃大喜，派李率千总邓惠良大搜党人于双门底王家祠并咸虾栏张公馆各机关，先后捕去陆皓东等四人"（见氏著，《乙未广州之役》，柴德赓等编，《中国近代史资料丛刊　辛亥革命（一）》，第 228 页）。

　　① 康德黎（James Cantline，1851—1926 年），英国人，阿尔伯丁大学毕业，曾任外科医生，1889—1896 年任香港西医书院教务长，赏识该书院优秀学生孙中山。后者在澳门镜湖医院行医期间，他常从香港赶来帮助做重要手术，回国后任伦敦市议会顾问医生。1896 年 10 月 17 日获悉孙中山被清驻英使馆绑架的消息后，立即全力营救，首先报告警察当局，后又偕同孟森医生报告英国外交部。在外交部没有明确答复前又赶到《泰晤士报》报社吁请公诸舆论，并雇请私家侦探在中国驻英使馆门外守候监视。19 日按外交部通知具文报告孙中山被绑架情况。22 日《环球报》披露孙中山被拘捕的消息。次日清使馆被迫释放孙中山。随后他又帮助孙中山撰成《伦敦蒙难记》。此后与孙中山一直维持着深情厚谊。1921 年著《孙中山和中国的觉醒》，在伦敦皇家热带医药卫生协会创办的《热带医学评论杂志》上发表。"康德黎"，中山先生译为"简地利"（见氏著，《致区凤墀函》，《孙中山全集》第一卷，第 45 页）。"康德黎"一名又译为："康特黎"，"间地利"，"简大利"，"兼大理"，"坎特立"。

# 第二章　被捕

邓尼斯先生指点迷津，要我尽快出走。不及与康德黎先生告别，我就匆匆上路了①。

---

① 起事未举而败之后，清两广总督谭钟麟照会英国领事，知照港督，要求引渡被怀疑在香港避难的中山先生及其他四人，并许以重酬。港督罗便臣复称："英国不愿交出政治犯，孙文如来港，必驱逐出境，不准逗留"（罗家伦著，《中山先生伦敦披难记史料考订》，第 2 页，上海：商务印书馆，1930 年版；及史扶邻著，《孙中山与中国革命的起源》，第 85 页，北京：中国社会科学出版社，1981 年版）。英领事遂"故意推诿，谓外国例若系斩决之罪则不准交出，请将拟罪名见示"。谭钟麟因犯人未到案问供，无法先定罪名（《两广总督谭钟麟为孙中山去长崎事奏片》光绪二十一年十二月初八日，《清政府镇压孙中山革命活动史料选》，《历史档案》1985 年第 1 期）。引渡交涉遂告中止（引自陈锡祺主编，《孙中山年谱》上册，第 99 页）。而中山先生在抵达香港之后，与先期到达的郑士良、陈少白、邓荫南（1846—1923 年）等会面，共商后事，但必须先确定在香港能否居留，方能着手。中山先生乃往康德黎先生处。康德黎先生闻先生出奔之故，令其求见法律顾问邓尼斯律师，问以政治犯能否居留此地。律师询悉始末，谓此时在香港是初见，政府能否客留，未有一定，视港督之意如何办理；但宜先行离开，免致被其驱逐（详见孙中山撰，《乙未广州革命始末记》，收入氏著，《孙中山全集》第一卷，第 54 页）。在咨询过律师邓尼斯之后，中山先生与陈少白等商议，"'顾问已叫我们离开香港，较为妥当。我们还是跑吧！'就找到一张报，看看今天有什么船离港。看了报，知道有一只到安南的船，当晚就开，就派人去买船票。岂知这艘船是货船，不乘客人的。后来打听到还有一艘船，船名'广岛丸'的，明早到日本去，虽然也是货船，却有四个舱位。孙先生就约了我同郑士良三人，乘这只船到日本去"（陈少白，《兴中会革命史要》，引自柴德赓等编，《中国近代史资料丛刊　辛亥革命（一）》，第 33 页）。

　　两天之后，我乘坐汽轮赶往神户。逗留数日之后，我又来到横滨。在那里，我仿照日本人的样子更换上了欧式服装，把发辫理去，使得头发自然生长，并且蓄起了胡须。再过几日，我乘船从横滨出发，驶往夏威夷岛，居住在火奴鲁鲁①镇。我在那里有很多亲戚朋友，也不乏为我祝福者。凡所到之处，不论是日本、火奴鲁鲁，还是美国，我都能遇到来自中国的有志之士，充满革新精神，急切希望为祖国建立起某种形式的代议制政体②。

---

　　①　美国夏威夷州首府和港口城市，华人称檀香山，位于北太平洋夏威夷群岛中瓦胡岛的东南角，延伸于滨河平原上。市区面积 217 km²，人口约 37 万。都市区包括瓦胡岛各县，面积 1 544 km²，人口约 85 万，约占全州人口的 4/5。气候温和，年均温 24℃，年降水量 600 多毫米。早期为波利尼西亚人小村，19 世纪初因檀香木贸易和作为捕鲸基地而兴起。1850 年为夏威夷王国首府。1898 年夏威夷归属美国。1909 年设市。1959 年成为州首府。

　　②　这里的叙述是与实际情况有出入的。中山先生在 1922 年写下的《建国方略》之"有志竟成"之中这样写道："美洲华侨之风气蔽塞，较檀岛尤甚。故于由太平洋东岸之三藩市登陆，横过美洲大陆，至大西洋西岸之纽约市，沿途所过之处，或留数日，或十数日。所至皆说以祖国危亡，清政腐败，非从民族根本改革无以救亡，而改革之任人人有责。然而劝者谆谆，听者终归藐藐，其欢迎革命主义者，每埠不过数人或十余人而已"（引自氏著，《建国方略之一孙文学说——知难行易（心理建设）》第八章"有志竟成"，《孙文选集》，第 86 页）。至于日本和中国国内情形，也并没有大的差别。中山先生这样写道："日本有华侨万余人，然风气之锢塞、闻革命而生畏者，则与他处华侨无异也。吾党同人有往返于横滨、神户之间鼓吹革命主义者，数年之中而慕义来归者，不过百数十人而已。以日本华侨之数较之，不及百分之一也。向海外华侨之传播革命主义也，其难固已如此，而欲向内地以传布，其难更可知矣。内地之人，其闻革命排满之言而不以怪者，只有会党中人耳。然彼众皆知识薄弱，团体涣散，凭借全无，只能望之为响应，而不能用为原动力也"（同上，第 89 页）。

在火奴鲁鲁大街上漫步的时候，不期然与康德黎夫妇一家相遇①。他们借道返回英国。因为穿的是西服，他们一开始并没有认出我来。而且，他们的日籍保姆还用日语向我打招呼，以为我是其同胞。这样的事情常常发生。不论到哪里，日本人一开始都会认为我是他们之中的一员，等到开口讲话，才发现是弄错了。

我在 1896 年 6 月离开火奴鲁鲁，来到圣弗兰西斯科。在该地逗留一个月之后，继续西行②。在那里，我见到了不少同胞，得到他们热情的款待。在美停留三个月，我乘坐麦杰斯迪克号来到利物浦。在纽约的时候，有友良言劝我要对中国驻美使臣加以提防。因为，该使臣是满人，对汉人特别是革新派少有同情③。

---

① 在"有志竟成"之中，中山先生对有关情况是这样回忆的："予到檀岛〔引者按：檀香山〕后，复集合同志以推广兴中会。然已有旧同志以失败而灰心者，亦有新闻道而赴义者，惟卒以风气未开，进行迟滞。……行有日矣，一日散步市外，忽遇有驰车迎面而来者，乃吾师康德黎与其夫人也。吾遂一跃登车，彼夫妇不胜诧异，几疑为暴客，盖吾已改装易服，彼不认识也。予乃曰：'我系孙逸仙也。'遂相笑握手。问以何为而至此。曰：'回国道经此地，舟停而登岸浏览风光也。'予乃趁车同游，为之指导，游毕登舟，予乃告以予将作环绕地球之游，不日将由此赴美，随将到英，相见不远也。遂欢握而别"（《孙文选集》上册，第 86 页）。在同一篇文字中，中山先生在谈及伦敦遭遇绑架时，强调指出："然当初予之游美洲也，不过为初期之播种，实无大影响于革命前途也，然已大触清廷之忌矣。故于甫抵伦敦之时，即遭使馆之陷，几致不测。幸得吾师康德黎竭力营救，始能脱险。此则檀岛之邂逅真有天幸存焉，否则吾尚无由知彼之归国，彼亦无由知吾之来伦敦也"（同上，第 87、88 页）。

② 中山先生在《向英国律师卡夫所作的陈述词》之中称："我在纽约逗留了约一个月，在旧金山两个月"（《孙中山全集》第一卷，第 37 页）。

③ 中山先生未至檀香山时，两广总督谭钟麟即发电给清廷，称他已逃亡新加坡并拟年底回粤再举事。清廷遂电令驻外使馆，要求密切关注其行踪。随后，清驻日本公使裕庚（？ —1905 年）报告，谓中山先生已由横滨赴檀香山。因檀香山与中国并无引渡协定，清廷便电令驻美使臣杨儒（？ —1901 年）确查其去向（详见罗刚著，《中华民国国父实录》第二册，第 343 页）。中山先生自檀香山至美后，杨儒即电告清廷（同上，第 345 页）。他抵达旧金山后，杨儒又发电禀报（同上，第 346 页）。中山先生到达旧金山之后，清驻旧金山总领事冯咏薇（？ —？）电告杨儒中山先生抵达时的情形（同上，第 347 页）。在得知中山先生赴欧洲之后，清廷复电杨儒询问中山先生是到哪一个国家，并命继续关注其行踪，继而著电驻英国公使龚照瑗向英交涉代拿（同上，第 347 页）。龚照瑗接杨儒密电，知中山先生赴英之后，即命马格尼主办侦察事，后者便雇斯莱特〔斯拉特〕侦探社侦探跟踪监视（同上，第 351 页）。

1890 年 10 月 1 日，我抵达伦敦，暂住在斯特朗的哈克瑟尔宾馆。次日，我便赶到西博德兰地德文谢尔街① 46 号康德黎先生家造访，受到老友及其夫人的热情欢迎。他们为我在霍尔伯恩格雷旅馆地 8 号找到了格雷旅馆作为寓居之处。安顿下来之后，我便开始在伦敦闲居游览，进而在这一世界中心得以领略很多景观、博物馆以及历史遗迹。给我这个中国人印象最深的，当是大街上奔流不息的车辆：公交车、公共汽车、小轿车、四轮马车、运货车以及低些层次的运输工具，往来不断，且不见尽头；而警察②控制、指挥井然有序，令人称奇。而路上行人和颜悦色，谦谦有礼③。当然了，步行者也不在少数，但是并不像我们在中国的街道上看到的那样拥挤不堪。首先，中国的街道要狭窄得多，事实上也就是小巷子。其次，所有的货物，我们都要靠人力搬运：不论是什么，都要把竹竿横在肩上，然后挑起来。即使是在香港，街道不可谓不宽，但步行者也一样是人满为患，有如黄蜂。

就在我开始从斯特朗出发熟悉霍尔伯恩，由皮卡德利广场出发向牛津广场寻路的时候，忽然被剥夺了行动自由。有关情形，英国报界已经做了巨细无遗的报道了。

我不断到康德黎先生家造访，实际上几乎是每日必与。到时多半在书房打发时光。一天午饭时，他提起中国公使馆就在附近，并且开玩笑建议，或许我可以到那里拜访一下。他的妻子马上反驳说："你最好还是别去吧。切记不可靠近。他们会把你抓起来，用船送回中国的。"我们在座的一听，全都大笑起来。但当时并没有想到，女性的直觉如何真

---

① 此街原名是 "Devonshire Street"，旧译为 "地温些街"、"德文郡街"、"覃文省街" 等。
② 此处原文为 "police"，甘氏译为 "警察"（见《孙中山全集》第一卷，第 55 页）。
③ 原文为："... the good humour of the people"，直译应为："人们的好心情。"

实，不久之后我们就要经历这样的现实了。一天晚上到孟森医生①家。他也是我在香港结识的，是我的医学老师。晚餐时，他也半带玩笑地劝告，要我避开中国公使馆。因此，友人已经发出及时警告。但是，因为我并不知道公使馆是在哪里，所以警告流于无用。我只知道，要想到德文谢尔街，就要在牛津广场下公交车，进而再向北直走到一条宽阔的街道，看到街角房屋墙壁上的德文谢尔街一名即可。我当时对这个地方的了解，仅仅限于这个范围。

10月11号礼拜日，接近十点半的时候，我正朝着德文谢尔街走着，希望能同医生及其家人一起按时赶到教堂。就在这时，一个华人鬼鬼祟祟从背后赶上来，用英语问我是日本人还是中国人。我回道："我是中国人。"接着，他又问我是从哪个省来的。我告诉他，来自广东。他一听马上说道："我们是同乡，说一样的话啊。我也是广东的。"这里应该指出，英语或者说"洋泾浜英语"②，也就是"商务"英语，是来自不同地方的华人之间的共同语言。汕头与广州商人，尽管两地相隔仅有180英里（比伦敦和利物浦之间的距离还要近一些），但有可能根本听不懂对方讲的话。在整个中国，书面语言是统一的，但书面语言和口头语言就完全不同了，而且，口头语言各地之间也彼此不同。因此，汕头的商人如果是在香港和广州人做生意，就要讲英语，但写东西的时候则要用中国的通用语。论及这一话题，不妨说，

---

① 孟森医生（Dr. Manson）之名为Patrick Manson（1844—1922年），英国医生，是香港西医书院的首任教务长。"孟森"，中山先生译为"万臣"（见氏著，《致区凤墀函》，《孙中山全集》第一卷，第45页）。"孟森"一名，有译为"蒙臣"、"门森"等。

② 洋泾浜，原是上海的一条河浜，位于从前的公共租界和法租界之间，后来被填成一条马路，即今天的延安东路。所谓"洋泾浜英语"（Pidgin），是指那些没有受过正规英语教育的人说的蹩脚英语。它的特点一是不讲语法，二是按中国话"字对字"地转成英语。

日本的书面语言其文字和中国人所用的是一样的①。中国人如果和日本人相遇，尽管双方的口语用词没有共同之处，但彼此之间还是可以在地上或者纸上比比画画，还会用一个食指在另一只手上不断画出想象性的图形，以便相互交流。

就这样，假意要与我为友的这位中国人，一直用英语对我讲话，直到弄清了我用的方言。我们接着就用广东话交谈。二人沿着街前行，不自觉慢下脚步。就在这时，另一个华人加入我们的行列。这样，我左右两边便各有一人。他们坚邀我到其"寓所"，品尝香烟，畅叙乡情。我婉言谢绝了。于是，我们就在人行道上停了下来。此时，第三个华人出现，第一个与我结识的转身离去。继续留在那里的两位进一步催促我与之相伴，同时，以一种看似友好的方式渐渐将我拉向人行道边上。就在这时，近旁房舍的大门忽然敞开，两位同伴半带玩笑、半带强迫，近似友善一推，左右使劲将我推了进去。因为并不了解走进的这栋房子，所以我也就没有什么怀疑。之所以犹豫不定，是因为急着到康德黎先生家里去，以便及时赶到教堂，所以就觉得，如果再拖下去，就要迟到了。然而，我还是无所怀疑地走了进去。甚至在大门不知为何匆匆关闭并且落锁时也未吃惊。但就在此时，我脑海里瞬即闪现出一个念头：这所房子一定是中国公使馆。这样才可解释，身着清廷官服的华人为何如此之多，房子又为何如此宽敞。同时，我不免又回想起，使臣就住在德文谢尔街邻近某处，我这时一定是距离很近了。

我被带到一楼一个房间，一两个人跟我打招呼，他们也彼此寒暄。接着，我又被带到楼上：二人一边一个，为我引路并且半带强逼要我上

---

①　这里表达的，当是所谓中国人与日本人"同种同文"的观念。

楼。接着，他们将我带进三楼①的一个房间，并要我待在那里。不过，这间房似乎并不能令拘押我的人满意，所以很快便又将我押进四楼②的一个房间。这里，窗户上钉有铁条，面向公使馆的后面。这时，一位发须皆白的老绅士满脸傲气走进房间，说道：

"对你来说，这里就是中国。你现在已经在中国了。"

他坐了下来，开始对我审问。

问及我的名字，我回答："姓孙。"

"你的名字，"他回应道，"是孙文。我们已经接到了中国驻美使臣的电报。电报通报，你乘麦杰斯迪克号到本国旅行。使臣命令我逮捕你。"

"这是什么意思啊?"我问道。

对此，他回答：

"你以前曾经向北京的总理衙门③递交请愿书，并要求转呈皇帝。可以认为，那是非常有见识的请愿。但现在总理衙门要你。因此，要把你拘押在这里。等到弄清楚皇上要我们做什么，才能处理。"

"我可以让朋友知道，我在这里吗?"我问。

"不行，"他答道，"但你可以给住的地方写封信，让人把你的行李送来。"

在我表示要给孟森医生写信之后，他命人给我拿来了笔、墨和纸。

---

① 原文为"the second floor"。

② 原文为"the third floor"。

③ "总理衙门"（Tsung-Li-Yamen）是"总理各国事务衙门"的简称。后者又可简称为"总署"、"译署"等，为清政府为办洋务及外交事务而特设的中央机构，于1861年1月20日由咸丰帝（1831—1861年）批准成立。总理衙门存在了40年，直到光绪二十七年（公元1901年），据清政府与列强签订的《辛丑条约》第12款规定，改为外务部，仍位列六部之首。

我在信中向孟森医生说，我被关进了中国公使馆①，请他转告康德黎先生把我的行李送来。然而，这位老绅士——后来才知，他就是哈立德·马格尼爵士②——反对我用"关进"这类词，所以就要我另写一封。我言听计从，写道："我现在中国公使馆。请转告康德黎先生把行李送到这里。"

--------------------------------

　　①　这里原文用的是"confine"，意思是"禁闭"。中山先生在《向英国律师卡夫所作的陈述词》之中也谈及："我写的是：'我被监禁（confined）在中国使馆里。'他［引者按：指马格尼］说：'我不喜欢"监禁"这个字眼。'我说：'那我该怎么写？'他说：'简单地写上"把我的行李送来"。'我说：'他们不知道我在什么地方，是不会把行李送来的。'第二封信我是这样写的：'我在中国使馆，请将我的行李送来。'他说：'发出这封信之前，我必须请示公使。'他拿着信走了。以后直到我离开使馆时，再也没有见过他"（《孙中山全集》第一卷，第40页）。

　　②　马格尼爵士（Halliday Macartney，1833—1906年），字清臣，生于苏格兰，爱丁堡大学医学专业毕业。第二次鸦片战争时作为军医于1858年随侵华军到中国。曾参与助剿太平军，后被委任为淮军洋炮教习，深得李鸿章信任。他帮助李鸿章建立了中国最早的近代化兵工厂，起初于1863年在上海淞江口建造起一个洋务炮局，不久迁至苏州，建立苏州洋务炮局。1865年李鸿章以江苏巡抚署理两江总督的名义，命马格尼在南京又建立起一个大规模的兵工厂"金陵制造局"，任命他为总监。1857年因大沽口试放金陵兵工厂出产的炮弹发生爆炸，炸死官兵7人，且后来又接连发生类似事件，马格尼丢了官。第二年，清廷派郭嵩焘（1818—1891年）出使英国，在英国驻华公使威妥玛（Thomas Francis Wade，1818—1895年）和李鸿章力荐下，马格尼以三品衔候选道充任三等英文翻译官随郭出使英国。至曾纪泽任公使后，他晋升为二等参赞。虽然郭嵩焘认为，"马格尼诸事生疏，而特持意见专擅，亦予大运之劫星也，心实苦之"［见郭氏著，《伦敦与巴黎日记》（钟叔河，《走向世界丛书》，长沙：岳麓出版社，2008年版）光绪三年十二月初二日］，而且，中山先生此书之中对他也大加贬斥。但是，不以言非人，当是正视历史的一项原则。马格尼在随同曾纪泽参与"伊犁改约"与俄罗斯谈判的过程当中，争回了被俄侵吞的新疆部分领土。马格尼是曾纪泽的高参。曾纪泽在其日记当中屡有言及［详见曾氏著，《出使英法俄国日记》（钟叔河编，《走向世界丛书》，长沙：岳麓出版社，2008年版）光绪六年四月廿五日、七月初二日、七月十五日、七月十六日、八月十二日、八月廿九日、九月初一日、十二月十八日以及十二月廿九日等处］。曾任驻英法意四国公使的薛福成（1838—1894年）也在其日记当中记载马格尼为争中国属地所做的谏言［详见氏著，《出使英法义比四国日记》（钟叔河编，《走向世界丛书》，长沙：岳麓出版社，2008年版）光绪十七年十二月二十四日及光绪二十年正月二十四日］。据黄宇和先生的研究，当时出使英国的清廷公使龚照瑗不能理解西方舆论，且刚愎自用，加上向清廷讨赏的心急切，所以就不择手段利用绑架的办法要把中山先生押送回国。但这似乎是马格尼所不能同意的，尽管他又不能不予以顺从（详见黄宇和著，《孙逸仙伦敦蒙难真相》，第56—68页）。马格尼的汉语名字旧译包括"马格里"、"马凯尼"、"马卡尼"等。

可是，他又说，他不想让我给朋友写信；于是，又要我给住的旅馆写。我向他说明，我并不是住在旅馆，而且也只有康德黎先生知道是住在哪里。审问我的人显而易见是在玩弄狡猾的把戏，意在夺走我的财物，尤其是我的文件，希望能找出来往信件，以便确定我的中国同党以及与我通讯的人究竟是谁。我把写给孟森医生的信递给他。他看过之后，还给我，一边说道："这就行了。"我把信装进信封，再交给哈立德·马格尼爵士，满心希望信能发出去。

# 第三章　遭囚

哈立德·马格尼爵士一离去，房门就被关上，然后上锁。这样，我就成了锁闭之室的囚犯。过了一会儿，门边的斧锤之声响起，让人心神难安。我这才明白，门上又添了一把锁以为巩固。门外设岗，至少有两个人在把守，其中一位是欧洲人。有时候，还会再加一个。在我最初被拘的 24 小时内，门外的守卫不断进入室内，用方言同我讲话。他们讲的方言，我还算能听懂。至于为何囚禁，他们没有提供任何信息，我也没有向他们提出任何问题。他们只透露说，将我关在密室的那位老绅士，就是哈立德·马格尼爵士，或如他们所称呼的，马大人。马指的是"马格尼"，大人是"阁下"的对等词。这一名号与此处中国使臣所用的名字龚大人①属于同一个范畴。龚是家族名字或曰姓；大人表示称号，意思是"阁下"。他在处理公共事务时从来没有给出过真名，这样也就

---

① 龚大人（1835—1897 年），原文为"Kung-Ta-Yen"，指龚照瑗。龚照瑗，字仰蘧，号卫卿。安徽合肥人，曾任江苏候补道。中法战争期间，为台湾守军转运军械。1886 年任上海道台。1887 年李鸿章委其重办机器织布局，1890 年建成。1889 年与各国领事磋商后，建立专管洋商租地事宜的上海会丈局。1891 年迁浙江按察使，后任四川布政使、驻英法意比等国公使，1896 年曾在英国诱捕孙中山。同年回国，任宗人府丞。1897 年被劾去职。

使每一个外国人无意之间都要将之尊称为"阁下"。我常常感到好奇，是不是他在跟不列颠政府打交道的时候，也只用这一个名号。如果真是这样，那么，那便是有意轻视、怠慢他人了。中国的宫廷和外交礼仪十分微妙。若是一字读音稍有变化，就足以将同外国人的任何一次交流的意思从恭维变为轻蔑。在同外国人交接的时候，总有人要追求这种效果。所以，的确需要对中国文学和文化有非常丰富的知识，才能明白，传递给外国人的信息为何最终使中国人沾沾自喜：自以为贬损了身处高位的某个外国人，对方还蒙在鼓里。这一位因此就会向周围的人炫耀，他才智过人，所以"洋鬼子"才会那么不是对手，最终败下阵去。

在我被监禁几个小时之后，一个看守走进室内，口称奉哈立德·马格尼爵士之命搜身。他搜过后掠去了几把钥匙、一支铅笔和一把小刀。不过，装钱的口袋，他倒是没有翻到，而只是拿走了几份微不足道的文件。看守问我吃什么东西，应我的请求，送来了牛奶。我把它喝了下去。

在这一天，有两个英籍庶务进来生火，送煤块，打扫房间。我请先进来的为我带封信出去。看他许诺答应给办，我就写了一封短信给西德文谢尔街 46 号康德黎先生。第二个庶务来的时候，我也是如法炮制。我当然事后才得知，这两封信最后到了哪里。但是，二人后来都说，信已送了出去。那天（礼拜日）晚上，一个英籍妇人进入房内为我铺床。我并没有跟她讲话。这一夜，我衣不离身，一宿未眠。

第二天——10 月 12 日礼拜一——两个英籍庶务又来收拾房间，并送来煤块、水和食物。其中一个讲，已经把我托付给他的信送了出去。而另一个，科尔，则称他没有办法出去，所以未能送出。不过，我还是怀疑，两封信根本就没有抵达目的地。

13 日礼拜二，我再次询问年轻一些的庶务——不是科尔——是不是把信送了出去，见没有见到康德黎先生。他口称，已经办了。但是，因为我对他仍是怀疑，他便发誓说，他见到了康德黎先生；康君接了信后，还说"好吧!"因为没有了纸，我便只好用铅笔把信写在手绢的一角，然后请他交与我的朋友。同时，我还把半金镑硬币放在他手里，希望能最终达到目的。但是，我免不得还是怀疑他的真诚。而且，我知道，这样的怀疑是有根有据的。因为，随后就得知，他一出得门去，就跑到雇主面前把秘密全部讲了出来。

在我被囚的第四天，被人称为邓先生①的人前来见我。我认出，他就是绑架我的那一位。他一坐下来，便开始同我谈话。

"我上次见你，"他开口说道，"把你带到这里的时候，那样做，是我身为官员的职责。这次来跟你谈话，则是作为一个朋友。你最好坦白，你就是孙文。如果否认，不会有任何好处。事情全都安排妥了。"他以假意恭维复带冷嘲的口吻继续说道："你在中国已经是闻名遐迩的了。皇上和总理衙门都非常清楚你的来历。你既然已经为自己赢得了这样显赫的名声，现在死掉，真的是很值得的了。"（这是东方人特有的恭维人的方式，西方人或许很少能够欣赏。不过，如何死去，以何种名号、以怎样的名誉去死，在中国被看成头等大事。）"你既来到这里，"他进而说道，"也就意味着生死。你明白吧？"

"什么呀？"我说，"这里是英国，而不是中国。你们准备怎么处理我？如果是要引渡，就必须将我被囚的事通告不列颠政府。而我不认为，这个国家的政府会对我弃而不顾。"

"我们并不想为你申请合法的引渡，"他回应说，"一切都已经安排

---

① "邓先生"，原文是"Mr. Tang"，指的是邓廷铿。邓氏号琴斋，广东三水人。乙未前，中山先生在广州行医时曾与其有一面之缘，故而丙申年游英时受骗被捕。当时，邓氏是使馆的译员。后来，邓在民国二年曾到南京临时大总统府求见中山先生，其副官欲治以汉奸罪。中山先生称："桀犬吠尧，各为其主，已过之事，毋庸深究，彼来求官，但不予之官足矣。"即令其副官护送其出府（详见罗刚著，《中华民国国父实录》第二册，第357页）。

妥当。汽轮已经雇好。会堵住你的嘴巴、把手足捆起来，把你带离这里。这样也就不会有任何扰乱了。将把你安置在汽轮上，加以安全防守。在香港港外，会有一艘炮舰等着迎接你。随后就要把你押到船上，带回广州受审，最终明正典刑。"

我则指出，这样行动是有风险的。因为，我可能有机会在航行途中同英国人交流。然而，邓氏则宣称，这是不可能的。因为，如他所说："像在这里一样，会对你严加看守的。这样一来，任何逃跑的企图都已经预先斩断了。"我再一次点出，汽轮上的船员有可能并不跟捕获我的人一心，其中有人说不定就是会同情我、帮助我。

"汽轮公司，"邓氏答道，"跟哈立德·马格尼爵士很是友好。所以，让他们做什么，他们都会听的。"

在回答我提出的问题的时候，他向我透露，我将被带上"格伦"汽船公司的一条船。但递解出去的时间要到下一周（此时已是 10 月 14 日）才可能安排。因为，使臣不愿专门雇一汽轮，那样花销太大了。他想的是，船先装货物，这样也就只需为我购买船票了①。

"下周某个时间，"他复言，"货物装载完毕，你那时也就要走了。"

因我指出，这个计划困难重重，无以实施，他随口说道：

"假若我们有这样的顾虑，就会在这里把你杀掉的。因为这里是中国，任何人都不能干涉我们在公使馆的活动。"

为了教训我，也为了安慰我，他接下来援引朝鲜一个爱国者的例子，称此人从朝鲜逃到日本，在他的一位同胞的引诱下来到上海，在那里的英国租界被人杀死。他的尸体被中国人运回朝鲜，抵达之后，又被

---

①　邓氏这里所说的大致是中国公使馆的安排。1896 年 10 月 16 日清驻英公使得到总理衙门电报："庚电悉。购商船径解粤系上策，即照行，七千镑不足惜，即在汇丰暂拨，本署再与划扣。惟登舟便应镣，管解亦须加慎，望荩筹周备。起解电阅，以便电粤"（转引自罗刚著，《中华民国国父实录》第一册，第 363 页）。

斩首。而谋杀者则获大笔赏金，并得提升高位。邓氏显然乐不可支醉心于这样的念想：政府因其将我诱捕，最终可将我处死，也一样会提升他。

我质问他，为什么会这么残忍。对此，他答道：

"这是皇上的命令。他要我们不惜代价逮捕你，生死勿论。"①

我急忙说道，那位朝鲜的案子，就是造成中日之战的起因之一；如果将我逮捕并且处决，有可能引起更多的麻烦、很大的纠葛。

"不列颠政府，"我指出，"会要求对这个公使馆的所有人员加以惩处。而你身为我的同乡，竟然这样待我，我广东省的同伴将来会对你和你的家人施加报复。"

他忙不迭改变语调，谈吐之间不再那么趾高气扬了。他又说，他所做的一切，都是依照公使馆的命令行事。而他那么说，也只是以朋友的身份警告，我已经大难临头了②。

---

① 中山先生在《在伦敦苏格兰场的陈述词》之中谈到，他曾追问邓氏："……如果不能把我运走，他们下一步将会怎么办。他说，就在使馆里杀死我，将尸体加以防腐，再送回中国执行死刑。我问，他们为什么要这般残忍，他说，政府不惜以任何代价捉拿你，不论是死是活"（《孙中山全集》第一卷，第 34 页）。

② 有关邓氏与中山先生的谈话，邓氏做有笔录（时间是 1896 年 10 月 14 日），已收入《孙中山全集》第一卷，第 26—29 页。

## 第四章　为寻生计求看守

当天夜里十二点，邓氏又来我房间，重新谈起同一个问题。我问他，如果他真的愿意做我的朋友，能帮我做些什么。

"我这次来就是这个意思，"他回答说，"而且，我要尽最大努力，很快就能把你放出去的。同时，"他继续说，"我准备让锁匠仿制两把锁。一个是你房门上的，一个是前门的。"

邓氏解释，他之所以这么做，是因为使臣的心腹随身携带着那两把钥匙，轻易不会脱手。

我又问起，他什么时候会放我出去。他回答说，到次日才有可能。他还说，有可能安排在礼拜五凌晨两点。

他走到门边的时候，又一次叮嘱，要我为礼拜五出去做好准备。

在他走后，我在一张纸片上匆匆写下数语，想让杂役转交康德黎先生。

第二天 10 月 15 日礼拜四，我把短信交给杂役。但是，正如邓氏当天下午给我透露的，杂役将此信交给了公使馆官吏。

邓氏声称，因为我做这种事情，整个破坏了他营救我的计划，而且，哈立德·马格尼爵士还大骂他不该把他们如何递解我的消息透露给我。

我只好问他，还有没有希望保住我的性命。对此，他回答说：

"是啊，还是有很大的希望的。不过，我要你做什么，你就必须去做。"

他让我给使臣写信请求宽恕。我同意了，就索要笔、墨和纸张。邓氏让科尔把这些送了进来。

不过，我请其让人把中国的文墨纸张送进来。因为，我不好用英语给使臣写信。

对此，邓氏回应：

"哈，英语是最好的了。使臣只不过是个傀儡。不论什么事，都是由马格尼掌握的。你最好给他写信。"

我问该怎么写，他答道：

"你务必要否认自己跟广州谋反有任何关系，声明自己是受了官员们的冤枉，而且，你是到公使馆申冤的。"

当着邓氏的面，按照他口述的大意，我写了一封长信。

将给哈立德·马格尼爵士（本不知该如何写他的名字，邓氏为我拼写出来）的信写完，折叠好，交给邓氏。他一拿到手，便匆匆离去。自此之后，我就再也没有见到这位阴谋家。

毫无疑问，这样做是很愚蠢的。因为，我因此便为仇敌提供了文件证明，说明我是自愿来公使馆的。但是，一个死期在即的人不管是抓到什么，都会死死不放的；既在难中，我也就很容易上当受骗了①。

---

① 此处原文为："But as a dying man will clutch at anything, so I, in my strait, was easily imposed on." 可直译为"但一如垂死之人自欲将任何一物抓于手中，予既身陷困厄，亦动辄上当受骗矣"。甘氏译为："虽然，人当堕落深渊之际，苟有毫发可资凭借，即不惜攀以登，更何暇从容审择耶？"（《孙中山全集》第一卷，第62页）另，中山先生在《向英国律师卡夫所作的陈述词》之中谈及，他按照邓氏的意思写信给马格尼，"我〔引者按：中山先生自称〕这样做，因为我考虑到这是我得以离开那里的唯一途径。我认为他们会把我递解回中国，而从未想到会重获自由"（《孙中山全集》第一卷，第42页）。

邓氏向我透露，我写的所有短信都被庶务们丢掉了。所以，没有一封交到外边朋友的手中。我已获救无望，只能对自己说，只有面对死亡了。

在这一周里，凡是能找到的纸片，我都会写下几个字，诉说我深陷困境，然后再把它们投向窗外。一开始我是请庶务帮助投出去，因为窗户并不临街。但是，显然这些信都被扣留了。因此，我就试图自己向窗外投。幸运的是，有一封短信落到了邻居的房舍后屋的铅皮屋顶上。

为了让这些长了翅膀的信函飞得更远一些，我在纸团里夹了铜币。铜币用完后，又裹进去两便士的硬币。这些钱币，尽管经过搜查，我最终还是留在了身上。那封信飘落到邻舍屋顶的时候，我真希望，住户能拿得到。其他短信，有一封砸中了一根绳子，一下子掉在了窗户外面。我请求一个庶务——不是科尔——拾起来还给我。但是，他并没有这么做，反倒禀报给看守。他们把信拾走了。

他们四处搜寻，飘落到邻舍铅皮屋顶的那封信引起了他们的注意；于是，攀爬上去，也把那封信拿到。如此，我连最后一线希望也被剥夺了。这些短信，他们统统交给了他们的雇主。

现在，我深深陷入厄难，比任何时候都要严重。因为，他们又在窗户上钉上了钉子，窗户从此不复开启①。我唯一与外界交流的途径似乎也已经不复存在了。

既然已经彻底绝望，唯有靠向上帝祈祷，才能得到安慰。依旧沉闷无聊的白日，百无聊赖更甚的夜晚，一天天过去。若不是祈祷带来安慰，我感觉，自己早就疯了。在获释之后，我曾向康德黎先生讲述，祈祷如何已成为我唯一的希望。我还对他说，我将永远也不会忘记，10月16日礼拜五早上祈祷过立起身来之后，心中产生的是什么感受——一种

---

① 此处原文为"they screwed up my window"，甘氏译为："窗上均加以螺钉，不复能启闭自如"（《孙中山全集》第一卷，第62页）。

沉静、充满希望以及信心的感受。这便使我确信，我所做的祈祷，上天闻知，因而令我充满希望：一切都会好起来的。因此，我下定决心，要再做努力，决意说服科尔，以请求他给予援手。

他进来以后，我就询问："你能不能帮帮我？"

他以一个问题作为回答："你是什么人？"

"来自中国的一个政治避难者，"我向他坦白。

看他好像并没有真的明白我的意思，我就问他，是否听说过阿美尼亚人①。他答，听说过。于是，我就沿着这条线索向他讲述，正如土耳其的苏丹想把所有的阿美尼亚基督徒全都杀死一样，中国皇帝也要把我杀掉。因为，我是一个基督徒，而且还是费尽心力要在中国创建良政的一个党派的成员。

"所有的英国人，"我解释，"都同情阿美尼亚人。所以，我不怀疑，如果他们了解我的处境，也会以同样的态度待我。"

---

① 阿美尼亚，或译亚美尼亚，英文名是 Armennia，即阿美尼亚共和国，是一个位于欧亚交界、高加索地区的山区小国，也是在苏联瓦解之后独立而出的许多共和国之一，首都为埃里温。面积 2.98 万平方公里。人口 321.57 万（2005 年 1 月），阿美尼亚族占 93.3%，其他有俄罗斯人、库尔德人、乌克兰人、亚述人、希腊人等。官方语言为阿美尼阿语，居民多通晓俄语。主要信奉基督教。因为小高加索山横贯、境内地形崎岖的阿美尼亚相传是《旧约圣经》中诺亚方舟在大洪水退去后着陆抵达之处（传说中诺亚方舟停靠在亚拉拉特山上，这座山位于今日阿美尼亚与土耳其边境，最高峰在土耳其境内），甚至有说法认为阿美尼亚的首都埃里温就是由诺亚本人建立的城市。传说的真与否或许不容易查证，但是阿美尼亚的确是世界上第一个将基督列为国教的国家，其历史可以溯源到 4 世纪时，并且在之后的一千年间一直以独立国家的形态存在，并没因为罗马人、波斯人与蒙古人的侵略而消失。16 世纪中期，原本拥有大面积国土的阿美尼亚被伊朗和奥斯曼帝国瓜分，1805—1828 年，东阿美尼亚地区并入俄国，西阿美尼亚地区依然被土耳其人控制。地域广阔的西阿美尼亚地区长期处在土耳其奥斯曼帝国的统治下，信仰基督教的阿美尼亚人则长期沦为二等公民，并不断遭到土耳其奥斯曼帝国当局的迫害和屠杀。第一次世界大战期间，超过 100 万阿美尼亚人惨遭土耳其奥斯曼帝国当局屠杀，此外数以万计的阿美尼亚人被迫流亡海外。1920 年，阿美尼亚苏维埃社会主义共和国成立；1922 年，阿美尼亚加入外高加索联邦苏维埃社会主义共和国，成为苏联加盟共和国下面的一个自治共和国；1936 年，成为苏联直辖的加盟共和国。1991 年苏联解体，阿美尼亚独立。

　　他回应说，他不能确定，英国政府是不是愿意帮助我。我答道，英国政府肯定会帮的；不然的话，中国公使馆也就不至于如此严密地把我拘押起来，而是要公开请英国政府同意将我合法引渡。

　　"我的性命，"我对他说，"就在你手上了。如果你能把事情透露到外边，我就能得救。如果不能，我肯定会被处死的。救人一命，还是听任他被杀死，哪一个是善事？尊重对上帝的义务，还是关注应对雇主所尽的责任——是顺从正义的英国政府，还是听命于腐败的中国政府，究竟是哪一个更有意义？"

　　我请求他思考一下我所说的话，到下次来时再给我回话，告诉我他是不是真的愿意帮助我。

　　他出门而去。直到第二天，我才又一次见到他。可以想象得到，我是如何急不可耐希望知道他的决定。他在忙着向壁炉里添煤块的时候，用手指了指他放在煤篓里的一张纸片。我的生命似乎也就指靠那张纸片中的内容了。这小小的纸片最终会带来希望的信息，还是会再一次将希望之门关闭？他一离开房间，我就把纸片拾起来，看了下去。

　　"我要想办法把你的信交给你的朋友。请务必不要在桌子上写信，因为透过锁眼可以看到，而外边的看守会时不时窥视。一定要在床上写。"

　　于是，我躺在床上，面对墙壁，把给康德黎先生的信写在一张名片上。科尔中午来的时候，我向他指了指信在哪里。他走过去拾了起来。我把身上的钱尽数给了他——只有 20 英镑①。康德黎先生的回信，科尔

---

　　①　1896 年 12 月 31 日，英国财政部大律师暨外交部次长山德森（T. H. Sanderson）爵士说："今日孙逸仙来。因为他很可能要给你写信，所以我把他来这里的谈话写成备忘录给你送去。""备忘录"的全文是："孙逸仙前来出示科尔索取 500 英镑报酬的请求书。据说这是孙逸仙答应给他的，因为他把孙逸仙被囚的消息通知了孙的朋友。已付了 20 镑。孙告诉我他答应给 1 000 镑，对于科尔的请求他无异议，但他想了解有没有对清使馆进行制裁。我说这个问题无可奉告，他应该写信询问外交部"（英国外交部档案 17/1718，第 151—152 页，《卡夫致山德森（连附件）》，1896 年 12 月 31 日，转引自黄宇和著，《孙逸仙伦敦蒙难真相》，第 140 页）。

放在了煤篓后面。他特别示意，那里有东西交给我。他一走出，我便激动不已，赶忙拾起来。读到以下这样的话，不禁大喜过望："打起精神！政府已在为你努力，几天之后你就会自由的。"这样，我便明白，上帝是回应了我的祈祷。

自从被拘押以来，我从未脱过衣服。睡意即使降临，也是偶尔为之，且断而难继，烦扰已甚。直到朋友送来令人振奋的消息，我才有了一次还像个样子的休息。

让我最恐惧的恶事是，如果它真的殃及我一直在为之奋斗的事业，其结果必然是，我被押解回中国杀掉。一旦中国人把我递解回去，他们就会四处宣称，大不列颠政府是以既定的司法程序弃我于不顾的；这样，如果再有嫌犯，不列颠也断难为之庇护。"党"的成员们自然会记得，英国在太平天国起义①中所扮演的角色；他们也不至忘记，由于英国的干预，那场伟大的民族和基督教革命是如何遭到镇压的。假若我被遣送回国问斩，民众马上就会更加相信，不列颠又一次在帮助清廷阻止革命。这样，成功的希望也就不复存在了②。

---

① 太平天国运动是 19 世纪中叶中国的一场大规模反清运动。1850 年末至 1851 年初，由洪秀全（1814—1864 年）、杨秀清（1821 年或 1823—1856 年）、萧朝贵（约 1820—1852 年）、冯云山（1822—1852 年）、韦昌辉（1823—1856 年）、石达开（1831—1863 年）组成的领导集团在广西金田村发动对清朝廷的武力对抗，后建国号"太平天国"，并于 1853 年攻下金陵，号称天京（今南京），定都于此。1864 年，太平天国首都天京陷落，洪秀全之子兼继承人幼天王洪天贵福（1849—1864 年）被俘虏。1872 年，最后一支打着太平天国旗号作战的太平军部队，翼王石达开余部李文彩（？—1871 年或 1872 年），在贵州败亡。

② 这时的革命力量依旧很弱，所以中山先生有此忧惧。他在 1911 所作的《我的回忆》一文中也指出："……有人问我为什么竟然在伦敦随意走动而不加戒备。我的回答是，我的生命现已无足轻重，因为已经有许多人可以接替我的位置。十年前，如果我被暗杀，或者被解回中国处决，事业就会遭到危害。但现在，我付出多年努力所缔造的组织已经很完善了"（引自《孙中山全集》第一卷，第 554 页）。另一译文稍有不同："揆诸这种情形，有人问我为什么在伦敦自由游荡而不加戒备。我的回答是，我的生命现在已不重要，因为已有很多人可以替代我的位置。假若十年前我被暗杀，或被捕回中国处决，我的主张就要遭到挫折了。但是现在，我多年来所经营缔造的组织，已很健全"（《孙文选集》中册，第 237 页）。

　　设若中国公使馆从我的住处搜得了文件，就会随之产生进一步的纠葛，殃及众多友人。但最终，这样的危险竟然被一位细心的女士小心翼翼地预先防止了。康德黎夫人出于一己的责任心，赶到我的寓所，精心挑选出我的一些文件和来往信件。几个小时之后，她便详细了解到我被监禁的缘由。于是，她即刻行动，当场予以焚毁。假若世界各地友好中没有收到给他们的回信的，希望他们一定不要抱怨这位考虑周到的女士智慧而又果断的行动；并且，也希望他们能原谅我没有回信，因为已经丢掉了他们的地址，在很多情况下甚至还不知道他们的姓名。假若中国当局有意再设一个圈套，他们也就再也找不到文件，把与我通信的人查出来了。

　　幸运的是，我并没有考虑到食物之中是否有毒。我早已惶惶不安，看到食物就觉得反胃。所以，只能是用些流质食物，比如牛奶和茶，偶尔也能吃一个鸡蛋。直到朋友的短信来到之后，我才能进食、睡眠。

## 第五章　友人营救


公使馆之外正在发生什么事情，我当然一无所知了。我所能知道的就是，我所做的所有的请求，我投掷窗外的所有那些长了翅膀的短信，还有我正式交给哈立德·马格尼爵士和邓氏的所有信件，都没有派上用场。而且，比没有派上用场还糟的是，它们只能使看守更加严密；结果，便使得我同友人的联络也越来越不可能了。

然而，我在10月16日礼拜五早上所做的最后一次请求，还是造成了某种印象。因为，自此日后，科尔开始为我奔走了。科尔的妻子跟事情的发端大有关系[①]。正是科尔的妻子在1896年10月17日写信给康德

---

[①]　黄宇和先生认为，第一封信是清使馆的女管家英国人赫太太写的（详见氏著，《孙逸仙伦敦蒙难真相》，第3页）。另据康德黎夫人的日记，1896年10月17日"夜间十一点半"，"接一便条，谓孙逸仙已被清使馆囚禁，一张匿名条子……"而康德黎先生后来也回忆说，"门铃声催我起床。门口空无一人，但我发现从门下塞进来一封信，就把它拾起来"（James Cantlie and C. Sheridan Jones 著，*Sun Yat-sen and the Awakening of China*，第61页，London：Jarrold & Sons，1912年版；转引自上引书，第3页）。在一个注释里，黄先生又对康德黎先生先后得到的三封信进行了分析，认为"第一封信无疑是清使馆的女管家赫太太，在1896年10月17日下午11点半送来的；第二封信是科尔在1896年10月18日送来的一张孙逸仙的名片"，而第三封信有可能是"守夜人"发的信（见上引书，第36页注释61）。据罗刚先生著《中华民国国父实录》（第二册），这位女管家叫"霍维太太"。按照此书的记载，她不仅劝说科尔为中山先生传信，而且还亲自给康德黎先生写了匿名信（见该书第362页）。

黎先生，有关行动因此得以开始。短信是在下午 11 点［?］到德文谢尔街的。不妨想象一下，医生读到以下文字时，他的心情：

"你的一位朋友自上礼拜日开始被囚禁在这里的中国公使馆。他们有意把他送到中国去。到了那里，肯定是要把他绞死的。对这位可怜人来说，这也未免太悲哀了。除非马上采取什么行动，不然他就会被押走，而且，也没有人知道。我不敢签名，但这是事实，所以，请相信我所讲的。不论你们要做什么，都请马上去办，否则就会太迟了。他的名字，我相信，是林银森。"

显而易见，时间一点也不能延误。尽管已经很晚，但在弄清哈立德·马格尼爵士的住址后，康德黎先生还是马上出门去找他。他想不到，他是直奔这一可耻的行动的核心首脑而去的。不知是幸还是不幸，永远也不会有人明白：他找到那栋房子——哈利地 3 号——时，却见关门落锁。这时已是礼拜六夜里 11:15。马里来伯恩路上的巡警，以满是疑惑的目光，看着他从房子所在的院落里走出来。这位警察讲，这栋房子要关闭六个月，住户已经到乡下去了。康德黎先生问他，这一切是如何知道的。警察回应说，三天前的一个晚上，有人试图在这里行窃，引来警察对其中住户逐个详细地盘问。因此，他所获得的信息，亦即六个月"预期"空着房子，显而易见是确定的、准确的。康德黎先生接着又驱车疾驰至马里来伯恩巷警察局，就这一事件向值日警察报警。他旋即又赶到苏格兰场①求见值班警官。一位刑侦警官在一密室之中接待他，并同意将他的证词记录下来。但难处在于，如何使人们都相信这么一个

① 苏格兰场（New Scotland Yard，又称 Scotland Yard 或 The Yard），是英国首都伦敦警察厅的代称。伦敦警察厅（Metropolitan Police Service，伦敦警方中文官网的名称则为伦敦都市警部）负责包括整个大伦敦地区（伦敦市除外）的治安及维持交通工作。苏格兰场位于伦敦的威斯敏斯特市，离上议院约 200 码，是英国首都大伦敦地区的警察机关，1829 年在内政大臣罗伯特·皮尔主导之下成立。该机构也担负着重大的国家任务，像是配合指挥反恐事务、保卫皇室成员及英国政府高官等。

稀奇古怪的故事。警官客客气气听完这样一个荒诞不经的故事，但最后宣称苏格兰场不可能先行发起救援。而康德黎先生［再次］来到大街上的时候已是凌晨 1 点，比他出发时还要苦恼。

次日晨，康德黎先生赶到肯兴屯咨询一位朋友，看看能不能请中国驻伦敦的海关首脑私下到公使馆去，劝说他们重新考虑其轻率鲁莽之措、无理无由之措。

因为并没有在这个目标上得到鼓励，他便再一次赶到哈利地 3 号，希望至少能找到还在守护或照护的看门人。这样，至少也能弄明白，怎么才能把哈立德·马格尼爵士找出来，或者发电报给他也行。但是，除了见到企图用来打开屋门的几根"铁撬棍"之类的证据，进一步证实警察所说的夜盗行为之外，并没有发现任何线索，可以说明究竟能在哪里将如此精明的东方化了的外交家拉进人间。

康德黎先生于是就赶到孟森医生家。就在大门口，他竟然看到了一个人。随后才知，此人原来就是科尔，也就是在公使馆为我做服务的。这位可怜人最终鼓起勇气决定把我被囚禁的秘密透露出来。于是，他满面恐惧、战战兢兢来到康德黎先生家想找到他，却得知后者到孟森医生那里去了。所以，他又赶到这里，见到了两位医生。科尔就把我写给康德黎先生的两张名片交给他。名片上写道：

"我上礼拜日被两个华人绑架，并被劫持进中国公使馆，现在仍被囚禁。一二日之后，将被用专门雇佣之船押回中国。我肯定会被斩首。唉，我有祸了。"①

----

① 原文这里的最后一句 "Woe is in me" 出自《圣经·旧约·约伯记》（10：15）："If I am wicked, woe to me"（汉译："我若行恶，便有了祸！"）（简化字现代标点和合本《圣经》，第 789 页，中国基督教三自爱国运动会、中国基督教协会出版发行，2000 年版）及《圣经·旧约·诗篇》（120：5）："Woe to me, that I am an alien in Meshech..."（汉译："我寄居在米设，住在基达帐棚之中有祸了！"）（同上，第 976 页）（转下页）

孟森医生热心，要同他的朋友一起来营救我，并开始详细询问科尔。康德黎先生感叹：

"唉，要是哈立德·马格尼爵士在城里，就没有什么事了。可惜他不在，我们能在哪里找得到他呢？"

科尔马上回应说：

"哈立德爵士就在城里。他每一天都会来公使馆。正是哈立德爵士将孙君关了禁闭，并且让我负责，指示严加看守门户，以防他借机出逃。"

这一消息耸人听闻，将本来已经立足不稳的营救变得更加困难了。有关活动势必要更加小心进行，而且，也有必要禀报最高当局，这样才可智胜那些狡猾、不可一世的人。

科尔在回答进一步的问题时说，公使馆内在谣传说，我是精神病，而且下礼拜二就要把我押解回中国（还有两天时间）。可惜他并不知道我要乘坐的是哪家公司的航船。不过，伦敦城里一个名叫麦克格里格的人，与此事有一定的关系。另外，这一周以来，有两三个身着中国水手制服的人一直往公使馆里跑。科尔认为，毫无疑问，他们来这里跟把我

---

（接上页）不过，中山先生写在两张名片上的求救信，其内容与这里所记的略有出入。名片 A 和 B 的正面均写有康德黎先生的地址，名片 A 正面的附言则写道："Please take care of the man for me at present. He is very poor and will lost his work by doing for me."（请代为照料此人。他很穷。若为我做事，则要失去工作。）名片 A 的背面则是信的正文："I was kidnapped into the Chinese Legation on Sunday and shall be smuggled out from England to China for death. Pray rescue me quick?"（我礼拜日被绑架进中国公使馆，并将被偷运到中国处死。请速救我？）名片 B 背面文字接名片 A："A ship is already charter by the C. L. for the service to take me to China and I shall be locked up all the way. Without communication to anybody. O! Woe to me!"［中国公使馆（C. L.）已经包了一条船，以便将我带到中国；而且，我一路上都将被关闭起来。不能与任何人有任何联络。唉！我有祸了！］（有关中山先生的信的材料，见周楠本撰，《其书、其人、其事——〈伦敦蒙难记〉探析》，收入孙中山著，庾燕卿、戴桢译，《伦敦蒙难记》，第 170—173 页，北京：中国社会科学出版社，2011 年版。）

递解出去有关。因为，他从来没有见过这样的人。

科尔走时，拿着两个朋友给我的名片，上面写着给我的信。这样做是为了减轻我的恐惧感，也是为了作为一个证据说明科尔实际上最终已经在为我效力了。两位医生接着到了苏格兰场，想再就营救做出进一步的努力。值班警官称："你今天凌晨 12:30 已经来过了。这么快再来一次，我怕是没有任何用处。"最大的难题在于，究竟到哪里去把事情真相讲出来，说明有人生命有了危险，这个国家的法律正遭受践踏；而在大不列颠帝国的大都市，有人就要被谋杀了，却无人理会。

二人商议了一阵子，还是放弃了这样的假定，转而决定到外交部管辖的地方闯闯。有人告知二人，常驻书记员①可在下午五点接见他们。到了那个时间，他们得到接见，将浪漫故事讲述给这位官员。后者谦恭有礼，所以还能听得下去。可是，因为是礼拜日，当然并不能再做别的什么了。可官员还是告诉二人，他们可在次日面见更高级别的权威人士，做一陈述。不过，时间紧迫，又能做些什么呢？悲剧有可能在那一夜变成现实，被囚者就要被挟持上船送回中国了。最可怕的是，如果选的是一条外国船只，在外国旗帜之下不列颠当局就无能为力了。最后的一线希望是，在我被押走之后，他们能及时成功地说服当局，但实际上船只已经开走，那么，便有可能在苏伊士运河将其拦截下来上船搜索。但是，假若我上的船悬挂的不是不列颠的国旗，那么，这一线希望也会成为幻想。因为有这样的担心，二人决定采取决定性的措施，直接闯到公使馆去，告诉那些中国人，他们已经清楚地了解到了孙某成为他们手上的囚犯这一事实，而且不列颠政府以及警察局也已获知他们将要把其送回中国处决的意图。孟森医生决定只身一人去走一遭，因为康德黎先生的名字早已跟孙某联系在了一起，公使馆已经是尽人皆知。

---

① "常驻书记员"原文为"the resident clerk"。

这样，孟森医生就独自一人造访博德兰地 49 号。他请出现在门边的一位涂脂抹粉的下人叫会讲英语的华人出来。那位中国译员，也就是诱捕我、对我施加折磨的人邓氏，忙不迭走了出来。孟森医生口称，他要见见孙逸仙。邓氏的脸上浮出困惑不解的表情，好像在极力回想着这样一个名字："孙！——孙！——这里没有这样的一个人啊。"于是，孟森医生就向其透露说，他很清楚，孙某就在这里；因而，他要告诉公使馆，外交部已经获知事实真相，苏格兰场也对孙某被拘一事表明了立场。但中国的外交官，如果不能成为一个谎言大家，便一事无成。而邓氏既然有了机会撒谎，一定是要满足作为东方人对这一角色的偏爱的。邓氏的一言一行都像真的似的。他就是这样向质问者保证，整件事情纯属胡说八道，此处的的确确没有这个人。他的豁朗、直率，几乎动摇了孟森医生对我的处境坚定的念头。所以，返回康德黎先生家里的时候，邓氏貌似真实的胡诌仍给他以深刻印象，竟致使其认为，有关我被囚的故事有可能是我本人在玩弄什么把戏。至于出于什么目的，他就不知就里了。我的同胞的谎言就是有这般效力。像孟森医生这样的人，已经在中国生活了 22 年，讲得一口流利的厦门方言①，因而，对中国人及其生活方式十分熟悉，这样的人在访问过远东的人中十出不一②。邓氏竟然能撼动他所深信不疑的东西。然而，他还是打消了这一念头。因为，如果是玩弄这样的把戏，最终的目的是什么，实难明白。邓氏如此为清廷卖力，将来必晋高位。在一个依谎言存在、靠谎言发迹的统治阶级中间，这样一个谎言大家肯定能收获奖赏。

两位医生不再奔走的时候，已经是礼拜日晚上七点了。二人分手告别，认为自己已经尽了力。但是，我毕竟还没有脱离危险，所以他们仍

---

① "厦门方言"的原文是"the Amoy dialect"。

② 孟森医生 1866 年起在教会资助之下到台湾和厦门行医，1887 年香港爱丽丝纪念医院附设西医书院后被聘为教务长，1889 年此职由康德黎先生接任。

然不安。危险在于，我有可能当晚就被劫走。之所以如此，尤其是因为，公使馆明白，不列颠政府已经获知事实真相；因而，即使不可能即刻递解上船，也有可能将受害者移入另一住所。这的确是极有可能的手段。而且，如有可能，毫无疑问，已经办成了。对我来说，幸运的是，人们所说的那位曾侯爵①此前已经短期回国，所以也就把住所退掉了。假若事情不是这样，我精明的同胞脑子里很有可能已经冒出了这一转移计策，而且，办过之后，他们就会向英国人大坦其诚、阔论友谊，真心实意地请其来搜查公使馆。既然这样的狡计不能实行，那么，转移到海边码头毕竟还是可行的。既然已经预定要在礼拜二用船把我送走，那么，船只现在一定已经在码头上了。如此一来，夜间将"精神病"船客带上船去，以避开白天大街上人来人往造成的喧闹、嘈杂，没有比这更可能的了。

---

①    曾侯爵指的是曾纪泽（1839—1890 年）。曾纪泽，字劼刚，湖南双峰荷叶人，曾国藩（1811—1872 年）之子。生于清宣宗道光十九年，卒于德宗光绪十六年，年五十二岁。袭父一等毅勇侯爵。同治间，历使英、法、俄诸国，与俄人力争，毁崇厚已订之约，更立新议，交还伊犁及乌众岛山，帖克斯川诸要隘，有功于新疆甚大。官至户部左侍郎。卒，谥慧敏。纪泽学贯中西，有诗古文及奏疏若干卷，早岁所著，有《佩文韵来古编》、《说文重文本部考》、《群经说》等，并传于世。

# 第六章　搜寻侦探

因为有上述这些担心，康德黎先生便再一次出门。这一次，是要寻找某种手段，让人把守公使馆。他到一位朋友家拜访，得到斯拉特私人侦探所的地址①。他即刻动身奔赴那里。但是，斯拉特此时并未开门。

---

① 有意思的是，马格尼1896年9月25日受清廷使臣龚照瑗的命令雇用的侦探，也是出自同一家（详见罗刚著，《中华民国国父实录》第二册，第351页）。先是中山先生自利物浦上岸，此侦探社派人到那里跟踪，后又将其到伦敦行踪禀报，进而将中山先生五天的活动报告马格尼（同上，第353页）。这样，也就为其诱捕创造了条件。下文是侦探写给马格尼的跟踪报告之一：

马格尼爵士
波德兰［引者按：即博德兰地，中国公使馆所在地］
关于孙文事件
爵士：
　　关于我们十月一日通信上所提的事，我们现在报告你。我们在赫胥旅馆方面，作有系统的监视。在一日那天，就是星期四，此人于下午四点半钟外出，沿着斯屈朗走，经过佛利特街（Fleet Street），到露揭特场（Ludgate Circus），看看商店的玻璃窗子，以后又回到旅馆。那时候是下午六点三十分。以后就没有看见他出来了。
　　在二日星期五那天，他于上午十点三十分离开赫胥旅馆，雇了一个一零八五零号四轮马车装行李，坐到葛兰旅店街八号，将行李运入，该人亦进去。
　　他在该处到上午十一点三十分才出来，步行到牛津街（Oxford Street），看看商店的玻璃窗子，于是走进上霍尔庞（High Holborn）——九号（文具店），再进加快食堂（Express Dairy Co.），吃了中饭，于下午一点四十分回到葛兰旅店街八号。
　　下午六点四十五分他再出来，走到霍尔庞的一个饭馆里停留了三刻钟，再回到葛兰旅店街八号的时候，已经八点三十分，就不再看见他了。（转下页）

在礼拜日，似乎根本就不需要侦探。可英国礼拜日任何案件也不会发生吗？有必要铭记，日月的划分，不过是人为的、俗世的方便之设。人将每月分为数周，但犯罪活动并不总是会迎合日历这种奇思妙想的。然而，严酷的事实就是这样：斯拉特侦探所关得严严实实，不管是高声喊叫，大按门铃，还是使劲捶击，都不能从巴星霍尔街这一花岗岩一般的建筑之中唤出活人的回应。

在街上同一个警察和一位马车夫商量，最终决定到最近的一家警察局去报案。这位马车夫很是友好，所以康德黎先生也就将我被拘押的情况透露给了他。在这里，故事又一次讲述一遍。而有关这位医生是不是饮酒至醉、是不是头脑清楚的种种疑问是先要澄清的[①]。然后，才能尝试去做进一步的努力。

"那个地方在哪儿？"

"西博德兰地。"

"啊！你到这儿来，没有用啊。一定要回西区去。我们属于市内警察局。"

在医生看来，不管是东区，还是西区，警察都派不上用场。

"可是，"他坚持说，"难道不能找一个侦探，守着那栋房子吗？"

---

（接上页）提起你电报里所说的一层，我们可以说在监视期间，他不曾见过什么中国人。在利物浦听说有几个在"Majestic"和他同船的人，答应到伦敦来看他。

讲到照相这个问题，我们恐怕非等到天气好些，不能办到。

无论如何，我们对于这点总是尽力注意。

　　　　　　　　　　　　你忠实的，斯赖特侦探社［引者按：本书译为斯拉特侦探社］（签名）

　　　　　　　　　　　　　　　　　　　　　　　（伦敦中国使馆英文档）

　　（引自罗家伦著，《中山先生伦敦披难史料考订》，上海：商务印书馆，1930年版）

　　①　中山先生获释之后给他的老师区凤墀（1847—1914年）的一封信中也提到："他等一闻此事，着力异常，即报捕房，即禀外部。而初时尚无人信，捕房以此二人为癫狂者，使馆全推并无其事"（见氏著，《孙中山全集》第一卷，第45页）。

"不能啊。市内警察局无权干预西区的工作。"

"你们这里有没有退休的警官，或者后备人员，愿意做这类事情，又能得些报酬？"

"好吧，可能会有——让我们查一下。"

于是，几个人聚拢一处，善意地议论起来，试图把脑子里的合适的人挑选出来。啊，有了。他们觉得，某某可以去做。

"他住在什么地方？"

"啊！他家在莱伊顿斯屯。你今天晚上是找不到他的。今天是礼拜日啊，你明白。"

我应该清楚，的确是礼拜日。可我的脑袋已经悬在半空了①。经过漫长的讨论，众人提出了一个人的名字。就这样，他们把固执己见的医生打发走了。此人的地址是，艾斯令屯的吉布斯屯广场。

但是，在奔赴那里以前，康德黎先生认为，他要先到报社把整个情况透露出来。于是，他便驱车赶到《泰晤士报》求见副主编。有人递给他一张卡片，要他填写来访的事由。他挥笔写道：

"中国公使馆绑架案！"

这时已经是九点。他被告知，到十点的时候，才会有人办公。

他转身赶往艾斯令屯，去寻找他的"雇工"。不一时，昏暗不明的广场终得识别出来，号码印证无误，进得屋内。但是，他不免要又一次失望了。因为，"他去不得啊。但他觉得，他认识的一个人会去"。是啊，的确是没有办法的事情。可那一位又住在什么地方呢？那是一个精明的家伙。但是，上面写有他的大名的卡片却找不到了。上下求索，各个抽屉和箱子翻了一遍，老信夹甚至已经不再穿的背心也都查检一过。

---

①　这句话的原文是："Sunday I should think it was, and my head in the balance."从上下文的描写来看，这里的叙述似乎并不连贯。因为，上文写的是康德黎先生在努力营救，在现场的是康德黎先生。而这里忽然插入的第一人称"我"，指的则是中山先生本人。

不过，最终卡片还是得见天日。这样，也才知道，那位高人并不在家，而是正在伦敦城内看守一家旅馆。

不过，即便是这样，困难也给克服了。因为，医生建议，可让蜂拥客厅之中的一堆小孩中的一个带着短信，赶到那位侦探住的地方，而他们的父亲则陪着医生到城内去找这位看门人。最后，马车奔驰而去，在距离那家旅馆不太遥远的地方停了下来。那是在巴比刊附近的一个地方。不过搜索半日，看门人踪迹皆无。最后，无用的搜寻以这种方式结束：这家旅馆应该守到 11 点关门的时候。"雇工"那个时候极有可能赶过来。康德黎先生把他的这位老朋友留在大门外边，而他本人则再一次向《泰晤士报》编辑部进发。到了报社，他受到了"听证"形式的接待，而且所有的陈述都被一一记录下来。不过，至于是否刊登消息，则需要《泰晤士报》的裁定了。到这个时候，已经是礼拜日晚上 11:30。这时，医生才终于可以回家了。但是，到了午夜 12 点，他所期盼的侦探还是未见出现，他因而免不得烦恼。不过，没有什么能叫他退缩的。他跃跃欲试，要亲自去把守。于是，他与妻子吻别，走出家门去守卫公使馆；如果有必要的话，随时可以积极加以干预。

不过，就在医生雄赳赳大步跨出家门的时候，竟然在大街上同他期盼的"雇工"不期而遇，就这样马上安排"雇工"就位。而他那位吉布斯屯广场的朋友最终也显得很可靠，特地也派来了代表。尽管已是深夜——午夜已过，但公使馆依旧灯火辉煌。这可以显示出，孟森医生白天所说的他们邪恶的行为已不再是秘密，毫无疑问有了结果，所以，此中人物一片慌乱。"雇工"被安置在委伊茅斯街的一辆马车上。此处位于博德兰地和博德兰路之间街道的南侧，有一房屋相遮掩。晚间月色很美，所以公使馆的两个大门都可以看清。准备一辆马车是守护工作的必要组成部分。因为，如果假定我匆匆被挟持出门，经过人行道推进一辆车子，若是靠人力几分钟时间是赶不上的。而车子在凌晨时分又不是在什么时候都能叫得到的。因此，也就有必要把守护的人安置在一个适宜的位置，一旦需要，就可以追上去了。各家报纸报道说，之所以安排一辆马车，目的是为了在营救团队救出我的时候把我拉走。不过，这是故事的另一个部分了，容待后文叙之。

凌晨2点，医生才安睡床上。而这一天，他先向政府做了禀报，再向警察局报警，复又把消息透露给报界，最后还设了私家侦探守夜。他一天的工作完成，我的生命实际上也就有救了，尽管我这时并不知情。

# 第七章　政府干预

　　10 月 19 日礼拜一，再次向斯拉特侦探所申请加派侦探。他们来到时，随即安置到位，并请其日夜看守公使馆。

　　中午 12 点，康德黎先生应外交部之约，递交书面说明。外交部显然很焦虑，生怕他们出面干预不妥，认为不如以少些官方意味的计划加以营救，这样也就可以避免将国与国之间关系复杂化。

　　此外，我被拘押一事目前还不过是传闻，并没有证据。如果针对似乎建立在一个不甚可能的说明基础上的事情提出交涉，那是很不明智的。作为调查取证的一个措施，特对"格伦"航船公司进行了询问。之后发现，确曾有人申请客运。这样，政府便有了直接的确证，知道不仅传言属实，而且意在实施的实际步骤也已经小心翼翼安排好了。从这一刻起，事件就交由政府处理。朋友们也就解脱了责任。

　　政府派来六位侦探执勤，守护在公使馆门外，街区警察也得到通知，得知事实真相，并且得令要时刻提高警惕。

　　此外，警察局得到了我的照片。那还是我在美国的时候，身着西服照的。在没有到过中国游历的外国人看来，所有中国人长的都是一个模样。因而，一张普通的照片似乎并没有多大的用处。不过，在这张照片中，我留了胡须，而且，头发也理成了"欧式"的。

中国人不到跻身祖父"行列"，是决不会留胡须的。即使在这样一个早婚的国度，我年未及而立，是不敢有获致此一"殊荣"的奢望的。

10月23日礼拜四，一纸"人权保护令"①签署。但我不知，究竟是要向公使馆还是哈立德·马格尼爵士发出。不过，老贝利②的法官不同意采取这一行动，所以保护令最后并没有下达。

同一天下午，《环球报》的特约记者到康德黎先生家造访，问及他是否了解，有一个中国人被中国公使馆绑架。好的，他想了一下说，是了解的。可《环球报》是怎么知道的呢？医生说，他在五天以前，也就是10月18日，已经把消息透露给了《泰晤士报》，并且又在10月19日礼拜一添加信息以作补充。所以，他觉得，理应让《泰晤士报》先行刊载。不过，康德黎先生又说："我可以看一下你就有关情况写的东西，就能告诉你是不是属实。"经核对，《环球报》的报道并无不实之处，医生签名认可，但要求不能透露他的名字。

在消息披露报端之前，当然已经有很多人了解到了有关情况。大约二三百人到礼拜二早上已经知道我被囚禁。记者从来都是一叶知秋，如果到礼拜四还不知道这个消息，岂不是太奇怪了吗？不过，既然风声已经走漏，就没有办法再遮掩下去了。从《环球报》刊登出这则惊人消息的那一刻起，德文谢尔街46号就再也没有往日的安宁了。

《环球报》第五版印行之后两个小时，康德黎先生接受了"中央新闻社"的一名记者和《每日邮报》的一位记者的采访。他难免有所保

---

①　人权保护令（拉丁文：*Habeas Corpus*）是在普通法下由法官所签发的手令，命令将被拘押之人交送至法庭，以决定该人的拘押是否合法。人权保护令是以法律程序保障个人自由的重要手段。任何人士若果被拘押，皆可以由自己或他人向法院挑战拘押的合法性，并迅速获得裁决。在某些地方，人权保护令在国家紧急状况下可以暂停使用。
②　老贝利（Old Bailey）指的是英国的"中央刑事法院"（Central Criminal Court）。"老贝利"是其所在的街道。

留，因而并没有完全使其满足；不过，事情的主要梗概还是从他嘴里给套了出来。

　　这两位求索事实真相的人物，接着造访了中国公使馆，要求会面孙某。与其会面的是那位精明过人而又无所不在的邓氏。他断然否认有这个人。待看过《环球报》的报道，邓氏喜滋滋大笑起来，口里说道，整件事情都是一个大骗局。然而，"中央新闻社"的记者却警告说，否认这件事不会有任何好处。如果说还有人关注孙某，明天有可能就会有一万人蜂拥而来，有他好瞧的。可是，不管怎么说，邓氏还是一意孤行，谎言扯得更是厉害了。

　　接下来，哈立德·马格尼爵士终于在米德兰旅馆被找了出来，并且接受了采访。他的声明，在报纸刊出的消息中有详细的总结。

## 哈立德·马格尼爵士访谈

　　中国公使馆顾问哈立德·马格尼爵士昨天下午 3:30 拜访了外交部①。在同报界一代表的谈话中，哈立德爵士称：有关被拘押在公使馆的男子的情况，除了已经见报的之外，我不便提供更多信息。记者通报说，外交部已经签发一个声明，大意是，萨里斯伯里勋爵②已照会中国公使馆，要求释放那位被囚的人。此时，哈立德爵士承认，的确就是这样。而在回应另一个问题，此即这一照会的结果可能是什么时，他回答："那个男子就会获得释放。但是，这样做时，务必严格保证不损及公

---

　　①　1896 年 10 月 22 日，英国外交部次长山德森（T. H. Sanderson）致函马格尼，召其谒见首相兼外相萨里斯伯里勋爵。马格尼如实向英国政府报告有关情况，后者促其立即放人（详见罗刚著，《中华民国国父实录》第一册，第 366 页）。

　　②　萨里斯伯里侯爵（Robert Arthur Talbot Gascoyne-Cecil, 3rd Marquess of Salisbury, 1830—1903 年），英国保守党领袖，曾三次出任英国首相，在位长达 13 年之久。

使馆所有有关的权利。"

在后来同报界另一位代表的谈话中,哈立德·马格尼爵士透露,孙逸仙并不是我们关押在楼上的那个男子的名字。我们对他的真实身份没有任何疑问,而且,自他在英国登陆以来,不时获得他所有活动的情报。他是出于自己个人的意志来到公使馆的;可以肯定,他并不是遭到绑架,不是遭到逼迫,也不是遭到诱捕,才进入公使馆的。中国人在伦敦感到寂寞的时候,到这里来访问,随便提些要求,或者是跟同乡闲聊。这是非常正常的事情。此外,我们有某种根据怀疑,这位特殊的访客自以为没有人认识他,来这里是有意窥视我们的活动,搜集某种情报。[他第一次来时,]没有人认识他。他先是同公使馆中的一个办事员谈话,后又被引见给了我。我们闲谈了一阵。因他说了一些话,在他走后,我不免怀疑,此人可能就是我们一直在监视的那一位。有关怀疑得到了证实。所以,他第二天再来时,就被拘押了起来。目前,他还在拘押当中,以待中国政府的指示下达。

谈及这一事件的国际关系问题,哈立德爵士称:此人并不是英国人,而是中国臣民。我们坚决主张,公使馆实际上就是中国领土。只有中国使臣才拥有司法权。如果一个中国人自愿来到这里,而且,如果他有案底或者犯罪嫌疑,我们坚决主张,外人一概无权对他被拘一事加以干涉。如果是在这栋建筑之外,情况则大为不同。因为,他就是在不列颠的领土之上了;如果没有拘捕令,我们是不可能逮捕他的。

在回答另一些问题时,哈立德爵士提及,并没有将那个男子视为囚犯来对待,而是在每一个方面都做了考虑,以便使其生活舒适。至于有关传言讲,被囚者有可能遭到了严刑拷打,

或者是蒙受了过分的压力，哈立德爵士认为可一笑置之。他又
补充声明，称已经收到外交部的一封针对这一问题的咨询函
件，马上就会给予处理。

　　"中央新闻社"报道：哈立德·马格尼爵士自外交部返回中国公使
馆之后，就来到使臣龚大人的住室①，向他解释萨里斯伯里勋爵坚持要
求释放孙逸仙。

　　自不当由我来对哈立德·马格尼爵士的行为评头论足，不妨留待公
论以及他个人的良知。我丝毫也不怀疑，他自以为自己的行为是有原由
的。但此类行为似乎很少能与正常人的相符，更何况他身居高位了。我
认为，邓氏向我透露的"使臣只是这里的傀儡，马格尼才是管事的"，
是对其所处位置极为准确的描述。

　　各种各样的营救方案纷纷涌现于报端。下文就是一例：

## 营救方案

　　　有关孙逸仙被捕一事，业已证实，他的朋友已经安排了一
　　个大胆的计划，准备进行营救。假若不是外交部和苏格兰场保
　　证，决不会对他造成任何形式的伤害，就要实施营救。采取的
　　手段是：从鲍尔斯考特子爵府邸博德兰地51号屋顶攀缘而下，
　　将他被禁闭的房间的窗户打破。他的友人已成功将他们准备实
　　施的营救计划通告他。尽管随后得到消息，才知孙逸仙戴着手
　　铐，但是其中的内应许诺提供帮助，将窗户打开，以满足他的

---

　　①　原文这里是："... proceeded to the bedside of the Minister Kung Da Jen...", 意思是
"来到公使龚大人的床边"。龚照瑗之所以躺卧病榻，是因为他在1896年8月27日，也就是中
山先生抵达伦敦前一个月，中了风导致偏瘫。实际上，1897年他回国后不到两个月就去世了
（详见黄宇和著，《孙逸仙伦敦蒙难真相》，第61页）。

朋友们计划的可行性。的确，这一方案极为成熟，甚至还安排了一辆马车等候，以便将孙逸仙带到一个朋友家去。被囚之人的朋友宣称，公使馆的翻译龙氏①是实际上将孙氏诱入公使馆的华人中的一个，但此人事后一口咬定公使馆之中并没有这个人，态度极为固执。他的朋友称，孙氏身着英式服装；因而，尽管他是一个典型的东方人，但是，按照西方人的方式着装，往往会被看作英国人。据称，他为人善良，禀性温和，在香港乐施广济；凡其所到之处，都以医术精湛、恩施贫寒而闻名远近。据认为，他在某种程度上成了广州谋反的工具，尽管他毫不犹豫地对广东总督压迫民众的暴政加以抨击。据报道，他曾走遍广东，以为大众求得福祉；而那次谋反据称是自现在在位的皇帝登基以来蔓延最广，也是最为可怖的②。

真实的情况已如上述。科尔1896年10月19日给康德黎先生送去了以下这封信："有一良机，可在今晚从邻居家的房顶上放孙先生出去。若高见以为可行，请征得该处户主允许，以便让人在那里等候接他。如果同意我这么办，请设法告诉我。"康德黎先生拿着这封信到苏格兰场，要求派一警察跟他一起守在信中所说的屋顶。但苏格兰场主事者认为，这样行动，有失体面，遂劝告他打消这个念头，并且郑重承诺，一定要让我在一二日之内从大门走出来。

---

① "龙氏"原文是"Long"。

② 此处的"皇帝"指的是光绪（1871—1908年）。光绪，1875年即位，1889年亲政，但仍受命于大权在握的慈禧（1835—1908年），1898年"戊戌政变"之后被囚瀛台，1908年被人谋害致死。

第八章　获释

　　10月22日，科尔向我示意，要我关注煤篓。他离开房间后，我拾起了一片剪报，后来才知那是《环球报》。在这里，我看到了有关我被拘押的报道，标题是："惊人消息！谋反者在伦敦遭绑架！被囚于中国公使馆！"随后便是对我的处境长而详细的描述。报界终于干预了。我此时觉得，自己真的是安全了。对于一个已被判处死刑的人来说，这不啻是一种缓刑。所以，我的心中充满感激。

　　10月23日礼拜五，清晨来临，白天又缓慢走过，我仍在监禁之中。不过，到了下午4:30，几个英籍和中国看守走进屋来，口称："马格尼要你下楼去。"他们命我穿上靴子，戴上帽子，披上大衣。我依命而行，但不知道要到哪里去。我往楼下走去。但因为是被引向底层，我便以为，是要把我隐藏在一个地窖当中，以免不列颠政府下令搜查时发现。并没有人告诉我是要释放，所以我就认为，不过是换一个地方囚禁或加以惩罚。我怎么也不会想到，真的是要释放我。不过，康德黎先生和另外两个绅士很快出现了：随后知道，一位是苏格兰场的贾维斯警官，另一位老绅士是外交部派来的联络员。

　　接着，哈立德·马格尼爵士当着这几位绅士的面，将从我身上搜去的各种物件归还给了我，进而向政府官员们发表讲话。其大意是：

"我现在将此人转交给你们，而我这样做是基于下列条件：不论是公使馆的特权，还是所有外交权，都不得加以干预。"也可能是类似意思的声明。我当时心情激动，他讲的话并没有记住。不过，当时听上去，跟现在一样，这样的话显得毫无意义，而且一团幼稚。

上述仪式是在公使馆的底层的走廊上举行的。就这样，最终宣布我复归自由之身。哈立德爵士同我们一一握手，那副模样类如犹大之吻。然后，我们被引向旁门，走向一片空地。接着，又从那里拾级而上，从公使馆的后门走出，最后进入委伊茅斯街。

我们是从公使馆的后门被送出来的。或许，人们不会注意，而且也很容易将之视为细枝末节。

就在场的为数不多的英国人看来，营救这一事实才是最为重要的衡量尺度。然而，在我精明的同胞，尤其是那位崇尚倒退的东方主义的化身——哈立德·马格尼爵士眼中，情况并不是这样了。

不列颠政府的代表被从后门引出。这一事实，一般视之，将会在其国家的宫廷之内给使臣及其追随者带来荣耀。这样行事，意在贬低和侮辱。只有善于同外国人打交道的中国人，才能得心应手，做得出来这样的事情。毫无疑问，借口可以说是，大厅里记者已人满为患，公使馆大门外的大街上也聚集了为数不少的一群人。外交部也认为，此事应该悄无声息地处理，不宜声张。所有这些无疑都可作为理由。这一帮满洲无赖及其守护者马格尼既然精明异常，自然会援而引之。

就英国人对待事情的方式来说，将我释放这件事才是要关心的。但是，在中国人看来，以这种方式释放，即使不列颠的外交达到了最终目的，也已经将胜利整个涂抹掉了。双方各自获胜，而且，毫无疑问，二者也都一样皆大欢喜。

10月的那个礼拜五下午，赶赴中国公使馆的那队人并无引人注目之处。但是，其中一个成员大衣口袋的深处藏着一个便笺。便笺虽小，但似有千斤重量。上面的文字一定很短，而且简明扼要。因为，马格尼只看了二三秒钟，就对其中内容心领神会。尽管那么简短，但对我来说，其中负载的却是自由、避开死亡以及我所最为惧怕的东西的甜蜜信息：中国的政治犯历来是要遭受严刑拷打，才能坦白同党的名字的。

在委伊茅斯街大街上，已经聚集起相当大一群人，而无所不在的报社记者这时正翘首以盼，要千方百计从我口中得到事实真相。然而，众人却把我匆匆推进一辆四轮马车，而且在康德黎先生、贾维斯侦探以及那位联络员的陪同下，向苏格兰场疾驰。在向那里奔驰的途中，贾维斯侦探满面严肃地对我所犯过失加以训斥，像对待一个小孩子那样严词责备，进而叮嘱我自今之后切莫再同革命发生关系。不过，马车并没有在苏格兰场停下，而是拉了怀特霍尔的一家旅馆的门口。我们下得马车走上人行道。霎时间，记者便把我团团包围起来。至于他们是从哪里来的，我就不明白了。我们走时，他们还留在博德兰地。而马车一停，他们就又出现在了这里。其势无可遏制。实际上，事后才知，有一位竟然爬上马车夫旁边的座位，就是他使马车停在了这家旅馆。因为，他很清楚，我一走进苏格兰场，他们就要等候半日才可再见到。除非是，其余的人——大约有十一二位——也爬上了车顶，否则我便不能理解，他们是从哪里冒出来的。推推搡搡之下，我走上人行道，进入旅馆后厅。众人强拉硬扯，其暴力行为，若与我最初被中国公使馆诱捕时相比，实大大过之；而这群人急不可耐要求得到事实真相的热切劲头，也不亚于我的同胞们急切索要我颈上人头的冲动。但只见铅笔动处，奇妙的楔形文字一个个显现出来。而这是我此前见所未见的。直到这个时候，我才知道，英文也可以用在我看来似乎是楔形文字一类的东西写出。后来才明白，那种写法，原来就是速记。

我讲个不休，直到言辞无与①。这时，康德黎先生高声叫道："诸位，时间到了！"就这样，我从他们中间被拉了出来，乘坐马车奔赴苏格兰场。到了那里，我显然是被看作他们自生死之地救出的一个儿童。看看贾维斯那种直率的表情，就一目了然了。不过，那种艰苦的劳作已告结束。我既在这里，已能自由地畅所欲言了。我在滞留该处的一个小时时间里，从头至尾将我被捕、遭囚的情况讲了一遍。我讲的统统被记录下来，进而又回读给我听。签过名之后，我便与警察局诸位朋友告别②。康德黎先生和我一路隐蔽地回到他家里，受到了热情洋溢的欢迎，并有盛宴款待。席间，众人举杯，衷心为我的"人头"得保而欢庆不已。

到了晚上，我又接连不断受到采访，一直到很晚的时候，才终有机会休息。啊！那一夜的睡眠！我如何能忘怀？一觉睡了九个小时。之所以醒来，是因为楼上众孩童脚步声踏踏作响。喧闹震耳，甚可穿墙。由此判断，很明显是因为什么激动的事情。我听了一下，也就明白了个中原因。"好的，科林，你来扮孙逸仙，内尔来演哈立德·马格尼爵士。我要把孙救出来。"接下去，就是翻江倒海一阵骚乱。哈立德爵士被打翻在地。只听地板一声响，我明白，我的小朋友内尔已经不复存在了③。孙被那个年龄最大的男孩凯斯成功救出。鼓声阵阵而鸣，口哨声声刺耳，复伴有《不列颠掷弹兵之歌》悠扬而起。如此，宣布举行大赦仪式。的确，到了家，也就有了安全。因为，显然我年轻的朋友们〔也〕

---

① 中山先生《与伦敦各报记者的谈话》，（刊出的）时间是1896年10月23日，已收入《孙中山全集》第一卷，第30—32页。此外，他还在1896年10月下旬，作有另一篇《与伦敦记者的谈话》，收入《孙中山全集》第一卷，第36—37页。

② 中山先生1896年10月23日《在伦敦苏格兰场的陈述词》，收入《孙中山全集》第一卷，第33—35页。他还向英国内务部律师作一个陈词，题为"向英国律师卡夫所作的陈述词"，时间是1896年11月4日，收入《孙中山全集》第一卷，第37—45页。

③ 因为描写的是小儿游戏，这里的"内尔"似应改为"马格尼爵士"才合乎逻辑。

时刻准备着为我洒下最后一滴血。

10 月 24 日礼拜六，我整整一天都在接受采访。提的最多的问题是："你是怎么透露给康德黎先生的？"同一个问题，也曾问过康德黎先生数十次了。不过，我觉得还是有所保留为好。因为，如果给出这一问题的答案，势必牵连还在公使馆内工作的身为朋友为我们做事的那些人；这样，他们会失去职位。不过，在科尔下定决心辞去职务之后，别的人也就不会再受冤枉，也就没有必要再隐瞒谁是报信的人了。如果说我贿赂了他，那倒是挺容易的，但情况并非如此。他并不知道我给钱是为了酬谢他，而是认为，给他钱是要他保存。他对康德黎先生说，他那天接下时就带在身上，并且是我给他由他来保管的。我获释后，科尔要把钱还给我。但我至少要做的就是恳请他把钱收下。我希望能多给他一些，但是，当时身上就只有这么多了。科尔这段时间一直忧心忡忡。不过，最觉恐惧的，出现在一开始的时候。10 月 18 日礼拜日下午，他口袋里装着我给康德黎先生的短信，赶到德文谢尔街 46 号。有人打开门，把他请进客厅。医生不在家，所以他求见医生妻子。仆人上楼去叫女主人。就在这个时候，科尔忽然注意到，客厅一个角落里有一位中国人在那里远远地盯着他。他随即起疑：莫非有人一直在跟踪他，或者是，等着他来？因为，站立在那儿的中国人，扎着长辫，身着华服，从远处直勾勾地凝视着他。康德黎夫人下得楼来，看到这一位早已是吓得浑身瑟瑟发抖，面色苍白，大张嘴讲不出话来了。之所以如此惊恐莫名，是因为一个中国人模型的缘故。这是康德黎从香港带回的众多玩物中的一个，真人一般大小，面目栩栩如生。此一模型已经吓坏了不少人，而且，他们不比科尔神经敏感。而科尔的过度紧张，实际上赋予了这个模型人物以某种恐怖现实的灵韵。康德黎夫人消除了科尔的恐惧，接着就让他去孟森医生家找她丈夫。我的故事已经接近尾声。至于与此事有关的，还会引出什么，就非我所能知了。如果想知道别的英语国家的报纸是如何处理这一话题的，还为时过早。因为议会还没有开会，所以我也无法知道，会上会提出什么样的与这一事件相关的问题来。不过，自获释以来，我倒是结交了不少朋友，还数次愉快地到乡间游玩。在伦敦城内城外，众多为我祝福的人不断宴请，使我享尽了欢乐，真可谓得一时之纵了。

# 附　录

因我被捕引出了很多报道，现摘选数篇，附录于后。第一篇是霍兰德教授写给《泰晤士报》的信，题目是：

## 孙逸仙一案
### 致《泰晤士报》编辑

先生：

由孙逸仙被囚一事所引起的问题，大略言之，共有两个。第一，中国使臣将他拘押，此一行为是否为非法行为？第二，如果是，那么，如果请其释放的要求遭到拒绝，可适当采取什么措施致其获释？

第一个问题的答案，无需远求，就可得到。大使声称所拥有的任何类型的本国的司法权，即使是对其随从中的成员，也很少听到过。不过，1603 年，时任法国大使的苏里肆意非为，竟然将他的扈从之中的一个宣判死刑，进而交由伦敦市长执行。有关使臣对与其使命无关的人员行使限制的行为，我只能想到一个先例。1642 年，葡萄牙驻海牙的使臣赖涛在其官邸拘押了一个马贩子。此人骗过他。结果引起了骚乱，其住所也被焚毁。委奎福特就这一事件评论说，赖涛曾经公开举办讲座讲授万国公法；他因而理应明白，法律不容许他将自己的住处变为监狱。孙逸仙是临时在不列颠领土停留，自应受到我国法律的保护。因而，中国公使馆对之加以拘押，是对不列颠王国政府权力的悍然侵犯。

第二个问题，尽管并不简单，但回答也无大的难度。如果中国使臣拒绝释放被囚的人，这已构成足够的理由使不列颠政府请使臣离开本国。如果对这一案子来说，这样的行动太过迟缓，不能应急，那么，可以命伦敦警察进入公使馆领地。而有关情况完全可以证明，这一行动是正当的。对此是没有多少疑问的。大使的住处据说享有"治外法权"。但这一词组太过笼统。它的意思不过是，大使住所实际上是不受其所在国的一般司法权制约的。而且，如此享有的豁免权在使用时还有严格的限定，不能从这一隐喻当中推论出新的豁免权。1717 年盖伦伯格一案显示，如果使臣涉嫌对其派驻国的政府谋反，或可将其逮捕，并对其各个密室进行搜查。而 1827 年加拉丁先生的车夫的案子则确定，在礼貌的通知之后，警察可以进入公使馆，以便将其有在别处犯罪嫌疑的职员拘押。同时，可能除了西班牙和南美诸共和国之外，各国还有一个一般的协议：即使是对政治嫌疑犯，公使馆也不能再充当避难所。更不用说，在使臣驻地进行非法囚禁了：若有必要，警察就可采取行动加以终止。

似乎没有必要探究，如果孙逸仙，如其所称，是在大街上光天化日之下被逮捕的，中国公使馆应该承担什么责任；他们将他从大街上移入公使馆，并有意将其用船押回中国，已经承担了什么责任。这类行为是无可辩护的。就已经承认的发生的事情来看，已经足够严重了，而且，这无疑是由中国公使馆的职员们那一方面狂热过度所致。马丁博士曾在北京的同文馆长期讲授万国公法，颇有成效。因而，可以认为，帝国政府不可能对派驻外国的代表是否严格遵守科学意义上的①法律条款坐视不顾。

笔者，先生，是贵刊恭顺的奴仆，

T. E. 霍兰德

牛津，10 月 24 日

下文持另一种法律观点：

## 法律意见

引渡法的最高权威之一卡文迪什先生昨天在波尔街向记者透露，就其回忆所及，同孙逸仙一案恰相仿佛的案件并无先例可以援引。赞泽巴②觊觎王位者一案当然无论如何也不可比拟，因为他是在德国使领馆避难的。他指靠的是德国政府的好客之情③。而后者依照万国公法规定的司法程序行事，拒绝弃之不顾，最后将他转移到欧陆德国境内。孙逸仙的案子属于中国臣民嫌疑的案子：他是在自己的国家的公使馆之内，被他本国的政府的代表逮捕的。卡文迪什先生假定，如果事实就像上文所

---

① 此处原文为 "the precepts of the science"。

② "赞泽巴" 原文是 "Zanzibar"，源自波斯语，意为 "黑人的海岸"（Coast of Blacks），是坦桑尼亚的一部分，地在东非。

③ 原文为 "hospitality"，亦可译为 "悦纳异己之情"。

述的那样，那么，此案只能由外交部方面的外交代表出面交涉，而不是依靠现行的已知司法条规。

下文是詹姆斯·G. 伍德先生给同一家报社写的一封信。信中讨论了霍兰德教授信中所提出的几个法律问题：

## 致《泰晤士报》编辑

先生：

霍兰德教授所提出的第二个问题，尽管不幸的是，在目前情况下并无大的意义，却值得认真思考。笔者斗胆提出，他的答案并不能令人满意。

信中提出，如果中国公使馆拒绝释放被他们囚禁的人，"可以命伦敦警察进入公使馆领地。而有关情况完全可以证明，这一行动是正当的。对此是没有多少疑问的"。但是，对究竟为什么不会产生这样的疑问，其却并没有给予解释。这就不是在提出解决问题的办法，而是在对解决办法进行猜测了。伦敦警察并没有任何流动性的职责，去释放被非法囚禁于公使馆的人。若有人胆敢为了这个目的进入其中，公使馆就可以合法地以力拒之。

现行法律当中唯一可适用于非法拘押的，是人权保护令。而这也就是困难所在了。这样一个法令，是下达给大使，还是下达给公使馆的任何一个成员？或者，如果下达过了，但无人理会，可以蔑视之嫌疑起诉吗？笔者要斗胆指出：不能。据笔者所知，这样的诉讼并没有任何先例。

笔者同意，那个描述大使官邸享有治外法权的词组，太过玄虚，易致误导。实际上，这样描述也是不准确的。写东西的人如果谨慎，是不会用它的。真正的命题并不在于，这一官邸享有跟轮船所享有的、人们常说的所享有的那样的治外法权；而是说，使臣本人享有这种权利。因此，他、他的家人以及随从，可以说，享有完全的豁免权，完全不受民法约束。这不是一个在官邸之内可做或不可做什么事情的问题，而是一个可对个人做什么或不做什么的问题。既然是这样，上文所提及的诉讼似乎就涉及对国际礼让的破坏了。

　　勉强推论说，警察手持搜捕令进入大使馆逮捕在别处有犯案嫌疑的人，而此一行为的前提是"当地的警察可以采取行动终止非法拘禁"，有关行动在大使馆之内开始并且继续。但这样的推论也并不能使我们登陆于安全的基地。二案并无共同之处。


　　　　　　　　　　笔者是，先生，贵刊恭顺的仆从，

　　　　　　　　　　　　　　詹姆斯・G. 伍德

　　　　　　　　　　　　　　　　10 月 27 日

## 遭嫌疑的中国革命者①

（引自《德臣西报》，香港，1896 年 12 月 3 日②）


　　孙逸仙最近在伦敦蒙难：中国公使馆将其绑架，意欲把他作为反叛者处死。他并非没有可能成为历史上一个杰出的人

---

　　①　此文原文并没有分段，译文的段落划分依照的是甘作霖汉语译文（详见甘氏译文，收入《孙中山全集》第一卷，第 80—84 页）。

　　②　"德臣西报"原文为 China Mail。黄宇和先生经研究认为，是陈少白先在日本的英文报纸《神户记事报》撰文，后《德臣西报》1896 年 11 月 26 日转载了此文。经他查对，1896 年 12 月 3 日《德臣西报》并无此文（详见氏著，《孙逸仙伦敦蒙难真相》，第 103 页）。

物。当然了，除非建立起一个以适宜方法构成的法庭，否则，如果要说某个人确实同非法活动有联系，或者是，他与之有联系的任何活动确实就是反朝廷的，那就是不正确的了。若孙逸仙医生还算是一个反叛者，唯一的暗示来自中国驻伦敦公使馆以及广东的官吏。不过，如果无心害之，就可以放心地说，他是一个卓越的人物，对中国百万民众毫无疑问悲惨的处境具有最具启蒙意义的见解；而很多中国人也都对这一主题感受强烈，而且时不时还要非常强烈地采取行动。官员们的指控说，这些人试图在 1895 年 10 月发起一场革命，而孙逸仙在这次谋反活动中是领袖人物。

外国人，即使在远东生活过的，也很少有人知道，长期以来摇摇欲坠的中国的分崩如何已经近在眼前。不幸的是，起义事未举而先败，而世人很少给予关注，引来的也只是一片鄙视。然而，当时的形势，与太平天国遭镇压以来任何时期都是一样的危急；但在组织上，则要比那场伟大的起义趋时得多，也更具启蒙基础。事实上，正是这场运动的主要发动者明察秋毫，认为还处于初级阶段，很不成熟，所以，与其费力运作招致灾难性的失败，不如顺势收手。革命就这样被推迟了，但并不是就此罢休。

至于这次革命的起源，则不可细致追溯。汉人一向对满人不满，当是一般起因。而中日之战的爆发，使得形势急转直下。异议人士①认为，这场战争提供了一个机会，可以将其雄心壮志付诸行动。所以，他们便果断开始行动。起初，易言之，在中国还没有饱受打击一败涂地的情况下，他们考虑的是

---

① "异议人士" 的原文是 "the malcontents"。

纯粹合法的、立宪的手段，并且希望能造成彻底的变革而又不求助于暴力。孙医生辛勤地、兢兢业业地工作，试图将满洲暴政所导致的各种正在滋生暗长的不满因素融在一起，并且给予整个革新运动以纯粹的立宪形态。他满怀渴望，要拯救中国于绝望的深渊。而在过去，中国每一天都在不断下陷，时至今日，并不见改变。对于一向在中国的反动规划之中所突出的野蛮的、不可控制的精神意气，他力求加以征服，真可谓大家手笔。其目的是，不仅使自己的祖国的各种不同的派别之间，而且也使各种不同的外国列强之间的相互冲突的利害趋于和谐之境。最为困难的麻烦是，要预先洞察出与动乱而俱来的情况——对剧变之后必然出现的各种烦乱，能够有所预见并且预先做好准备。此外，他还要铭记，任何伟大的革新运动都必然要在很大程度上依靠外国人、［别的］民族以及个人的支援。但是，在中国各地，反对外国人的偏见之大可谓骇人听闻，但又必须加以克服。这样的任务惊人地繁重，事实上又是没有希望的。但是，他认识到，要想拯救中国于水火，过去要依靠，现在也要依靠未来可以使之成为可能的某种东西。而唯一可以成就它的就是，尝试，尝试，再尝试。也就是说，昨岁之努力虽不可能成功，但毕竟可能将成功又拉近了一步。在这个意义上，对于一个赤诚的爱国者来说，努力自然是值得的。既对形势有完全的把握，又能具有那种唯民族复兴是求的大无畏的气概，而将此二者合二为一者，只有孙医生。

他出生于火奴鲁鲁①，受过良好的英文教育。他曾在欧

---

① 很明显，这是错误的。从这里的叙述来看，似乎又不能说明此文出自陈少白之手，除非他是为了某种目的故意这么写的。

洲和美国广泛游历，在年轻的时候就取得了突出的成绩。他有一个时期在天津由科尔医生主持的学校学医①，后到香港在爱丽丝纪念医院任职。他个头中等，瘦而健壮，目光犀利，而且，具有中国人很少见的那种坦诚特色。他没有矫揉造作之态，谈吐诚挚，反应敏捷，敢于判断。如此等等，都给人以深刻印象，因而，不能不坚信，他在任何一个方面都属于其种族当中卓尔不凡的一类。他外表沉静，但内中的人格总有一天不能不在中国产生巨大的影响，如果命运女神公平的话。在中国，任何一个革新的倡导者，任何一个与腐败和压迫为敌者，都很容易被视为暴力的革命者，因而必将之置之死地而后快。每一个国家的历史中，在自由和启蒙还处于初期，或者尚未诞生之时，情况都是这样。因此，宣传只能以最为谨慎的方式进行，而且危险时时就在眼前。最初的时候，针对政治问题，刊出了一份才华横溢而又巨细无遗的论著，并且在中国各地发行，尤其是在南方诸省，进而早在 1895 年就引起了轰动②。此作以最为审慎的态度行文，因而，即使最为苛刻的审查官也对其中的词句无可指责。文中以生动的笔触描述了启蒙的、廉洁的政府的优胜之处，并将之与腐败的、暴虐的政府所造成的恐怖加以对比。进行这一试探，可以说明，一定要对中国的官僚体制进行大的、自发的革新。因为此文传扬廉洁，一旦散入一群以敲诈勒索为能事的人中间，其功效可想而知。这样，也就不再可能控制谋反的激越之气。有人也就据以指责，孙逸仙与之不无关系，但并未得

---

① 中山先生并没有在天津学过医。
② 这里的记载，也与历史事实不符。因为，中山先生只写过《上李傅相书》一文，似乎并没有撰写过专著之类的文字。

到证实。

在［中日］战争之前，暴动谋反也早已出现——事实上，这样的事情在中国是时常发生的。海军心怀不满，因为权力无边的官员们对军官士兵肆意压榨、盘剥。陆军和各要塞的指挥官们也没有大的不同。而且，不少文职官员也愿意参与起事。毫无疑问，此次筹谋之所以获得支持，是由外在的动力造成的。因为，这样的动力，比出自中国的要大。起义几乎在三月就要举行，因为从火奴鲁鲁、新加坡、澳大利亚以及别的地方筹集的钱款此时已到。但足以成事的人手依然有所不足，且获得的武器数量也不大。倒是颇有才学的谋划之士啸聚成风。如果有才干的谋士们在十月的时候能大行其是，或许就更有意义了。但智慧是与经验而俱来的。为了经验的缘故，未能发起的起义的领导人们并不特别后悔未能发动。实际上，一俟确定下来要采取暴力手段的时候，有的人也就抽身离去了。但是，即便如此，死刑的惩处并没有因此而得缓。而孙氏则是时刻冒着生命危险，游遍中国大江南北，宣扬廉洁政府的意义，同时为宪政革新招兵买马。他的同盟们从来都不相信和平手段，因而开始谋划一场大胆的政变。这一谋划有可能取得暂时的成功，但并未为紧接下去所要发生的事情做出任何筹谋。兵勇招募到香港，准备对广州发起攻击；武器和弹药用士敏士木桶①偷渡入境，钱款筹集甚为富裕，也召集到了外国的谋士和指挥员。此外，也进行了尝试，试图确保日本政府的合作，但并没有取得明显的结果。假若日本下层官员口头的同情能有更高级别的官吏积极的同情相

---

① 此处原文为"cement-casks"，指的应该是内装水泥的木桶，枪械就隐藏于其中。

跟进，结果又会怎样？已经没有人能讲得出来。战争赔款，辽东割地，通商条约以及此战以来中日的关系及其同欧洲的关系的整个历史等，有可能完全不同。起事的每一个细节都已安排就绪。但是，就在举事之前，变节出现了。香港一位有地位的商人起初口称拥护革新运动，因为如此便有大利可图。后来，他又断定，卖身投靠官僚吸血鬼们，便能捞到更多的油水。因为，这样便可同诸多辛迪加之中的一个建立起联系。而它们的组成就是为了在战后的中国竞争铁路和采矿的特许权。他就这样告了密①，士敏士木桶遭到搜查。结果便是，整个政变只能成了昙花一现的东西。孙医生当时正在广东，因而被控积极参与革新运动的暴力活动。在中国，清白无辜并不就能安全，指责即使毫无根据也并非没有危险。孙氏不得不保命出逃，没有时间再顾及朋友、财产以及别的什么。有两三个周，他藏匿在大珠江三角洲迷宫一般的运河之上，常人难以进入的海盗巢穴之中。发布的一个报告说，他的同党嫌疑中有四五十位被斩。而且，对他也发出了悬赏逮捕令。

他随即出奔火奴鲁鲁和美国。有消息说，这位不屈不挠的爱国者旋即开始工作，欲说服华盛顿大使馆中的中国人倒戈投身于革新事业②。后来，他在伦敦时，也曾如是而为。华盛顿的公使馆中的那位中国人口称支持启蒙的教义，但后来认为投靠另一方才能捞到更多的好处，于是就发电报给伦敦大使馆，要不择手段将孙逮捕，并将他绑架押解回中国。

---

① 这里所说的香港商人告密，若是指"乙未广州之役"，也一样是子虚乌有之事。
② 从目前能看到的材料来说，似乎中山先生也没有做过这方面的事情。

不管怎样，他是以最为无耻的手段被抓捕并被监禁在中国公使馆中的，不论哈立德·马格尼爵士或者任何一个奴颜婢膝的搪塞者有可能搬弄怎样貌似有理的无聊故事。正是由于孙氏在香港结交的良师益友康德黎医生的奔走，中国有史以来最为优秀的人物之一，才被不列颠政府从背信弃义的清廷官僚的魔掌之中救出。凡是了解康德黎先生的人——他在世界很多国家都是闻名遐迩——都会同意，世上再没有比他更正直、更可敬、更奋不顾身行善的人了。孙医生得善人照拂，又有像康德黎先生这样的人的保护，毫无疑问，他将继续追求既定的事业，一心一意而满怀赤诚，同时，在策略上一丝不苟，勇往直前，直到对身处悲惨境地的中华帝国的人性化这种善举能够达致一个令人满意的完美境界。

《泰晤士报》1896年10月24日的一篇社论，对这一问题进行了详细的讨论：

就在"欧洲的音乐会"被认为正朝着立宪的列强之间邦交和谐的建立而平稳进展的时候，外交沟通的日常平稳的路途却因中国公使馆对法律和常规的奇特的破坏而波澜顿起。这样的破坏活动，有可能导致悲剧的结果。不过，在我们看来，它最终主要表现出的是荒唐滑稽的一面。通过我们的同行《环球报》礼拜四所做的报道，世人方知，一个到英国游历的旅客，名叫孙逸仙的医生，被囚禁于中国公使馆之中。而且，据报道，抓捕他的人意在将其拘押回中国，在那里接受一个中国特别法庭可能对有谋反嫌疑的人所进行的司法审判。对于这位被囚的人幸运的是，他曾经在香港学医，因而同时任香港西医书院教务长的康德黎先生和孟森医生结识并得其友好眷顾，而这二位目前正寓居伦敦。孙逸仙携有充足的钱，得以成功地找到与这两位英国朋友的联络手段。后者马上采取措施，将有关情况向警察报案并禀报给外交部，与此同时，还雇了侦探监视公使馆，以便防止被囚者被秘密转移的可能性。萨里斯伯里勋爵一获知发生的事情，随即发出照会，要求立即释放被囚者。孙氏即得自由，由康德黎先生和孟森医生带走。这二位之所以出席释放仪式，为的是辨认此人是不是他们所认识的人。他此后为报界的代表们提供了进一步的材料，对被捕和拘押的始末进行了详细描述。这一叙述在很多重要的问题上与中国当局的叙述并不一致。假若中国人已经达到预定的目标，将孙逸仙挟持航船之中偷渡出境，以便在中国审判并且还有可能处死的话，我国外交部就不得不为这一对国际礼让的破坏活动进行交涉，并有必要要求和实施对所有牵涉人员进行惩处。但图谋既已失败，它所引出的东西可能也只是接近于闹剧，足以提供一个根本无需抗辩的话题。

针对孙逸仙所提出的嫌疑是，他的行医只是一个幌子，遮掩着不良计谋。实际上，他叫孙文，是 1894 年被发现的一次谋反的主要发起人。谋反的目的是，推翻现在执政的皇朝。谋反者要走的第一步是，抓获广东总督：在他视察军火库时，将其绑架。但是，谋划，跟大多数谋划一样，走漏了风声，也可能是为人出卖。魁首之中有十五人被捕遭斩。孙文乘机出逃，才得活命，经由火奴鲁鲁和美国来到本国。但一路上，一直有侦探在严密监视。在本月初来到英国之后，他拜访了友人康德黎先生和孟森医生，而且准备在伦敦开始一门医学学程的学习①。几天之后，他忽然消失。上周礼拜六，康德黎先生才得知他的情况。孙文，或孙逸仙，不论他叫什么名字，称他本月11日在博德兰地或附近走路，在大街上忽然有一位同胞上去搭话。这一位问他是日本人还是中国人，在得回话说他是中国人而且家在广东之后，便热情自称是其同乡，并且一直跟他谈话，直到第二和第三个中国人也加入其中。三人之中有一位离去，两位则慢慢前行，一直走到公使馆。这两位要求孙氏进入馆内，并且施加某种程度的力量以为坚邀。他一进得其中，大门就被关上。他被带上楼去，进入一个房间，如他所称，哈立德·马格尼爵士来见。随后，他就被禁闭室内，且遭严加防范，直到得萨里斯伯里勋爵的干预获释。而在另一方面，中国公使馆的官员们则坚称，此人10日礼拜六出于个人自愿来到公使馆，并且谈话，论及中国事务，而且看上去只愿同某个同乡闲谈。之后，他便出门而去。直到他走了以后，馆内众人才开始怀疑，认为他可能就是臭名昭著的孙文。为了逃避国内的审判，他经由美国来到英国，但他的行至早有电报告知公使馆。实际上，中国政府雇佣的私人侦探一直在对他进行监视。孙氏11日礼拜日第二次来公使馆②。这时候，已经获得他的身份的证据，遂将其拘押。有报道说，他准备返回香港，把那里作为再次起事便利的基地。一旦他抵达那里，中国政府就会要求引渡。而在这个时候，谋反嫌疑犯本人竟然出现在公使馆，这就不能不引起不可能抗拒的抓捕诱惑。于是，他就被关了禁

---

① 此处原文为 "a course of medical study"。
② 黄宇和先生认为，这是中国驻英公使馆为了混淆视听而杜撰出来的（详见氏著，《孙逸仙伦敦蒙难真相》，第68—79页）。

闭，要一直等到北京的指示下达，才能决定如何处置。不会有人怀疑，假若此类指示真的已经得到，并且已经予以实施，那就会有效地把他的能力破坏掉，使之再无法从事叛乱活动。因此，或许可以假定，萨里斯伯里勋爵的干预，不早不晚来得正是时候。即便如此，孙氏似乎也并没有表现出多少焦虑，害怕公使馆供应给他的食物根本就是无益于健康的。

如果要解开纠结，一刀劈去，总是比费尽心力一丝一线慢慢打开更痛快。所以，中国使臣或者他的代表授权采取的手法竟然一败涂地，我们当不会大为惊讶。但是，哈立德·马格尼爵士身为一个英国人竟然参与一个注定要失败的勾当之中，而且，即使成功也要对所有牵涉的人造成毁灭，这倒是让我们忍不住感到惊奇了。据称，中国使臣放弃被囚的人时，如律师所说，要求不对使臣假定的权力造成"损害"。但是，他似乎是在声称具有某种不被任何文明的国度所认可的权力；而且，假若依之行事，世人是无法容忍的。如果土耳其大使要把旅居伦敦的阿美尼亚侨民领导成员中的一个诱捕，将之引入大使馆，以便将其塞着嘴巴、捆绑起来作为礼物献给苏丹皇帝陛下；或者是，如果杜福林勋爵以同样的手段私下将特南监禁，并且将他送到老贝利受审，有关行为或许是不无相似之处的。世人皆知，负有外交使命的大使官邸被视为这一使命的派驻国领土的组成部分；因而，不仅使臣本人，而且他被认可的扈从成员，都享有豁免权，可不受制于其所驻国的法律的限制。但是，这并没有赋予大使实施监禁他人或进行刑事裁决的权力；而且，大使馆作为与其无关的人员的避难所，严格限定在它所处的地点这个范围。即使并不能阻止中国使臣将孙氏拘押，一旦要把他转移别处，只要走出大使馆门槛，警察就可以将之释放。幸运的是，他并没有受到任何疾病的侵袭。因为，假若他在监禁期间死去，最后将如何处理，就很难讲了。证据是很难搜获的；而且，就是搜获到，使臣及其扈从的人身也是神圣不可侵犯的。或许，唯一的办法是，要求将使臣召回，而且使其在国内接受审判。这样的要求固然有可能乐意答应，但是也有可能造成英国人所描述的那种司法舞弊。我们认为，本国，几乎和被囚的人一样，是要因事情的逆转而接受道贺的。而且，我们也无丝毫怀疑，外交部会千方百计让天朝的皇帝理解，他们走得太远了，所以，未来务必不能再干犯类似的违法活动了。

上文引发了哈立德·马格尼爵士的辩白文章。他在文中表达了他的观点：

## 致《泰晤士报》编辑

先生：

贵刊今日的社论对一个人，一个除了各种别的名字之外，还自称为孙逸仙的中国人被假定的绑架做了评论。《泰晤士报》一向以公正为特色，但此文之中触及笔者的某些内容，不能不让人觉得实属例外。

在谈过对立的双方对此案给出的叙述之后，此文对我的行为表示惊讶，并且想当然地认为，孙逸仙的叙述就是正确的，而中国公使馆的叙述则是错误的。

笔者不能明白，此文为什么要做出上述假定。因为，此文在提及土耳其大使将旅居伦敦的阿美尼亚侨民成员诱捕进大使馆，并且计划将其作为礼物献给苏丹陛下的时候，毫无疑问是用了这样的假定。

　　现在，笔者要重申本人以前已经讲过的：在这一案子中，根本不存在诱捕。孙逸仙——或者，以其真名称之，孙文——的声明，即他是在大街上被两个健硕的中国人抓到并被拉进公使馆的，是完全不符合事实的。

　　他是意外而且出于自愿来到公使馆的。第一次是在 10 日礼拜六，第二次是在 11 日礼拜日①。

　　不论万国公法的专家们对他被拘押一事有什么样的想法，他们都可以绝对地肯定，绝没有绑架的事情，而且，他是在没有加以强制或诡计的情况下进入公使馆的。

笔者是，先生，贵刊恭顺的仆从，

哈立德·马格尼

里奇蒙德馆

西博德兰地 49 号

10 月 24 日

　　哈立德·马格尼爵士信中称，我以各种不同的名号行事。此类议论无疑是意在诋毁我的人格。不过，哈立德·马格尼爵士比任何人都清楚，每一个中国人都至少有四个名字。首先，孩童出生，父母赐予名字。其次，进入学校，师长另起一名。复次，少年长成，希望闻达于社会，自取一名。最后，成家立业之时，再命一号。名字之中恒常不易的部分就是第一个字——姓，亦即家族之名。而其余部分，则因为父母或师长等所取而时有变化。既然谈及这一话题，或许，有意思的是，对我

---

　　①　黄宇和先生研究认为，这是马格尼及中国公使馆杜撰出来的（详见氏著，《孙逸仙伦敦蒙难真相》，第 69—70 页）。

大加指责的这一位，在中国也以各种不同的名号为人所知。除了马大人这个名字——意思是，马格尼阁下——之外，世人还将其称为马格尼、马青山等。这也表明，除了家族之名，其他名字都是变动不居的。

下文引自《演说者》，1896年10月31号。

### 博德兰地的地牢

哈立德·马格尼爵士是一位为中国政府服务的官员。这一事实似乎已经将他具有的任何幽默感都剥夺去了。这样的幽默感，本来在别的地方有机会表露一二，但现在可以想象，在任何情况下都是不能显露的了。这位中国公使馆的秘书，最近在《泰晤士报》上摆出一副清白遭冤的架势。他同伍兹·帕什颇有共同之处。那个毫无见识的人物竟然挺身而出，在一家英文报纸上为土耳其政府摇旗呐喊。在一个真正的东方人身上自然而又富有特色的东西，到了虚假的东方人那里，就变成荒唐可笑的了。哈立德·马格尼爵士言之凿凿向世人保证，那位近日从博德兰地的巴士底监牢之中被释放出来的中国绅士大夫，并不是被诱捕进那个机构的。但是，孙逸仙假若了解哄骗他的那些人的真实身份，他是绝不会自愿迈步其中的。对于这一显而易见的事实，哈立德爵士并没有赐予答案。毋庸置疑，他见到过这位被囚的人，但没有采取行动还他以自由，直到外交部强制性的照会下达。假若不是有意要把孙逸仙递解回中国，为什么又将他囚禁起来？哈立德·马格尼爵士身为一个英国人处境十分尴尬：他既负有外交责任，就不能不勉力消减在广东常见的那种司法手段的影响。但是，假若真的是一位中国密使，就会闭上嘴巴了。要了花招，但事情没有办成，他就会搬弄出自己所属的种族和故园意气之中所特有的那种命定论，对败绩造成的结果逆来顺受了。而在本来应该像中国人那样绷紧嘴巴的时候，哈立德·马格尼爵士竟然在《泰晤士报》上牢骚满腹，且喋喋不休。对于北京当局来说，这种夸张铺排只能是意味着，他们这位英国代表是一个相当无能的人物。

而在另一方面，中国人的这次绑架事件之中，有某种让人忍俊不禁的东西。英国人永远也不会拿中国人当一码子事情，尽管查尔斯·皮耶森早就未卜先知称，黄种人早晚有一天会把我们吞噬下去。阿欣①这个人物，尤其是在他扎着长辫、身着民族服装的时候，在普普通通的人眼里，纯粹就是笑料。如果有人把诱骗孙逸仙的那些人指点出来，给伦敦的一群人看，不会有人对他们怒目圆睁，而只是轻描淡写地逗弄嘲笑一番。如果是欧洲人玩弄这样的把戏，那可有他们好瞧的了。但是，阿欣孩子气息未除，而又面无表情，一向就是一个笑料。他耍的招数，跟壁炉上放的清廷官吏玩具点头哈腰一样，当不致叫人义愤填膺。流行的观点认为，萨里斯伯里勋爵对此案干预的结果是，中国人的辫子很可能是被轻轻拉动了，但毕竟也算是拉动了。这样，吸取教训已经足矣，公众也就无需再动心惹气了。假若是一个德国人或者是一个法国人就这样给绑架了，马上就会认为，情况是极其严重的。而发生在博德兰地的抓捕和囚禁，所能激起的，只是莞尔一笑。各家报纸对待这件事，就像是对待这样刊布的消息：李鸿章本来已经荣升为中华帝国的宰相，但他竟然私闯后宫去拜见皇后因而同时又遭到了惩处。如果说，一个民族干的一本正经的事情，在西方人看来，一向

---

① "阿欣"的原文是"Ah Sin"，大概代指普通的中国人——若是按照原文的意向，则可谓"中国佬"（Chinaman）。

就是让人发噱的闹剧，你又如何会对他们大发雷霆？走到博德兰地 49 号的时候，是不可能不浪漫一下耸耸肩走过去的。那处中产阶级的府邸，俨然一派殷实舒适的面貌，现在成了一个巴士底监狱，因而，可以激发起商人的小伙计们的嬉戏劲头：乘着庆祝 11 月 5 日节日的时候，他们一定会无可遏制地心血来潮，铆足了劲大按门铃，叫出大使的众位随员，洋泾浜英语滔滔不绝，把一个来自天朝的家伙介绍给他们，把他们弄得手足无措。

至于孙逸仙，他不可能没有注意到，人们对中国政府到底是为什么那么憎恶他的各种原因，很少好奇。据称，他参与了针对广东总督的一次谋反活动。而这种传言并没有给一般人的思想带来什么生动的印象。政治避难者——诸如意大利的、波兰的以及匈牙利的等，一般而言，都已经在这个国家激发起了浪漫的兴趣。这些人物也已经在我们的小说之中发挥作用，成了评定政治同情心的可靠的标尺。讲故事的人只要拿得到外国谋反者［这种体裁］，暗地里的策划，慌不择路的逃命等，肯定都会在一般人的想象当中引起共鸣的反应。但是，讲述故事的似乎还不至于把孙逸仙的冒险行为改编成这样的故事，尽管那真的一样会动人心魄，尽管这位可敬的天朝医师在他本国可能已经成了一个让人不寒而栗的人物。即使旅行者对中国人的行政运作进行种种现实主义的描写，即使亲眼目睹过审判堂上把人的踝骨打碎以逼迫招供这种温柔的招数，乃至将罪犯碎尸万段，也并不能给异教徒中国人的形象提供一种狰狞可怖的背景。中国军队最近在战场上的惨败，强化了人们对黄种人作为相当奇特的毫无效力的对象的构想。假若孙逸仙发表演说，把他的冒险行动讲上一番，并且以最黑的色调来描画广东总督的暴政；或者说，假若哈立德·马格尼爵士要大讲特论，最近被他囚禁的人是一个残暴的怪物，跟宛若天使的所有的西方危险人物相比有天壤之别，我们也会怀疑，双方的说辞哪一个会吸引公众的注意。中国人自有其优点。他们是一个艰苦朴素、俭省节约、素有节制的民族。与西方诸民族相比，他们更敬重家族关系。而对其祖先的崇拜，尽管是基督教传教士的主要的绊脚石，但是，若与此间对家族谱系的尊崇相比，这一习俗则可以施加更大的道德影响力。但是，英美的读者中没有人会将这样的美德视为对英美文明的缺点的矫正加以接受。东西方之间的鸿沟其深若此，双方的骄傲使其无法相互学习，而且也都对预言家的种种警告漠然视之：那样的警告有的说，西方人必将在华土获致最后的胜利；有的则称，黄种人移民犹如洪流，总有一天要把欧洲淹没。中国人对所有的西方国家一概加以鄙视，即使是李［鸿章］周游世界也不可能加以消除。因而，博德兰地 49 号尽管以前无所谓存在，但并无损人之处，但是，经过了这场闹剧之后，已经成为荒谬可笑的中心，昔日的辉煌也就永远不复再见了。

下文是我寄给各家报纸的一封信，以感谢［英国］政府和报界为我所做的事情。文曰：

### 致——编辑

先生：

不知可否请您允准通过贵刊的专栏，来让我对英国政府将我营救出中国公使馆表示真诚的谢意？我也理应感谢整个报界及时的帮助和同情。如果还需要什么能让我信服，遍布于大不列颠的宽宏大量的公共精神及其人民所特有的对正义的热爱，近日的种种行动已经确然无疑地做到了。

　　既对立宪政府和业已启蒙的人民意味着什么，有了更为强烈的认识和感受，那么，激发之下，我也就不能不更加积极地去追求我可爱的但又在遭受压迫的祖国的进步、教育和文明事业。

您忠诚的，

孙逸仙

德文谢尔街 46 号

西博德兰地

10 月 24 日

# 主要参阅文献

陈少白撰，《兴中会革命史要》，收入柴德赓等编，《中国近代史资料丛刊 辛亥革命》（一），第 27—28 页，上海：上海人民出版社，1981 年版。

陈建明撰，《孙中山早年的一篇佚文——"教友少年会记事"》，载《近代史研究》1987 年第 3 期。

陈锡祺主编，《孙中山年谱长编》（上册），北京：中华书局，1991 年版。

冯自由撰，《孙总理被囚伦敦使馆之清吏笔记》，收入氏著，《革命逸史》（第二集），第 18—22 页，北京：中华书局，1981 年版。

冯自由撰，《孙总理修正〈伦敦蒙难记〉第一章恭注》，收入氏著，《革命逸史》（第三集），第 121—127 页，北京：中华书局，1981 年版。

冯自由撰，《兴中会始创于檀香山之铁证》，收入氏著，《革命逸史》（第三集），第 24—30 页，北京：中华书局，1981 年版。

汉斯-格奥尔格·伽达默尔著，洪汉鼎译，《真理与方法——哲学诠释学的基本特征》，上海：上海译文出版社，1999 年版。

黄宇和著，《孙逸仙伦敦蒙难真相》，上海：上海书店出版社，2004 年版。

雷纳·韦勒克著，杨自伍译，《近代文学批评史》（第二卷），上海：上海译文出版社，1989 年版。

罗刚著，《罗编国父年谱纠谬》，台北：国民图书出版社，1962 年版。

罗刚著，《中华民国国父实录》（第一册），台北：罗刚先生三民主义奖学金基金会，1988 年版。

罗刚著，《中华民国国父实录》（第二册），台北：罗刚先生三民主义奖学金基金会，1988 年版。

罗家伦著，《中山先生伦敦披难记史料考订》，上海：商务印书馆，1930年版。

罗香林著，《国父之大学时代》，重庆：独立出版社［发行］；重庆：中正书局［经销］，1945 年版。

钱歌川著，《翻译的基本常识》，长沙：湖南科学技术出版社，1981年版。

史扶邻著，《孙中山与中国革命的起源》，北京：中国社会科学出版社，1981 年版。

Sun Yat-sen，Kidnapped in London：Being the Story of My Capture by，Detention at，and Release from the Chinese Legation，London，收入孙中山著，《国父全集》（第五册），台北：中国国民党中央委员会党史委员会，1973 年版。

孙中山著，《孙中山全集》（第一卷），北京：中华书局，1981 年版。

孙中山著，《孙中山全集》（第六卷），北京：中华书局，1981 年版。

孙中山著，甘作霖译，《伦敦被难记》，收入孙中山著，《孙中山全集》（第一卷），第 49—86 页；另见，黄彦主编，《孙文选集》（中册），第 27—71 页，广州：广东人民出版社，2008 年版。

孙中山著，黄彦主编，《孙文选集》（中册），广州：广东人民出版社，2008 年版。

孙中山著，虞燕卿、戴桢译，《伦敦蒙难记》，北京：中国社会科学出版社，2011 年版。

吴洁敏、朱宏达著，《朱生豪传》，上海：上海外语教育出版社，1989 年版。

姚金果著，《解密档案中的孙中山》，北京：东方出版社，2011 年版。

张磊、张苹著，《孙中山传》，北京：人民出版社，2011 年版。

章士钊（黄中黄）著，《孙逸仙》，收入柴德赓等编，《中国近代史资料丛刊 辛亥革命》（一），第 90—132 页，上海：上海人民出版社，1981 年版。

中国第一历史档案馆编，《光绪朝朱批奏折》（第 118 辑），北京：中华书局，1996 年版。

中国社会科学院语言研究所词典编辑室编，《汉英双语现代汉语词典》（2002 年增补本），北京：外语教学与研究出版社，2002 年版。

周振鹤撰，《一度作为先行学科的地理学》，收入氏著，《余事若觉：周振鹤随笔集》，第 128—135 页，北京：中华书局，2012 年版。

**图书在版编目(CIP)数据**

历史文献翻译的原则性追求:孙中山著《伦敦绑架
案》的翻译 / 蔡新乐著. —南京 : 南京大学出版社,
2015.1

ISBN 978 - 7 - 305 - 14627 - 5

Ⅰ. ① 历… Ⅱ. ① 蔡… Ⅲ. ① 孙中山(1866～1925)
－著作－翻译－研究 Ⅳ. ① D693.0

中国版本图书馆 CIP 数据核字(2014)第 310374 号

出版发行 南京大学出版社
社　　址 南京市汉口路 22 号　　　　邮编　210093
出 版 人 金鑫荣
**书　　名 历史文献翻译的原则性追求:孙中山著《伦敦绑架案》的翻译**
著　　者 蔡新乐
责任编辑 张　静

照　　排 江苏南大印刷厂
印　　刷 南京爱德印刷有限公司
开　　本 635×965　1/16　印张 17.5　字数 232 千
版　　次 2015 年 1 月第 1 版　　2015 年 1 月第 1 次印刷
ISBN　978 - 7 - 305 - 14627 - 5
定　　价 42.00 元

网　　址:http://www.njupco.com
官方微博:http://weibo.com/njupco
官方微信号:njupress
销售咨询热线:(025)83594756